DIREITO ADMINISTRATIVO MILITAR

COLEÇÃO
sinopses
PARA CONCURSOS
Coordenação
Leonardo Garcia

58

Coordenação
Leonardo Garcia

DIREITO ADMINISTRATIVO MILITAR

2ª EDIÇÃO
REVISTA
ATUALIZADA
AMPLIADA

Adriano Azevedo Couto
Alessandra Wanderley
Ataliba Ramos
Fernando Hugo Miranda Teles
Juliana Paula De Souza
Mariana Aquino

2022

EDITORA JusPODIVM
www.editorajuspodivm.com.br

EDITORA *Jus*PODIVM
www.editorajuspodivm.com.br

Rua Canuto Saraiva, 131 – Mooca – CEP: 03113-010 – São Paulo – São Paulo
Tel: (11) 3582.5757
• Contato: https://www.editorajuspodivm.com.br/sac

Diagramação: Equipe *Jus*PODIVM

Capa: Ana Caquetti

D598 Direito Administrativo Militar / Adriano Azevedo Couto, Alessandra Wanderley, Ataliba Ramos, Fernando Hugo Miranda Teles, Juliana Paula de Souza e Mariana Aquino – 2. ed. rev. ampl. e atual. – São Paulo: Editora JusPodivm, 2022.
256 p. (Sinopses para Concursos / Coordenador: Leonardo Garcia)

Bibliografia
ISBN 978-85-442-3879-0

1. Direito Processual Penal. I. Alves, Leonardo Barreto Moreira. II. Título.

CDD 341.43

Coleção Sinopses para Concursos

A *Coleção Sinopses para Concursos* tem por finalidade a preparação para concursos públicos de modo prático, sistematizado e objetivo.

Foram separadas as principais matérias constantes nos editais e chamados professores especializados em preparação de concursos a fim de elaborarem, de forma didática, o material necessário para a aprovação em concursos.

Diferentemente de outras sinopses/resumos, preocupamo-nos em apresentar ao leitor o entendimento do STF e do STJ sobre os principais pontos, além de abordar temas tratados em manuais e livros mais densos. Assim, ao mesmo tempo que o leitor encontrará um livro sistematizado e objetivo, também terá acesso a temas atuais e entendimentos jurisprudenciais.

Dentro da metodologia que entendemos ser a mais apropriada para a preparação nas provas, demos destaques (em outra cor) às palavras-chaves, de modo a facilitar não somente a visualização, mas, sobretudo, a compreensão do que é mais importante dentro de cada matéria.

Quadros sinóticos, tabelas comparativas, esquemas e gráficos são uma constante da coleção, aumentando a compreensão e a memorização do leitor.

Contemplamos também questões das principais organizadoras de concursos do país, como forma de mostrar ao leitor como o assunto foi cobrado em provas. Atualmente, essa "casadinha" é fundamental: conhecimento sistematizado da matéria e como foi a sua abordagem nos concursos.

Esperamos que goste de mais esta inovação que a Editora Juspodivm apresenta.

Nosso objetivo é sempre o mesmo: otimizar o estudo para que você consiga a aprovação desejada.

Bons estudos!

Leonardo Garcia
@professorleonardogarcia

Guia de leitura da Coleção

A Coleção foi elaborada com a metodologia que entendemos ser a mais apropriada para a preparação de concursos.

Nesse contexto, a Coleção contempla:

- **DOUTRINA OTIMIZADA PARA CONCURSOS**

Além de cada autor abordar, de maneira sistematizada, os assuntos triviais sobre cada matéria, são contemplados temas atuais, de suma importância para uma boa preparação para as provas.

> Ora, se em nenhum caso poderão invocar-se circunstâncias excepcionais como justificação para a tortura, aparenta que a tortura é uma prática vedada em toda e qualquer situação, havendo sim de se lhe reconhecer um caráter absoluto.
>
> Agora, ***atenção***, o caráter absoluto desse direito é uma ***exceção à regra da relativização dos direitos humanos*** e, de maneira geral, ***não costuma ser explorada em provas objetivas de concurso***, que costumam afirmar a relatividade como característica dos direitos humanos.

- **ENTENDIMENTOS DO STF E STJ SOBRE OS PRINCIPAIS PONTOS**

> No Brasil, um dos mais importantes julgados do STF sobre o tema, talvez o primeiro em que realmente se deu um destaque ao debate da eficácia horizontal é o ***Recurso Extraordinário 201.819***, no qual a Corte firmou posição que a exclusão de um sócio de uma entidade associativa deve observar o devido processo legal.

• **PALAVRAS-CHAVES EM OUTRA COR**

As palavras mais importantes (palavras-chaves) são colocadas em outra cor para que o leitor consiga visualizá-las e memorizá-las mais facilmente.

> O procedimento para adoção de uma medida não convencional é disciplinado pela **Resolução 1503 do Conselho Econômico e Social da ONU**, e se inicia por uma petição, apresentada por qualquer indivíduo, à **Comissão de Direitos Humanos da ONU**, denunciando a violação sistemática de direitos.

• **QUADROS, TABELAS COMPARATIVAS, ESQUEMAS E DESENHOS**

Com essa técnica, o leitor sintetiza e memoriza mais facilmente os principais assuntos tratados no livro.

Eixo orientador → Diretrizes → Objetivos estratégicos → Ações programáticas

• **QUESTÕES DE CONCURSOS NO DECORRER DO TEXTO**

Por meio da seção "Como esse assunto foi cobrado em concurso?" é apresentado ao leitor como as principais organizadoras de concurso do país cobram o assunto nas provas.

> ▸ **Como esse assunto foi cobrado em concurso?**
>
> A prova do 16º concurso do Ministério Público do Trabalho trouxe a seguinte proposição: *"O sistema interamericano de proteção dos direitos humanos tem como principal instrumento a Convenção Americana de Direitos Humanos, que estabelece a Comissão Interamericana de Direitos Humanos e a Corte Interamericana"*. Está correto!

Sobre os Autores

ADRIANO AZEVEDO COUTO

Advogado. Mestrando em Direito Processual Constitucional. Especialista em Direito Militar, Direito Penal Militar e Processo Penal Militar, Direito Constitucional e Direitos Humanos. Especializando em Direito Administrativo Disciplinar Militar. Professor no Curso de Formação de Soldados da Polícia Militar do Estado do Rio de Janeiro.

ALESSANDRA WANDERLEY

Advogada, mestranda em Direito na UERJ (Objeto de Pesquisa: Proteção Social das Forças Armadas), especialista em Advocacia Pública na UERJ. Parecerista na Revista Contexto Jurídico UERJ, Editora Laboratório UERJ de Trabalho e Previdência. Membro efetivo do Instituto dos Advogados Brasileiros - IAB. Secretária e membro da Comissão de Seguridade Social - IAB. Coordenadora da Especialização em Militar do CEPED-UERJ. Presidente da Comissão de Direito Militar OABRJ e autora de diversos artigos na área.

ATALIBA RAMOS

Juiz Federal da Justiça Militar. Iniciou sua carreira como Terceiro Sargento do Exército Brasileiro, conquistando a primeira colocação em sua Turma (CFS 2000). Em 2006, graduou-se em Direito pela Universidade Estácio de Sá no Rio de Janeiro, sendo agraciado com Láurea Universitária de "Mérito de Desempenho Acadêmico" por possuir o melhor coeficiente de rendimento de sua Turma. Em 2007, foi aprovado em primeiro lugar no concurso público para o Quadro Complementar de Oficiais do Exército Brasileiro, na área de Direito, conquistando a primeira colocação na sua Turma em sua especialidade (CFO 2008). É especialista em Aplicações Complementares às Ciências Militares e em Direito Público e desempenhou diversas funções como Oficial da Força Terrestre, encerrando sua carreira militar em 2016, no posto de Capitão, por ocasião de sua posse na Magistratura após concurso de provas e títulos em que conquistou a nota máxima na prova oral.

FERNANDO HUGO MIRANDA TELES

Promotor de Justiça Militar. Possui graduação em Engenharia Mecânica e De Armamento pelo Instituto Militar de Engenharia (1996), graduação em Direito pela Universidade do Estado do Rio de Janeiro (2004) e pós-graduação em Direito Militar pela Universidade Gama Filho (2007). Major da reserva não-remunerada do Exército Brasileiro. Professor de pós-graduação. Membro da Comissão de Controle Externo da Polícia Judiciária Militar no âmbito da PJM/RJ e Membro colaborador da Secretaria de Direitos Humanos do MPM. Autor de artigos e palestrante.

JULIANA PAULA DE SOUZA

Militar da Aeronáutica, atualmente, lotada no Superior Tribunal Militar (STM); anteriormente, trabalhou no Grupo Especial de Inspeção em Voo (GEIV) e na Seção de Investigação e Justiça do Departamento de Controle do Espaço Aéreo (DECEA); ficou, por quatro anos, à disposição do Superior Tribunal Militar (STM) prestando serviço na 4ª Auditoria da 1ª CJM; Especialista em Direito Militar com Docência do Ensino Superior pela Universidade Cândido Mendes (CBEPJUR); Professora do curso presencial e on-line nas matérias de Direito Disciplinar Militar, Direitos Humanos dos Militares e Lei da Medida de Detenção de Aeronaves (Lei do "Abate") no CBEPJUR; professora de Direito Disciplinar Militar no Instituto Etna Educacional, Verbo Jurídico, Universidade do Estado do Rio de Janeiro (UERJ) e Cejur (Unyleya); Coautora de artigo científico intitulado "Verificação da existência de poder disciplinar eventualmente conferido aos militares da reserva remunerada prestadores de tarefas por tempo certo".

MARIANA AQUINO

Juíza Federal da Justiça Militar, lotada na 1ª Auditoria da 1ª Circunscrição Judiciária Militar, no Rio de Janeiro; Especialista em Direito Militar pela Universidade Cândido Mendes (UCAM); Diplomada em Direito Internacional Humanitário pela Universidade de Leiden, Holanda; Bacharela em Direito pela Pontifícia Universidade Católica de Campinas (PUC-Campinas); Autora do livro "Peculiaridades do Inquérito Policial Militar" e coautora dos livros "Direito Militar em Movimento – uma homenagem ao Prof. José Carlos Couto de Carvalho"; "Comentários à Lei de Organização da Justiça Militar da União", "Perspectivas da Justiça Militar Contemporânea" e "Estatuto dos Militares Comentado"; Autora de diversos artigos jurídicos. Palestrante em eventos voltados ao estudo e fomento do Direito militar e da proteção jurídica à mulher; Coautora da Cartilha "Conhecendo a Proteção Jurídica à mulher militar", publicada pelo STM; Coordenadora do Curso de pós-graduação em Direito Militar da UERJ e da Verbo Jurídico; Professora em cursos de pós-graduação em Direito Militar e de cursos preparatórios para concursos.

Prefácio

"Pensa como pensam os sábios,
mas fala como falam as pessoas simples."
Aristóteles

Quando recebi o convite para participar desta obra, questionei-me sobre o que poderia emergir da junção entre membros da Magistratura e do Ministério Público Militares, das Forças Armadas e da Advocacia. E a resposta veio como um raio: uma das melhores obras de direito militar.

Sem nenhuma pretensão, fui passeando pelos parágrafos e percebi estar diante de uma obra que une riquíssimos ensinamentos jurídicos, elementares aos que operam o direito militar, e um arcabouço sobre a carreira militar que é imprescindível para se entender essa ciência tão específica.

Em seu primeiro capítulo, e não à toa, a obra traz o conceito de um dos pilares da profissão militar: a disciplina. Colocando-a, como deve ser, como princípio norteador não só da carreira, mas também de qualquer interpretação jurídica que se faça das normas militares, já que é ela, a disciplina, em conjunto com a hierarquia, o bem jurídico de singularidade desse ramo do direito.

Em capítulos didáticos, a obra traz conceitos sobre as Forças Armadas, suas funções constitucionais e sua estrutura organizacional situando leitores e estudantes nas premissas básicas de funcionamento da caserna.

Passam os autores, então, a aprofundar os leitores em temas de alta relevância para a atividade militar e defesa da Soberania Nacional: o abate de aeronaves. E aqui, com extrema leveza, os autores dão os contornos jurídicos de legalidade do instituto.

E, por falar dos operadores, de nossos homens e mulheres componentes das Forças Armadas Brasileiras, a estes foi destinado um capítulo próprio. Seus direitos e deveres são apresentados de uma forma simples permitindo ao leitor o conhecimento necessário para compreender o motivo pelo qual esta parcela de servidores especiais possui regras próprias e necessita de uma Justiça Especializada.

Raras são as obras que possuem uma explanação tão completa sobre a carreira militar. O serviço militar obrigatório e o serviço militar dos profissionais de saúde são expostos com suas especificidades até a transferência para a reserva.

A obra conta ainda com uma **parte** destinada ao modelo de hierarquia das Forças Armadas, seus postos e graduações, além de uma síntese das transgressões disciplinares.

Por fim, seus dois últimos capítulos são destinados ao Conselho de Justificação e ao Conselho de Disciplina. Procedimentos administrativos de alta relevância proporcionam à Administração Militar retirar de seus quadros indivíduos que não correspondem às expectativas, ou que não se identificaram com os valores e as limitações impostas pela carreira. Além disso, são instrumentos à disposição da administração militar para manter a prontidão necessária aos fins constitucionais.

Destinada aos operadores do direito militar, aos militares e a sociedade em geral, trata-se de obra imprescindível tanto aos que desejam iniciar os estudos neste ramo específico do direito, como aos que já se encontram militando na área.

Gen. Ex. Luis Carlos Gomes Mattos

Ministro-Presidente do Superior Tribunal Militar.

Sumário

Capítulo I

Direito Administrativo Militar

FERNANDO TELES

Referência legislativa: Artigos 1º, III, 5º, 37 e 142 da Constituição Federal; artigos 27 a 31 da Lei 6880/80 (Estatuto dos Militares); artigo 6º do Decreto 4346/2002 (Regulamento Disciplinar para o Exército); Lei 5836/72; Decreto 71.500/72

1. CONCEITO E OBJETO DA DISCIPLINA

A primeira questão que surge é se o Direito Administrativo Militar deve ser considerado um ramo autônomo do Direito ou parte integrante do Direito Administrativo.

Segundo Jorge Cesar de Assis[1], o marco doutrinário para a fixação do Direito Administrativo Militar como disciplina autônoma foi a obra de Antônio Pereira Duarte, atual Procurador-Geral de Justiça Militar, de título "Direito Administrativo Militar", em 1995.

O autor prossegue mencionando que o Ministério Público Militar foi a primeira instituição a reconhecer a autonomia do Direito Administrativo Militar, consignando-a no edital do 10º Concurso para Promotor de Justiça Militar, em 2005.

Assim sendo, **como disciplina autônoma que é**, merece um conceito que lhe seja próprio e adequado às suas peculiaridades. Jorge Cesar de Assis propõe um **conceito** que é derivado da linha de pensamento de Hely Lopes Meirelles: *"é o conjunto harmônico de princípios jurídicos próprios e peculiares que regem as instituições militares, seus integrantes e as atividades públicas tendentes a realizar concreta, direta e imediatamente os fins desejados pelo Estado e fixados na Constituição Federal: a defesa da Pátria e a preservação da ordem pública"*[2].

O **objeto da disciplina** é o estudo dos preceitos jurídicos específicos desse ramo jurídico, como ele é influenciado pelos preceitos gerais do Direito

1. ASSIS, J. C. Curso de Direito Disciplinar Militar. Curitiba: Juruá Editora, 2007, p. 63.
2. Ibid., p. 67.

Administrativo e as normas procedimentais pertinentes, sempre com a devida filtragem constitucional, bem como a relação dos militares federais e estaduais com esses parâmetros constitucionais e legais.

2. PRINCÍPIOS, VALORES E INSTITUTOS PECULIARES

2.1 Princípios aplicáveis ao Direito Administrativo Militar

Os constitucionalistas tratam sobre "bloco de constitucionalidade". A doutrina tem duas posições sobre o tema: uma posição restritiva, que entende que consiste somente nos enunciados normativos escritos, formais; e uma posição ampla, que abrange também os chamados princípios explícitos e implícitos.

Em verdadeira aula sobre o tema, adiantou-se o então Ministro do Supremo Tribunal Federal, Celso de Mello, a definir a posição adotada pelo Pretório Excelso na ADIn 595, DJe 26/02/2002:

> *"A definição do significado de bloco de constitucionalidade - independentemente da abrangência material que se lhe reconheça - reveste-se de fundamental importância no processo de fiscalização normativa abstrata, pois a exata qualificação conceitual dessa categoria jurídica projeta-se como fator determinante do caráter constitucional, ou não, dos atos estatais contestados em face da Carta Política.*
>
> *(...)*
>
> *A busca do paradigma de confronto, portanto, significa, em última análise, a procura de um padrão de cotejo, que, ainda em regime de vigência temporal, permita, ao intérprete, o exame da fidelidade hierárquico-normativa de determinado ato estatal, contestado em face da Constituição.*
>
> *Esse processo de indagação, no entanto, impõe que se analisem dois (2) elementos essenciais à compreensão da matéria ora em exame. De um lado, põe-se em evidência o elemento conceitual, que consiste na determinação da própria ideia de Constituição e na definição das premissas jurídicas, políticas e ideológicas que lhe dão consistência. De outro, destaca-se o elemento temporal, cuja configuração torna imprescindível constatar se o padrão de confronto, alegadamente desrespeitado, ainda vige, pois, sem a sua concomitante existência, descaracterizar-se-á o fator de contemporaneidade, necessário à verificação desse requisito.*
>
> *No que concerne ao primeiro desses elementos (elemento conceitual), cabe ter presente que a construção do significado de Constituição permite, na elaboração desse conceito, que sejam considerados não apenas os preceitos de índole positiva, expressamente proclamados em documento formal (que consubstancia o texto escrito da Constituição), mas, sobretudo, que sejam havidos, igualmente, por relevantes, em face de sua transcendência mesma, os valores de caráter suprapositivo, os princípios cujas raízes mergulham no direito natural e o próprio espírito que informa e dá sentido à Lei Fundamental do Estado.*

> *Não foi por outra razão que o Supremo Tribunal Federal, certa vez, e para além de uma perspectiva meramente reducionista, veio a proclamar - distanciando-se, então, das exigências inerentes ao positivismo jurídico - que a Constituição da República, muito mais do que o conjunto de normas e princípios nela formalmente positivados, há de ser também entendida em função do próprio espírito que a anima, afastando-se, desse modo, de uma concepção impregnada de evidente minimalismo conceitual (RTJ 71/289, 292 - RTJ 77/657)."*

Dessa forma, entende o STF que o bloco de constitucionalidade constitui, de forma abstrata, todos os enunciados normativos formais (escritos) previstos na Constituição Federal, os princípios constitucionais explícitos e implícitos, e também os tratados e convenções internacionais sobre direitos humanos introduzidos no ordenamento jurídico mediante o procedimento previsto no art. 5º, § 3º, da Constituição Federal.

Naturalmente, o Direito Administrativo Militar também possui seu bloco de constitucionalidade formado pelos enunciados normativos previstos na Constituição Federal relativos aos militares federais e estaduais, direitos fundamentais, Administração Pública e ao serviço militar, bem como os princípios constitucionais implícitos e explícitos e ainda os tratados internacionais de direitos humanos aprovados com o procedimento do art. 5º, § 3º da Constituição Federal.

Em vista da semelhança entre o sub-ramo Direito Administrativo Disciplinar Militar e o Direito Penal Militar, também todos os preceitos atinentes a este ramo do Direito Militar, no que tange aos direitos fundamentais, são aplicáveis àquele.

Cabe citar, **de modo apenas exemplificativo**, alguns princípios explícitos e implícitos e também regras, ambos de matriz constitucional, aplicáveis ao Direito Administrativo Militar:

- Princípio da Razoabilidade (implícito)
- Princípio da Dignidade Humana – art. 1º, III da CF
- Princípio da Legalidade (na verdade, Juridicidade) – art. 5º, II da CF
- Direito de Petição – art. 5º, XXXIV da CF
- Princípio da Inafastabilidade do Controle Jurisdicional – art. 5º, XXXV da CF
- Direito Adquirido, Coisa Julgada e Ato Jurídico Perfeito – art. 5º, XXXVI da CF
- Devido Processo Legal – art. 5º, LIV da CF
- Contraditório e Ampla Defesa – art. 5º, LV da CF
- Vedação à Prova Ilícita – art. 5º, LVI da CF
- Direitos do Preso, ao Silêncio e a não autoincriminação – art. 5º, LXIII da CF
- Habeas Corpus – art. 5º, LXVIII da CF

- Mandado de Segurança – art. 5º, LXIX da CF
- *Habeas Data* – art. 5º, LXXII da CF
- Princípio da Razoável Duração do Processo – art. 5º, LXXVIII da CF
- Princípios da Administração Pública: Legalidade (Juridicidade), Impessoalidade, Moralidade, Publicidade e Eficiência – art. 37, *caput* da CF

A esses preceitos devem ser adicionados os arts. 42 e 142 da Constituição Federal, que tratam dos regimes constitucionais dos militares estaduais, distritais e federais.

2.2 Valores e institutos peculiares

Quanto aos **valores** inerentes ao Direito Administrativo Militar, há que se mencionar, antes de qualquer coisa, que o preceito constitucional previsto no art. 142, § 3º, X (*"a lei disporá sobre o ingresso nas Forças Armadas, os limites de idade, a estabilidade e outras condições de transferência do militar para a inatividade, os direitos, os deveres, a remuneração, as prerrogativas e outras situações especiais dos militares, consideradas as peculiaridades de suas atividades, inclusive aquelas cumpridas por força de compromissos internacionais e de guerra"*) faz referência ao cabedal normativo infraconstitucional que fundamenta as atividades castrenses, especialmente em nível federal.

A principal lei que regula a atividade militar é o Estatuto dos Militares (Lei 6.880/80), que traz em si os valores inerentes ao cotidiano castrense, e deles é possível extrair alguns aplicáveis ao Direito Administrativo Militar.

Os valores militares podem ser conceituados como *"referenciais fixos, fundamentos imutáveis e universais inerentes às instituições militares. Esses valores influenciam, de forma consciente ou inconsciente, o comportamento e, em particular, a conduta pessoal de cada integrante da Instituição. A eficiência, a eficácia e mesmo a sobrevivência das Forças Armadas decorrem de um fervoroso culto a tais valores"*[3]. Esse conceito emana do Vade-Mécum de Cerimonial Militar do Exército (2002).

A deontologia militar tem conceito que pode ser retirado também da doutrina de Jorge Cesar de Assis[4], a partir do que cita Wilson Odirley Valla: *"é a ciência que, no âmbito da ética, trata da concepção dos valores e da sistematização dos deveres, compromissos e outras obrigações a que estão submetidos os militares"*.

3. ASSIS, J. C. (Coord.), TELES, F. H. M. e outros. Estatuto dos Militares Comentado. Curitiba: Juruá Editora, 2019, p. 27.

4. ASSIS, J. C. Curso de Direito Disciplinar Militar. Curitiba: Juruá Editora, 2007, p. 82.

O Estatuto dos Militares traz, nos arts. 27 a 31, o espectro normativo relativo à deontologia castrense, inclusive os **valores**:

- Patriotismo (vontade inabalável de cumprir o dever militar, inclusive, se necessário, com o sacrifício da própria vida);
- Civismo e culto das tradições históricas;
- Fé na missão elevada das forças armadas;
- Espírito de corpo;
- Amor à profissão das armas;
- Aprimoramento técnico-profissional.

Já o art. 28 do Estatuto dos Militares, ao mencionar a ética militar, materializa os valores militares do art. 27 em preceitos e constitui o principal dispositivo legal empregado quando há instauração dos chamados tribunais de honra (Conselho de Disciplina e Conselho de Justificação), pois toda violação substancial e grave da ética militar pode ensejar a formação desses Conselhos, previstos em legislação própria (Decreto 71.500/72 e Lei 5.836/72, respectivamente).

O art. 28 deixa claro que a ética militar caminha ao lado do sentimento de dever, o pundonor militar e o decoro da classe, exigindo dos militares conduta moral e profissionais irrepreensíveis. São vetores da ética militar[5].

O pundonor militar, o decoro da classe e a honra pessoal (não citada no *caput* do art. 28 do Estatuto dos Militares) encontram definições no art. 6º do Regulamento Disciplinar do Exército (RDE):

> *Art. 6º Para efeito deste Regulamento, deve-se, ainda, considerar:*
>
> *I - honra pessoal: sentimento de dignidade própria, como o apreço e o respeito de que é objeto ou se torna merecedor o militar, perante seus superiores, pares e subordinados;*
>
> *II - pundonor militar: dever de o militar pautar a sua conduta como a de um profissional correto. Exige dele, em qualquer ocasião, alto padrão de comportamento ético que refletirá no seu desempenho perante a Instituição a que serve e no grau de respeito que lhe é devido; e*
>
> *III - decoro da classe: valor moral e social da Instituição. Ele representa o conceito social dos militares que a compõem e não subsiste sem esse.*

Cumpre ressaltar que o trinômio deontológico (pundonor militar, decoro da classe e honra pessoal), quando afetado pela conduta transgressora de um

5. ASSIS, J. C. (Coord.), TELES, F. H. M. e outros. Estatuto dos Militares Comentado. Curitiba: Juruá Editora, 2019, p. 112.

militar, enseja a classificação do ato como grave, suscetível até mesmo de submissão aos Conselhos de Disciplina ou Justificação, a depender da condição do militar e das consequências do ato.

Entre os mais importantes preceitos de ética militar capitulados no art. 28, destaca-se o respeito à eficiência e probidade (inciso II) e ainda à dignidade humana (inciso III), o cumprimento das leis e regulamentos (inciso IV), ser justo e imparcial no julgamento dos atos e na apreciação do mérito dos subordinados (inciso V) e acatar as autoridades civis (inciso XI).

Relação com outros ramos do ordenamento jurídico militar

Jorge Cesar de Assis sintetiza bem a relação do Direito Administrativo Militar com o Direito Militar e o Direito Disciplinar Militar. O autor afirma existir uma ordem decrescente de abrangência, do mais amplo para o mais restrito[6]:

a) **Direito Militar:** composto por toda a legislação material que se refere à organização e ao funcionamento das Forças Armadas e das Forças Auxiliares, seja de natureza administrativa, civil ou penal militar;

b) **Direito Administrativo Militar**: pode ser definido como o conjunto harmônico de princípios jurídicos próprios e peculiares que regem as instituições militares, seus integrantes e as atividades públicas tendentes a realizar concreta, direta e imediatamente os fins desejados pelo Estado e fixados na Constituição Federal: a defesa da pátria e a preservação da ordem pública;

c) **Direito Disciplinar Militar:** é aquele que se ocupa com as relações decorrentes do sistema jurídico militar vigente no Brasil, o qual pressupõe uma indissociável relação entre o poder de mando dos comandantes, chefes e diretores militares (conferido por lei e delimitado por esta) e o dever de obediência de todos os que lhe são subordinados, relação essa tutelada pelos regulamentos disciplinares quando prevê as infrações disciplinares e suas respectivas punições, e controlada pelo Poder Judiciário quando julga as ações propostas contra os atos disciplinares militares.

Jorge Cesar de Assis afirma ainda que Zaffaroni e Ricardo Juan Cavallero aduzem que o Direito Penal protege bens jurídicos, enquanto que o disciplinar visa tão-somente à infração de um dever especial com relação a determinado serviço[7].

Nesse ponto, faz-se aqui apenas uma reserva ao que o mestre Jorge Cesar de Assis afirma sobre o Direito Militar. Entende-se, aqui, que o Direito Militar também abrange as normas processuais e procedimentais administrativas.

---

6. ASSIS, J. C. Curso de Direito Disciplinar Militar. Curitiba: Juruá Editora, 2007, p. 67.
7. Ibid., p. 68.

Por fim, cabe lembrar que, se um fato for objeto de ação penal militar e de apuração em nível administrativo militar, a responsabilidade administrativa só resta afastada ("resíduo administrativo") se, no Poder Judiciário, ficar definido que o fato não ocorreu ou que o agente não o praticou. Nas demais formas de absolvição criminal e, por óbvio, no caso de condenação, haverá possibilidade de sanção administrativa no âmbito militar, salvo se o regulamento disciplinar definir de forma diversa. O militar poderá, inclusive, ser sancionado criminalmente e em Conselho de Disciplina ou Justificação.

3. COMO OS ASSUNTOS FORAM COBRADOS EM PROVAS

1. MINISTÉRIO PÚBLICO MILITAR (10º Concurso – 2005): QUESTÃO 122 - Na agregação, o militar da ativa deixa de ocupar vaga na escala hierárquica de seu corpo, quadro, arma ou serviço. Esta situação ocorre na hipótese de:

a) O militar sem estabilidade ausentar-se sem autorização pelo prazo que caracteriza o crime de deserção previsto no Código Penal Militar.

b) O militar ter sido condenado à pena de suspensão do exercício do posto, graduação, cargo ou função prevista no Código Penal Militar.

c) O militar ser preso por transgressão disciplinar.

d) O militar passar 3 (três) meses contínuos em licença para tratamento de saúde própria.

Gabarito

A opção (B) é a correta, segundo o art. 80 c/c art. 82, XI, ambos da Lei 6880/80 (Estatuto dos Militares).

Capítulo II

Das Forças Armadas

MARIANA AQUINO

Referência legislativa: arts. 142 a 143 da CF; arts. 20 a 26 e 34 a 41 da Lei 6.880/80 (Estatuto dos Militares, com as atualizações da Lei 13.954/19); art. 15 da LC 97/99

1. FORÇAS ARMADAS NA CONSTITUIÇÃO FEDERAL

As Forças Armadas (Marinha, Exército e Aeronáutica) encontram previsão constitucional no art. 142 e 143 da CF. De acordo com as normas constitucionais, são instituições nacionais permanentes e regulares, organizadas com base na hierarquia e disciplina (princípios basilares), sob a autoridade suprema do Presidente da República e destinadas a: a) defesa da Pátria; b) garantia dos poderes constitucionais; c) garantia da lei e da ordem.

Importa destacar, assim, que as FFAA são garantidoras do princípio da soberania, seus membros são denominados militares e possuem um regramento constitucional e jurídico diferenciado dos demais cidadãos.

Nesse sentido, cumpre tecer algumas considerações em virtude das previsões contidas ao longo do mencionado art. 142 da CF.

1.1. Não cabe *habeas corpus* em relação a punições disciplinares militares – art. 142, § 2º da CF

A questão é tormentosa, divergindo a doutrina. Assim, podem-se destacar três correntes, segundo cita Jorge César de Assis[1]:

> *1) inadmite o remédio heroico, pura e simplesmente. Para os seguidores desta teoria extremada, devem ser protegidos os conceitos de hierarquia e disciplina, que deverão ficar à margem de qualquer análise pelo Judiciário. Na mesma linha de raciocínio estão Walter Ceneviva, para quem "por razões*

---

1. ASSIS, Jorge César de. Curso de Direito Disciplinar Militar – 5ª edição, Curitiba: Juruá, 2018, p. 201 a 203.

ligadas aos conceitos de hierarquia e disciplina, não cabe o habeas corpus para as punições militares de caráter disciplinar", e José Afonso da Silva, segundo o qual, onde há hierarquia, [...], há, corretamente, uma relação de sujeição objetiva, que se traduz na disciplina, [...]. A disciplina é, assim, um corolário de toda a organização hierárquica. Essa relação fundamenta a aplicação de penalidades que ficam imunes ao 'habeas corpus', nos termos do art. 142, § 2º [CF/88], que declara não caber aquele remédio constitucional em relação a punições disciplinares militares.

2) ***mitigada, ao mesmo tempo em que entende inviável o habeas corpus nas punições disciplinares, propugna que esta vedação está dirigida apenas ao mérito do ato disciplinar*** *– que é de natureza administrativa, não estando impedido o exame quanto à própria legalidade da punição a ser aplicada.*

Lembrado por Gerson da Rosa Pereira, expoente da segunda corrente, Ackel Filho afirma que

[...] o óbice ao habeas corpus há de ser admitido em termos, ou seja, o que se veda é a concessão de habeas corpus nos casos de punição disciplinar regular. Se a punição é imposta por autoridade manifestamente incompetente ou, de qualquer modo, ao arrepio das normas regulamentares que vinculam a ação do superior que pune, a ação heróica será certamente cabível. Compartilha da mesma opinião Pinto Ferreira, que defende a possibilidade de habeas corpus nas punições disciplinares, quando: a) a sanção for determinada por autoridade incompetente; b) em desacordo com a lei; c) extrapolando os limites da lei. **(posição da maioria da doutrina e dos Tribunais, inclusive do STF);**

3) extremamente liberal, permitiria a concessão ilimitada de habeas corpus em sede de transgressões disciplinares, permitindo-se analisar não só os aspectos legais do ato disciplinar atacado, mas inclusive o próprio mérito daquele ato administrativo essencialmente militar.

Nesse sentido, ainda, impende destacar a lição de Jorge Luiz Nogueira de Abreu[2]:

"é perfeitamente cabível a impetração do writ, visando aferir a legalidade do ato administrativo (punição disciplinar) que implique privação do direito de locomoção do infrator, em casos como: a) aplicação de pena privativa de liberdade não prevista nos regulamentos disciplinares ou para reprimir conduta não descrita como transgressão disciplinar nos citados regulamentos; b) punição fixada fora dos limites descritos no Estatuto dos Militares96 e nos regulamentos militares; c) punição imposta ou agravada por autoridade incompetente; d) inobservância do devido processo legal (art. 5.º, LIV, da CF/1988); e) quando não forem assegurados ao infrator o contraditório e ampla defesa, com os meios e recursos a ela inerentes (art. 5.º, LV, da CF/1988), etc. ***Por não implicar perda do direito de locomoção, não é cabível***

2. ABREU, Jorge Luiz Nogueira de. Direito Administrativo Militar. Rio de Janeiro: Método, 2010, p. 348.

a impetração de habeas corpus contra: a) pena de exclusão de militar ou perda de patente ou função pública (Súmula 694 do STF); b) punições de advertência, repreensão, licenciamento a bem da disciplina, etc."

1.2. Membros das Forças Armadas – art. 142, § 3º, da CF e art. 3º do Estatuto dos Militares, modificado pela Lei 13.954/19

Os membros das Forças Armadas são denominados militares e formam uma categoria especial de servidor público.

Posto é o grau hierárquico do oficial, conferido por ato do Presidente da República e confirmado por Carta Patente. Já a graduação é o grau hierárquico da praça, conferido pela autoridade militar competente.

Ainda, a fim de melhor compreender os dispositivos constitucionais, cumpre explicitar certos conceitos:

- Militar da ativa ou em atividade: aquele que, uma vez ingresso nas Forças Armadas, seja para a prestação do serviço militar, por convocação ou após a aprovação em concurso público, não for submetido a nenhum dos processos de exclusão de que trata o art. 94 do Estatuto dos Militares ou, se excluído, retornar à atividade em virtude de reinclusão, designação ou mobilização;
- Militar inativo: corresponde à situação do militar que foi excluído do serviço ativo por uma das hipóteses constantes nos incisos I, II, III, V e VII do art. 94 do Estatuto dos Militares. Nesses casos, poderá ser enquadrado como da reserva remunerada, não remunerada ou reformado;
- Militar da reserva remunerada: militar que, na forma do art. 96 e seguintes do Estatuto dos Militares, requerer a inatividade após completar **35 anos** de serviço – quando haverá transferência para a reserva a pedido – ou se enquadrar em uma das hipóteses previstas no art. 98 – referentes à transferência *ex officio*;
- Militar da reserva não remunerada: é considerado civil, já que não possui mais vínculo com a Força Armada, mas é possuidor de Carta Patente.

Observa-se que a CF, bem como a legislação infraconstitucional, ao se referir a militar da reserva quer dizer militar da reserva remunerada, que possui vínculo com a Força Armada a qual pertence. Assim, pela interpretação do artigo 3º do Estatuto dos Militares, pode-se concluir que o militar da reserva não remunerada é um civil, já que não o elenca como militar. Ademais, o Regulamento Disciplinar do Exército prescreve que apenas o militar da ativa, da reserva remunerada ou reformado está sujeito ao regulamento disciplinar (art. 2º do RDE-2002), e a Lei do Conselho de Justificação dos Oficiais das Forças Armadas também não alcança o militar da reserva não remunerada (art. 1º da Lei n. 5.836/1972).

Nesse sentido, colaciona-se a seguinte jurisprudência:

> MILITAR DA RESERVA NÃO-REMUNERADA DO EXÉRCITO. CARTEIRA DE IDENTIDADE. 1- Trata-se de recurso de apelação em face de sentença que julgou improcedente o pedido de reconhecimento da validade de seu registro de identificação por prazo indeterminado, em todo território brasileiro. 2- Na hipótese, o autor alega que teve seu registro de identificação expedido pelo Exército Brasileiro em 08/01/1959, válido por tempo indeterminado. Em 10/08/2000 o General de Exército chefe do Departamento Geral do Pessoal editou a Portaria n.º 039/DGP, que em seu art. 2º tornou sem eficácia a carteira de identidade dos oficiais da reserva não-remunerada com validade indeterminada. 3 - **O autor não se enquadra em nenhum dos requisitos do art. 3º da Lei n.º 6.880 /1980, para que possa ser qualificado como militar, ou ter os mesmos direitos previstos para estes. Não pode o integrante da reserva não-remunerada do Exército, já integrado à vida civil, ser equiparado ao militar de carreira ativo ou inativo que possui vínculo com a Administração, salvo na hipótese do inciso III, do art. 3º** da Lei n.º 6.880 /1980. Ademais, conforme dito pela União às fls.39 de sua contestação, a antiga carteira de identidade com validade indeterminada, expedida pelo Ministério da Guerra dos Estados Unidos do Brasil, foi revogada pela Portaria n.º 039/DGP, revogada, por sua vez, pela Portaria n.º 086/DGP, a qual dispõe sobre a Carteira de Identidade Militar, modelo 5 N/A, com validade de 5 (cinco) anos, destinada aos oficiais da 2ª classe da reserva, caso do autor. 3- Recurso improvido. (APELAÇÃO CIVEL AC 309808 RJ 2001.51.01.003700-9 (TRF-2));
>
> EX-MILITAR DA RESERVA NÃO REMUNERADA. DEMISSÃO A PEDIDO. MEDIDA PROVISÓRIA Nº 2.131 /2000. DIREITO À MANUTENÇÃO DOS BENEFÍCIOS PREVISTOS NA LEI Nº 3.765 /60. AUSÊNCIA. NÃO ENQUADRAMENTO NO CONCEITO DE MILITAR. ESTATUTO DOS MILITARES (LEI Nº 6.880 /80). APLICAÇÃO AO CASO DO PRINCÍPIO *TEMPUS REGIT ACTUM*. 1. A Medida Provisória nº 2.131 /2000, reeditada sob o nº 2.215 -10/2001, assegurou aos ex-militares "demitidos a pedido", que contribuíam para a pensão militar até 29 de dezembro de 2000, o direito de continuarem como contribuintes da pensão militar isolada. 2. Além disso, garantiu aos que eram militares à época da sua edição, ativos ou inativos, o direito à manutenção dos benefícios previstos na Lei nº 3.765 /60, dentre os quais o reconhecimento do direito das filhas maiores à pensão, mediante a contribuição adicional de 1,5%. 3. **O oficial "demitido a pedido" antes do advento da aludida Medida Provisória, e transferido para a reserva não remunerada, não se enquadra no conceito de militar (Lei nº 6.880 /80), não tendo direito adquirido à manutenção da pensão nos termos do art. 7º da Lei nº 3.765 /60.** 4. Aplicação ao caso do princípio tempus regit actum, segundo o qual a lei que a rege a concessão de pensão por morte é aquela vigente quando da ocorrência do fato gerador, ou seja, à época do óbito do instituidor do benefício. 5. Recurso especial improvido. STJ - RECURSO ESPECIAL REsp 889196 RJ 2006/0208578-5 (STJ).

Importante destacar que o § 2º do art. 3º do Estatuto dos Militares dispõe que "os militares de carreira são aqueles da ativa que, no desempenho

voluntário e permanente do serviço militar, tenham vitaliciedade, assegurada ou presumida, ou estabilidade adquirida nos termos da alínea "a" do inciso IV do caput do art. 50 desta Lei", e o § 3º trata sobre os militares temporários, que são aqueles que não adquirem estabilidade e passam a compor a reserva não remunerada das Forças Armadas após serem desligados do serviço ativo.

- Militar reformado: aquele que, enquadrado em uma das hipóteses do art. 106 do Estatuto dos Militares **(modificado pela Lei 13.954/19)**, for transferido para a inatividade ou, se já inativo, alterar o status para não convocável ou não mobilizável.

1.2.1. *Disposições constitucionais aplicáveis aos membros das Forças Armadas – art. 142, § 3º, I a X, da CF*

De acordo com o art. 142, § 3º, da CF, "os membros das Forças Armadas são denominados militares, aplicando-se-lhes, além das que vierem a ser fixadas em lei, as seguintes disposições". A seguir, serão analisadas as disposições aplicáveis aos membros das Forças Armadas:

a) **Art. 142, § 3º, I, da CF**

I - as patentes, com prerrogativas, direitos e deveres a elas inerentes, são conferidas pelo Presidente da República e asseguradas em plenitude aos oficiais da ativa, da reserva ou reformados, sendo-lhes privativos os títulos e postos militares e, juntamente com os demais membros, o uso dos uniformes das Forças Armadas;

Sobreleva notar que é proibido, na inatividade, o uso de uniforme, salvo para: a) oficiais e praças – comparecer a solenidades militares, a cerimônias cívicas comemorativas de datas nacionais ou a atos sociais solenes de caráter particular, desde que autorizado; b) oficial na inatividade, quando no cargo de Comandante da Marinha, do Exército ou da Aeronáutica, poderá usar os mesmos uniformes dos militares na ativa (art. 77, §§1º e 2º, do Estatuto dos Militares).

Assim, se o oficial-general indicado para o cargo de Comandante da sua respectiva Força estiver na ativa, será transferido para a reserva remunerada quando empossado no cargo (§2º do art. 5º da LC 97/99), sendo-lhe permitido, portanto, utilizar os uniformes dos militares da ativa, em virtude da função que desempenha.

b) **Art. 142, § 3º, II, da CF**

II - o militar em atividade que tomar posse em cargo ou emprego público civil permanente, ressalvada a hipótese prevista no art. 37, inciso XVI, alínea "c", será transferido para a reserva, nos termos da lei;

A exceção prevista no art. 37, inciso XVI, alínea "c" da CF consiste na possibilidade de acumulação de cargos para o profissional da saúde, desde que haja compatibilidade de horários.

Importante lembrar que a EC 101/19, em simetria com o que já era previsto no supramencionado dispositivo para os militares federais e na jurisprudência, ao inserir o parágrafo 3º no art. 42 da CF, previu a possibilidade de cumulação de cargos para o militar estadual com um de profissional de saúde, com prevalência da atividade militar.

> ACUMULAÇÃO DE CARGOS. MILITAR **POSSIBILIDADE. 1. O Superior Tribunal de Justiça admite a acumulação de dois cargos privativos na área de saúde, no âmbito das esferas civil e militar, desde que o servidor público não desempenhe as funções tipicamente exigidas para a atividade castrense, e sim atribuições inerentes a profissões civis, diante da interpretação sistemática do art. 37, XVI, alínea c, c/c os arts. 42, § 1º, e 142, § 3º, II, da Constituição de 1988.** 2. Agravo Interno não provido. STJ - AGRAVO INTERNO NO RECURSO ESPECIAL AgInt no REsp 1698599 RJ 2017/0211022-0 (STJ). Data de publicação: 13/11/2018.

c) Art. 142, § 3º, III, da CF

III- o militar da ativa que, de acordo com a lei, tomar posse em cargo, emprego ou função pública civil temporária, não eletiva, ainda que da administração indireta, ressalvada a hipótese prevista no art. 37, inciso XVI, alínea "c", ficará agregado ao respectivo quadro e somente poderá, enquanto permanecer nessa situação, ser promovido por antiguidade, contando-se-lhe o tempo de serviço apenas para aquela promoção e transferência para a reserva, sendo depois de dois anos de afastamento, contínuos ou não, transferido para a reserva, nos termos da lei;

A agregação consiste numa "situação na qual o militar da ativa deixa de ocupar vaga na escala hierárquica de seu Corpo, Quadro, Arma ou Serviço, nela permanecendo sem número." Eis o conceito legal do ato administrativo da agregação, referendado por Antônio Pereira Duarte (in Direito Administrativo Militar, Rio de Janeiro: Forense, 1998, p.199)[3].

Assim, deixando de ocupar vaga na escala hierárquica, permanecendo sem número durante o tempo em que estiver agregado, o militar que tomar posse em cargo, emprego ou função pública temporária não eletiva somente poderá ser promovido por antiguidade. Após dois anos de afastamento, o militar será transferido para a reserva.

3. Estatuto dos Militares Comentado/ coordenação Jorge César de Assis- Curitiba: Juruá, 2019, p. 200.

Frise-se que, na hipótese analisada, não haverá acúmulo do exercício de atividade militar com cargo, emprego ou função pública civil, já que o agregado será afastado, temporariamente, do serviço ativo.

> ADMINISTRATIVO. MILITAR DA MARINHA. AFASTAMENTO PARA PARTICIPAÇÃO DE CONCURSO PÚBLICO DA POLÍCIA MILITAR DO ESTADO DE SÃO PAULO. POSSIBILIDADE. LEI Nº 6.880/80. ENTENDIMENTO DO STJ. REMESSA NECESSÁRIA DESPROVIDA. 1. O cerne da controvérsia diz respeito à possibilidade de o militar federal temporário (Soldado - Fuzileiro Naval da Marinha do Brasil) afastar-se para participar das etapas do concurso público da Polícia Militar do Estado de São Paulo, situação que atinge diretamente o vínculo com as Forças Armadas. 2. A Constituição Federal de 1988 é omissa quanto a essa hipótese, já que apenas prevê que o militar que tomar posse em cargo, emprego ou função pública ficará agregado ao respectivo cargo, somente podendo ser promovido com base em critério de antiguidade. Assim, transcorridos dois anos do afastamento do militar, contínuos ou não, este será transferido para a reserva, conforme disposição prevista no art. 142, § 3º, incisos II e III, do texto constitucional. 3. De igual modo, a Lei 6.880/80, que instituiu o Estatuto dos Militares, apesar de dispor sobre os direitos, deveres e prerrogativas daqueles que exercem a função militar, foi silente em regulamentar a hipótese referente à participação do militar em curso de formação. No entanto, a lei prevê a possibilidade de agregação, ou seja, de afastamento temporário de militar da corporação, no art. 81 do citado diploma legal. Nesses termos, há ainda a previsão do afastamento temporário para que o militar possa exercer função de natureza civil, vinculada a órgão público, nos termos do art. 82, inciso XII. 4. Com base nesses permissivos legais, a jurisprudência do Superior Tribunal de Justiça é dominante no sentido de que o militar pode pleitear seu afastamento temporário da corporação para fins de participação em curso de formação, com lastro na agregação, nos termos do art. 81 e 82, XII, da Lei 6.880/80. Precedentes: MS 17.400/DF, Rel. Ministro HUMBERTO MARTINS, PRIMEIRA SEÇÃO, julgado em 24/09/2014, DJe 29/09/2014; AgRg no REsp 1470618/RN, Rel. Ministro HERMAN BENJAMIN, SEGUNDA TURMA, julgado em 16/10/2014, DJe 31/10/2014. 5. Deve ser assegurado ao militar igualdade de condições para ingresso no serviço público, mediante sua participação em todas as fases do concurso público. O exercício do serviço militar não pode impedir a participação do indivíduo nos certames públicos, conforme bem pontuado pelo STJ, in verbis: "Nos termos do art. 82, XII, da Lei nº 8880/80 o militar aprovado em concurso público e convocado para realização de curso de formação, etapa obrigatória do certame, tem direito ao afastamento temporário do serviço ativo, na qualidade de agregado". (AgRg no REsp 1007130/RJ, Rel. Ministra MARIA THEREZA DE ASSIS MOURA, SEXTA TURMA, julgado em 03/02/2011, DJe 21/02/2011). 6. Não seria razoável exigir que o militar, para poder participar de concurso público em igualdade de condições com os demais candidatos, tivesse que se desvincular do serviço militar para participar de todas as fases de certame público, inclusive de curso de formação, sem ter garantida efetiva posse em cargo público, situação que implica no seu licenciamento do serviço ativo militar. Precedente: AC

- Apelação Cível - 547955 0007388-30.2011.4.05.8200, Desembargador Federal Rubens de Mendonça Canuto, TRF5 - Segunda Turma, DJE - Data: 25/10/2012 - Página: 373. 7. O afastamento do militar não gera prejuízo para o andamento das atividades tampouco para o erário, uma vez que o próprio autor pleiteia que as ausências sejam descontadas do seu período de férias. 8. Assim, é plenamente viável o afastamento do militar para fins de participação em curso de formação, nos termos do art. 81 e 82, XII, da Lei 6.880/80 e jurisprudência do Superior Tribunal de Justiça sobre o tema. 9. Irretocável, portanto, a conclusão do Juízo a quo, que entendeu irrazoável ceifar do praça o direito à participação em curso de formação alusivo a concurso público no qual obteve aprovação. 10. Remessa necessária desprovida. (TRF-1 - REO: 00397476320124013300003974763201240133OO, Relator: DESEMBARGADOR FEDERAL CARLOS AUGUSTO PIRES BRANDÃO, PRIMEIRA TURMA, Data de Publicação: 18/07/2019).

RECURSO ESPECIAL Nº 1.649.312 - RJ (2017/0014149-4) RELATOR: MINISTRO SÉRGIO KUKINA RECORRENTE: CESAR DUARTE DA CRUZ ADVOGADO: JULIO CESAR FERREIRA XAVIER - RJ130444 RECORRIDO: UNIÃO ADVOGADO: SEM ADVOGADO - RJ000000 DECISÃO Trata-se de recurso especial manejado por Cesar Duarte da Cruz com fundamento no art. 105, III, a e c, da CF, contra acórdão proferido pelo Tribunal Regional Federal da 2ª Região, assim ementado (fls. 357/358): APELAÇÃO CÍVEL. REMESSA NECESSÁRIA. ADMINISTRATIVO. MILITAR. LICENÇA REMUNERADA. PARTICIPAÇÃO EM CURSO DE FORMAÇÃO DE OFICIAL DA MARINHA MERCANTE. DESCABIMENTO. AUSÊNCIA DE PREVISÃO LEGAL. RECURSO E REEXAME OFICIAL PROVIDOS. 1. Cuida-se de remessa necessária e de apelação cível impugnando sentença que, nos autos de ação de conhecimento, sob o procedimento comum ordinário, confirmou a decisão que deferiu a antecipação dos efeitos da tutela pretendida e julgou procedente o pedido formulado na inicial, determinando a concessão ao demandante de licença remunerada, durante o curso de formação de oficial da Marinha Mercante, sob o fundamento de que a rejeição do pleito autoral implicaria em violação ao princípio da isonomia, já que demonstrado nos autos que os militares integrantes do Comando da Aeronáutica vêm obtendo tal direito. **2. Descabido o pleito autoral, porquanto o demandante é militar, categoria especial de servidores da Pátria (art. 3.º da Lei n.º 6.880/80), submetidos a peculiaridades inerentes à prestação do serviço castrense, a impor exegese conforme e restritiva do art. 14. da Lei nº 9.624/98, especialmente se destacado o teor dos incisos II e III, do § 3.º, do art. 142, da carta Constitucional de 1988, com a redação atribuída pela EC n.º 18/98. 3. A hipótese de agregação somente se justifica ante a temporariedade da função pública estranha ao serviço militar - cargo, emprego ou função pública civil temporária (inciso III) -, posto que o militar deve passar à reserva, em caso de posse em cargo ou emprego público civil permanente (inciso II), nos termos determinados em lei, in casu, o art. 117 do Estatuto dos Militares. 4. A Marinha Mercante não se confunde com a Marinha, Força Militar.** Com efeito, aquela detém natureza de atividade privada, consistindo no conjunto de navios, portos, estabelecimentos e tripulações que permitem o transporte marítimo de mercadorias e passageiros. Globalmente, o conceito distingue-se do de Marinha de guerra, conjunto de recursos navais, materiais e humanos que têm por fim a defesa de um país e a manutenção da segurança do comércio marítimo. 5. Tendo em vista que a frequência no Curso de Formação em testilha não se amolda a quaisquer das hipóteses de agregação (arts. 81 e 82 da Lei n.º 6.880/80), até porque não se evidencia posse em cargo, emprego ou função pública, ou mesmo disponibilidade do militar a Ministério Civil ou órgão, outra alternativa não resta ao militar, senão requerer licença para tratamento de interesse pessoal (art. 69 da Lei n.º 6.880/80), conforme previsto na DGPM-310 - Normas para Designação, Nomeação e Afastamentos Temporários do Serviço para o Pessoal Militar da MB. 6. Não há que se falar, na hipótese em tela, em violação ao princípio da isonomia como fundamento para o acolhimento do pedido autoral, posto que o parâmetro utilizado pelo magistrado sentenciante, o RISAER Regulamento Interno da Aeronáutica, não encontra amparo na Lei n.º 6.880/80.. Ante o exposto, não conheço do recurso especial. Publique-se. Brasília, 24 de abril de 2018. MINISTRO SÉRGIO KUKINA Relator. (STJ - REsp: 1649312 RJ 2017/0014149-4, Relator: Ministro SÉRGIO KUKINA, Data de Publicação: DJ 27/04/2018)

d) Art. 142, § 3º, IV, da CF

IV - ao militar são proibidas a sindicalização e a greve;

Nota-se que não foi proibido o direito de associação. Dessa sorte, destaca Jorge César de Assis:

> *"Adverte Laurentino de Andrade Filocre, referindo-se ao que denomina de fatores interferentes externos (encravados na Constituição Federal de 1988) que a plena liberdade de associação, independente de autorização, vedada a interferência estatal em seu funcionamento, somente dissolúvel por decisão judicial com trânsito em julgado, favoreceu a criação de associações de oficiais e praças que, com essas garantias, passaram a ter poder de enfrentamento das autoridades. E, em que pesem as vedações expressas na Constituição Federal de sindicalização e de greve para os militares, as associações passaram a atuar, de fato, como sindicatos e a usar a greve, ostensiva e armada, como instrumento de imposição de vontade e de interesses."*

DIREITO CONSTITUCIONAL. ADMINISTRATIVO E DIREITO PROCESSUAL CIVIL. EMBARGOS DE DECLARAÇÃO EM AGRAVO REGIMENTAL. POLICIAL MILITAR. PARTICIPAÇÃO EM GREVE. DEMISSÃO. INEXISTÊNCIA DE ILEGALIDADE NA PORTARIA INSTAURADORA DO PROCESSO ADMINISTRATIVO. OBSERVÂNCIA DA AMPLA DEFESA E DO CONTRADITÓRIO. AUSENTE VIOLAÇÃO AOS PRINCÍPIOS DA RAZOABILIDADE E DA PROPORCIONALIDADE. 1. Segundo o Processo Administrativo Disciplinar - PAD, fundamentado Portaria nº. 28/2013-GAB/CGD, a demissão da agravante da Corporação da Polícia Militar ocorreu em face de conduta irregular e ofensiva aos princípios éticos e morais, obrigações e deveres inerentes ao policial militar e transgressões disciplinares previstos na Lei n.º 13.407/2003, bem como no art. 73 da Lei n.º 13.407/2003 c/c art. 106 do Código de Processo Penal Militar . 2. Todas as garantias constitucionais (princípios do contraditório e da ampla defesa) foram asseguradas à recorrente no decorrer do PAD, que foi assistida por advogado e apresentou defesa (fls. 24/30 da apelação). 3. **A aplicação de pena de demissão, resultante da comprovada participação da embargante em reunião de cunho reivindicatório, não viola os princípios da razoabilidade e da proporcionalidade.** 4. Embargos Declaratórios conhecidos e acolhidos apenas para sanar a omissão apontada, sem, contudo atribuir efeitos infringentes. 5. Acórdão mantido. Vistos, relatados e discutidos estes autos de Embargos de Declaração nº. 0146676-18.2013.8.06.0001/50001 que é embargante PAULA BRANDÃO DA SILVA e embargado o ESTADO DO CEARÁ. A C O R D A a Quinta Câmara Cível desta Corte de Justiça do Estado do Ceará, por unanimidade, em conhecer dos Embargos de Declaração e dar-lhes provimento para, sanando a omissão apontada, se manifestar sobre suposta ofensa aos princípios da razoabilidade e da proporcionalidade, sem atribuir efeitos infringentes, mantendo-se, portanto, o acórdão impugnado. Fortaleza, 09 de dezembro de 2015. TJ-CE - Embargos de Declaração ED 01466761820138060001 CE 0146676-18.2013.8.06.0001 (TJ-CE)

Data de publicação: 09/12/2015

Impedidos constitucionalmente de serem sindicalizados e de fazerem greve (art. 42, § 1º, cc. art. 142, § 3º, IV, da CF), qualquer tentativa nesse sentido desloca-se para o campo do Direito Penal Militar, uma vez que tais atos atentam contra a autoridade e disciplina militares, bens jurídicos protegidos na legislação substantiva castrense.

e) Art. 142, § 3º, V, da CF

V - o militar, enquanto em serviço ativo, não pode estar filiado a partidos políticos;

A filiação partidária não consiste em condição de elegibilidade para os militares da ativa, por expressa vedação constitucional, bastando apenas o registro da candidatura após convenção do partido.

Já para o militar da reserva é exigida a filiação partidária:

AUSÊNCIA DE FILIAÇÃO PARTIDÁRIA. ALEGAÇÃO DE DESÍDIA DO PARTIDO. AUSÊNCIA DE PROVAS. MILITAR DA RESERVA. NECESSIDADE DE FILIAÇÃO. PREVALÊNCIA DAS INFORMAÇÕES CONTIDAS NO SISTEMA DA JUSTIÇA ELEITORAL. SUSPENSÃO DOS DIREITOS POLÍTICOS DO CANDIDATO. CONDENAÇÃO CRIMINAL. INDEFERIMENTO DO REGISTRO DE CANDIDATURA. MANUTENÇÃO DA SENTENÇA. DESPROVIMENTO DO RECURSO. 01. A mera alegação de que houve desídia do partido ao deixar de enviar o nome do candidato na lista de filiados, sem apresentação de qualquer documento idôneo capaz de confirmar tal informação, não é suficiente para o deferimento do pedido. 02. **É imprescindível a regular filiação do candidato militar da reserva - pelo período mínimo de 6 meses antes da eleição -, pois somente os militares da ativa se encontram impedidos de filiar-se, em virtude de comando constitucional (CF/88, art.**

142, V). 03. Informação emitida pela Justiça Eleitoral que demonstra que o recorrente não está filiado a partido político. 04. Além disso, pesa contra o recorrente a suspensão dos seus direitos políticos, em virtude de condenação criminal, consoante certidão emitida pelo cartório eleitoral, situação que também constitui óbice ao deferimento da candidatura. 05. Indeferimento do registro de candidatura. Manutenção da sentença. 06. Conhecimento e desprovimento do recurso. (TRE-MA - Recurso Eleitoral RE 18605 SANTA INÊS MA (TRE-MA).

MILITAR DA RESERVA NA ATIVA. FILIAÇÃO PARTIDÁRIA. INEXIGIBILIDADE. ARTS. 14, § 8º, E 142, § 3 º, V, DA CRFB. AGREGAÇÃO. CONDIÇÃO DE ELEGIBILIDADE ESPECÍFICA PARA O MILITAR COM MAIS DE DEZ ANOS DE SERVIÇO. ART. 14, § 8º, II, DA CRFB. 1. A consulta atendo aos requisitos de admissibilidade exigidos pelo art. 30, VIII, do Código Eleitoral e pela jurisprudência desta Justiça especializada. 2. **O militar da reserva que serve à Força Nacional é considerado na ativa (art. 3º, § 1º, a, III, da Lei 6.880 /80). 3. A filiação partidária não é condição de elegibilidade para o militar da ativa (art. 14, § 8º, c/c art. 142, § 3º, V, da CRFB). 4. O militar da ativa, não filiado a partido político, pode concorrer na convenção partidária. 5. A agregação constitui condição de elegibilidade específica para o militar com mais de dez anos de serviço (art. 14, § 8º, II, da CRFB).** TRE-RJ - Consulta CTA 060035072 RIO DE JANEIRO RJ (TRE-RJ). Data de publicação: 24/07/2018.

Com relação à elegibilidade de militar da ativa, o § 8º do art. 14 da CF prevê como requisitos: a) se contar menos de dez anos de serviço, deverá afastar-se da atividade; b) se contar mais de dez anos de serviço, será agregado pela autoridade superior e, se eleito, passará automaticamente, no ato da diplomação, para a inatividade.

f) Art. 142, § 3º, VI, da CF

VI - o oficial só perderá o posto e a patente se for julgado indigno do oficialato ou com ele incompatível, por decisão de tribunal militar de caráter permanente, em tempo de paz, ou de tribunal especial, em tempo de guerra;

g) Art. 142, § 3º, VII, da CF

VII - o oficial condenado na justiça comum ou militar a pena privativa de liberdade superior a dois anos, por sentença transitada em julgado, será submetido ao julgamento previsto no inciso anterior;

A indignidade e incompatibilidade para com o oficialato poderá ser oriunda: a) de Conselho de Justificação (natureza administrativa); b) condenação por crime militar ou comum, a pena privativa de liberdade superior a dois anos; perdendo o oficial o posto e a patente por decisão, em ambos os casos, tribunal militar.

PERDA DO POSTO E DA PATENTE. Major da reserva da Aeronáutica, condenado pela justiça comum à pena de 16 anos de reclusão, e 266 dias-multa, pela prática de tráfico internacional de drogas e associação criminosa,

em regime fechado, por ter se aproveitando da sua condição de oficial da Aeronáutica, promovendo e monitorando o transporte de 32,960 Kg de cocaína, alocada no interior de aeronave pertencente à FAB, em Recife/PE, com destino à cidade Clermont Ferrand, na França, com escala técnica em Las Palmas, nas Ilhas Canárias, lugar previsto para entrega da droga. O instituto da prescrição, como causa extintiva da punibilidade, de notada índole penal, não se relaciona com o pedido ou mesmo com a causa de pedir da presente Ação, que é de cunho moral. Cabe a este Tribunal verificar, tão somente, as circunstâncias e as consequências da decisão condenatória para as instituições militares e para a sociedade, em razão do tipo penal cometido. E não há como afastar a torpeza da conduta. A Representação para Declaração de Indignidade importa juízo de valor ético e moral a revelar conhecimento sobre a personalidade do Representado e se presta para julgar, através de processo especial, a capacidade do Oficial das Forças Armadas de permanecer na Força. Em tal procedimento, deve-se levar em conta a gravidade inerente aos atos atribuídos ao Representado. Uma vez violadas as regras morais e éticas a serem pautadas na vida na caserna ou fora dela, a exclusão da Força torna-se inevitável, tendo em vista a necessidade de se preservar a regularidade do sistema, no caso, as instituições militares e o seu papel perante a sociedade. Preliminar de prescrição rejeitada e Representação deferida para declarar o Representado indigno para com o oficialato e, por conseguinte, decretar a perda de seu posto e patente, com fundamento no art. 142, § 3º, incisos VI e VII, da Constituição Federal. STM - Representação p/ Declaração de Indignidade/Incompatibilidade RP 70006942720187000000 (STM)

Data de publicação: 10/05/2019.

PERDA DO POSTO E DA PATENTE. DECISÃO UNÂNIME. I. Preliminar de nulidade de ausência de defesa técnica. A Representação para a Declaração de Indignidade ou Incompatibilidade para com o Oficialato é uma ação declaratória de natureza constitucional. Não há que se falar em rediscussão de provas. Foi oportunizado ao Réu, na fase anterior, o contraditório e a ampla defesa. Frise-se que a ausência de defesa técnica difere de defesa ineficaz. Rejeição. Decisão unânime. II. O Representado emitiu guias falsificadas, por 110 vezes, em seu nome e de seus dependentes, para atendimento de outros pacientes, sem que houvesse os procedimentos médicos, auferindo vantagem indevida de meio milhão de reais. III. Tal prática ilícita deve ensejar a perda do posto e da patente, pela via da presente Representação formulada pela Procuradoria-Geral da Justiça Militar, ex vi do art. 142, § 3º, inciso VII, da Constituição Federal, disciplinado pelo art. 120, inciso I, do Estatuto dos Militares (Lei nº 6.880/80). IV. Malferidos o pundonor militar e o decoro da classe, e abalada a retidão de conduta esperada de um Oficial das Forças Armadas, a avaliação do panorama fático que ensejou sua condenação criminal autoriza a convicção de que o Representante merece o estigma de indigno para o oficialato. V. Representação acolhida para declarar a indignidade do Representado para com o oficialato, sendo determinada a perda de

seu posto e de sua patente. VI. Após o trânsito em julgado, expedição de ofício ao TSE, à luz do art. 1º, inciso I, alínea *f*, da Lei Complementar nº 64/1990, com a redação dada pelo art. 2º, da Lei Complementar nº 135/2010 (Lei da Ficha Limpa). VII. Decisão. Data de publicação unânime. STM - Representação p/ Declaração de Indignidade/Incompatibilidade RP 70010640620187000000 (STM): 07/11/2019.

h) Art. 142, § 3º, VIII, da CF

VIII - aplica-se aos militares o disposto no art. 7º, incisos VIII, XII, XVII, XVIII, XIX e XXV, e no art. 37, incisos XI, XIII, XIV e XV, bem como, na forma da lei e com prevalência da atividade militar, no art. 37, inciso XVI, alínea "c";

Direitos assegurados aos militares:

> Art. 7º:
>
> VIII - décimo terceiro salário com base na remuneração integral ou no valor da aposentadoria;
>
> XII - salário-família pago em razão do dependente do trabalhador de baixa renda nos termos da lei;
>
> XVII - gozo de férias anuais remuneradas com, pelo menos, um terço a mais do que o salário normal;
>
> XVIII - licença à gestante, sem prejuízo do emprego e do salário, com a duração de cento e vinte dias;
>
> XIX – licença paternidade, nos termos fixados em lei;
>
> XXV - assistência gratuita aos filhos e dependentes desde o nascimento até 5 (cinco) anos de idade em creches e pré-escolas;
>
> Art. 37:
>
> XI - a remuneração e o subsídio dos ocupantes de cargos, funções e empregos públicos da administração direta, autárquica e fundacional, dos membros de qualquer dos Poderes da União, dos Estados, do Distrito Federal e dos Municípios, dos detentores de mandato eletivo e dos demais agentes políticos e os proventos, pensões ou outra espécie remuneratória, percebidos cumulativamente ou não, incluídas as vantagens pessoais ou de qualquer outra natureza, não poderão exceder o subsídio mensal, em espécie, dos Ministros do Supremo Tribunal Federal, aplicando-se como limite, nos Municípios, o subsídio do Prefeito, e nos Estados e no Distrito Federal, o subsídio mensal do Governador no âmbito do Poder Executivo, o subsídio dos Deputados Estaduais e Distritais no âmbito do Poder Legislativo e o subsídio dos Desembargadores do Tribunal de Justiça, limitado a noventa inteiros e vinte e cinco centésimos por cento do subsídio mensal, em espécie, dos Ministros do Supremo Tribunal Federal, no âmbito do Poder Judiciário, aplicável este limite aos membros do Ministério Público, aos Procuradores e aos Defensores Públicos;

> XIII - é vedada a vinculação ou equiparação de quaisquer espécies remuneratórias para o efeito de remuneração de pessoal do serviço público;
>
> XIV - os acréscimos pecuniários percebidos por servidor público não serão computados nem acumulados para fins de concessão de acréscimos ulteriores;
>
> XV - o subsídio e os vencimentos dos ocupantes de cargos e empregos públicos são irredutíveis, ressalvado o disposto nos incisos XI e XIV deste artigo e nos arts. 39, § 4º, 150, II, 153, III, e 153, § 2º, I;
>
> XVI - é vedada a acumulação remunerada de cargos públicos, exceto, quando houver compatibilidade de horários, observado em qualquer caso o disposto no inciso XI: c) a de dois cargos ou empregos privativos de profissionais de saúde, com profissões regulamentadas.

Importa destacar a licença maternidade e a licença paternidade a militares, que encontram previsão na Lei 13.109/2015:

> Art. 1º Será concedida licença à gestante, no âmbito das Forças Armadas, conforme o previsto no inciso XVIII do art. 7º da Constituição Federal, para as militares, inclusive as temporárias, que ficarem grávidas durante a prestação do Serviço Militar.
>
> § 1º A licença será de 120 (cento e vinte) dias e terá início ex officio na data do parto ou durante o 90 (nono) mês de gestação, mediante requerimento da interessada, salvo em casos de antecipação por prescrição médica.
>
> § 2º A licença à gestante poderá ser prorrogada por 60 (sessenta) dias, nos termos de programa instituído pelo Poder Executivo federal.
>
> § 3º No caso de nascimento prematuro, a licença terá início a partir do parto.
>
> § 4º No caso de natimorto, decorridos 30 (trinta) dias do parto, a militar será submetida a inspeção de saúde e, se julgada apta, reassumirá o exercício de suas funções.
>
> § 5º No caso de aborto, atestado pela Junta de Inspeção de Saúde das Forças Armadas, a militar terá direito a 30 (trinta) dias de licença para tratamento de saúde própria.

Já a licença paternidade está prevista no art. 7º, inciso XIX da Constituição Federal, bem como estava prevista no art. 6º da já mencionada Lei 13.109/2015, pelo prazo de 5 (cinco) dias.

Todavia, objetivando uniformizar os direitos à licença paternidade entre os servidores públicos federais e os militares das Forças Armadas, a Lei 13.717/18 alterou a redação do art. 6º da Lei nº 13.109/2015, ampliando o prazo da licença paternidade dos militares para 20 dias.

Ainda, frisa-se que 13.954/2019 inovou ao trazer a previsão expressa do direito à licença maternidade, paternidade e adoção aos militares, alterando o art. 67 do Estatuto dos Militares, ao inserir a alínea "f".

i) Art. 142, § 3º, IX, da CF

X - a lei disporá sobre o ingresso nas Forças Armadas, os limites de idade, a estabilidade e outras condições de transferência do militar para a inatividade, os direitos, os deveres, a remuneração, as prerrogativas e outras situações especiais dos militares, consideradas as peculiaridades de suas atividades, inclusive aquelas cumpridas por força de compromissos internacionais e de guerra.

O Plenário do STF, analisando o critério de idade, fixado em editais para concurso público visando ao ingresso nas Forças Armadas, reconheceu a repercussão geral e declarou que a expressão "nos regulamentos da Marinha, do Exército e Aeronáutica", contida no art. 10 da Lei 6.880/1980 – Estatuto dos Militares, não foi recepcionada pela Constituição Federal em face da determinação expressa do art. 142, § 3º, X, ao atribuir exclusivamente à lei a definição dos critérios para o ingresso nas Forças Armadas (STF, Pleno, RE 600.885, relatora Min. Carmen Lúcia, julgado em 09.02.2011, unânime).[4]

Em relação especificamente ao limite de idade para concurso, a Súmula 683, do STF, assevera que "O limite de idade para a inscrição em concurso público só se legitima em face do art. 7º, XXX, da Constituição, quando possa ser justificado pela natureza das atribuições do cargo a ser preenchido".[5]

> MILITAR. CONCURSO PÚBLICO. INGRESSO NA CARREIRA MILITAR. LIMITE DE IDADE. EDIÇÃO DE LEI ORDINÁRIA. CONTROVÉRSIA DIRIMIDA NA ORIGEM À LUZ DE FUNDAMENTOS CONSTITUCIONAIS. 1. O Tribunal de origem assentou entendimento segundo o qual "a Constituição Federal , em seu art. 142 , § 3º , X , estabeleceu a necessidade da edição de lei ordinária para tratar do ingresso, da estabilidade, da transferência para a inatividade, da remuneração e de outras situações especiais dos militares, e o art. 10 da Lei nº 6.880 /80 (estatuto dos militares), ao regulamentar o ingresso nas forças armadas, previu que os candidatos devem preencher os requisitos previstos em lei e nos regulamentos da Marinha, do Exército e da Aeronáutica». 2. Asseverou, ainda, que «o Supremo Tribunal Federal, no julgamento do RE 600.885, decidiu que a expressão ‹nos regulamentos da Marinha, do Exército e da Aeronáutica› do mencionado art. 10 não foi recepcionada pela Constituição Federal de 1988, que, como dito, exige a edição de lei formal para estabelecer os requisitos para ingresso na carreira militar, incluindo a fixação de limites mínimos e máximos de idade para os candidatos (STF, Pleno, RE 600.885, Rel. Min. CÁRMEN LÚCIA, DJE 1.7.2011)». Verificou que, no presente caso, «o demandante foi atingido pela modulação dos efeitos realizada pelo Supremo Tribunal Federal no julgamento do RE 600.885, pois o edital impugnado foi publicado em 28.1.2009 (fls. 51/97), ou seja, dentro do

4. ASSIS, Jorge César de. Curso de Direito Disciplinar Militar – 5ª edição, Curitiba: Juruá, 2018, p. 23.

5. Ibid., 23.

> prazo estabelecido no referido recurso extraordinário (31.12.2012), sendo possível, portanto, que o limite de idade para participação no concurso público militar seja regulamentado por um ato administrativo". 3. Consequentemente, observa-se que a instância ordinária decidiu a controvérsia à luz de fundamentos eminentemente constitucionais, matéria insuscetível de ser examinada em sede de recurso especial. 4. Agravo interno não provido. STJ - AGRAVO INTERNO NO RECURSO ESPECIAL AgInt no REsp 1793895 RJ 2019/0020668-0 (STJ). Data de publicação: 03/05/2019.

1.3. Serviço militar obrigatório e imperativo de consciência – art. 143 da CF

Segundo prescreve o art. 143 da CF, o serviço militar é obrigatório nos termos da lei, e às Forças Armadas compete, na forma da lei, atribuir serviço alternativo aos que, em tempo de paz, após alistados, alegarem imperativo de consciência, entendendo-se como tal o decorrente de crença religiosa e de convicção filosófica ou política, para se eximirem de atividades de caráter essencialmente militar.

As mulheres e os eclesiásticos ficam isentos do serviço militar obrigatório em tempo de paz, sujeitos, porém, a outros encargos que a lei lhes atribuir.

> REQUERIMENTO DE DISPENSA DE SERVIÇO MILITAR OU REALIZAÇÃO DE PRESTAÇÃO ALTERNATIVA POR **IMPERATIVO DE CONSCIÊNCIA**. INDEFERIMENTO. POSSIBILIDADE TENDO EM VISTA QUE NÃO CONDIZ COM O COMPORTAMENTO SOCIAL DO IMPETRANTE. CONVOCAÇÃO QUE OBJETIVA A PRESTAÇÃO DE SERVIÇOS MÉDICOS QUE NÃO SE HARMONIZAM COM O BELICISMO. - A escusa de consciência apresentada pelo impetrante, não condiz com seu comportamento social, pois o mesmo afirma ser anarquista, filosofia que prega, além dos matizes do pacifismo, do antimilitarismo e do antibelicismo, em linhas gerais, a ausência do Estado, concluindo-se, em princípio, que a alegação vai de encontro ao pedido inicial, na medida em que o mandado de segurança busca a prestação do serviço judicial, oferecido por meio do exercício da função judicial do Poder Político, como garantia do Estado Democrático de Direito, o que não se harmoniza com o anarquismo. - No caso dos autos, o impetrante está sendo convocado para a realização de atividades (prestação de serviços médicos) que não se adequam com referido belicismo, razão pela qual qualquer escusa de consciência não se mostra razoável. - Apelação desprovida. TRF-3 - APELAÇÃO CÍVEL AMS 00169908920144036100 SP (TRF-3).

2. PRINCÍPIOS REGULADORES DA ATIVIDADE MILITAR

A Administração Militar, parte integrante da Administração Pública Direta, está sujeita aos princípios gerais, que informam o direito administrativo comum, previstos no art. 37 da CF (legalidade, impessoalidade, moralidade, publicidade e eficiência), bem como os princípios específicos da hierarquia e disciplina, bem como da ética militar, dentre outros.

Assim, a hierarquia e a disciplina são a base institucional das Forças Armadas, sendo que a autoridade e a responsabilidade crescem com o grau hierárquico.

A hierarquia militar é a ordenação da autoridade, em níveis diferentes, dentro da estrutura das Forças Armadas. A ordenação se faz por postos ou graduações; dentro de um mesmo posto ou graduação se faz pela antiguidade no posto ou na graduação. O respeito à hierarquia é consubstanciado no espírito de acatamento à sequência de autoridade.

Disciplina é a rigorosa observância e o acatamento integral das leis, regulamentos, normas e disposições que fundamentam o organismo militar e coordenam seu funcionamento regular e harmônico, traduzindo-se pelo perfeito cumprimento do dever por parte de todos e de cada um dos componentes desse organismo.

A disciplina e o respeito à hierarquia devem ser mantidos em todas as circunstâncias da vida entre militares da ativa, da reserva remunerada e reformados.

A Ética militar consiste no sentimento do dever, pundonor militar e decoro da classe impõe conduta moral e profissional irrepreensíveis. Todas as violações da ética militar ensejam, no mínimo, uma falta grave, senão o Conselho de Disciplina e Justificação.

3. ADMINISTRAÇÃO MILITAR

3.1. Cargo e função

Os cargos e funções militares são regrados pelo art. 20 a 26 do Estatuto dos Militares.

Cargo militar é um conjunto de atribuições, deveres e responsabilidades cometidos a um militar em serviço ativo (art. 20), e são providos com pessoal que satisfaça aos requisitos de grau hierárquico e de qualificação exigidos para o seu desempenho (art. 21).

As obrigações inerentes ao cargo militar devem ser compatíveis com o correspondente grau hierárquico e definidas em legislação ou regulamentação específicas (art. 20, § 2º).

Função militar é o exercício das obrigações inerentes ao cargo militar (art. 23).

Dentro de uma mesma organização militar, a sequência de substituições para assumir cargo ou responder por funções, bem como as normas, atribuições e responsabilidades relativas, são as estabelecidas na legislação ou regulamentação específicas, respeitadas a precedência e a qualificação exigidas para o cargo ou o exercício da função (art. 24).

O militar ocupante de cargo provido em caráter efetivo ou interino, de acordo com o parágrafo único do artigo 21 do Estatuto dos Militares, faz jus aos direitos correspondentes ao cargo, conforme previsto em dispositivo legal (art. 25).

3.2. Comando e Subordinação

Com relação ao comando e subordinação, a Lei 6.880/80 (Estatuto dos Militares) trata nos arts. 34 a 41.

Prescreve ser o Comando a soma de autoridade, deveres e responsabilidades de que o militar é investido legalmente quando conduz homens ou dirige uma organização militar, e é vinculado ao grau hierárquico e constitui uma prerrogativa impessoal, em cujo exercício o militar se define e se caracteriza como chefe (art. 34). Dessa sorte, destaca-se que a subordinação não afeta, de modo algum, a dignidade pessoal do militar e decorre, exclusivamente, da estrutura hierarquizada das Forças Armadas.

Assim, o oficial é preparado, ao longo da carreira, para o exercício de funções de comando, de chefia e de direção (art. 36), sendo que os graduados auxiliam ou complementam as atividades dos oficiais, quer no adestramento e no emprego de meios, quer na instrução e na administração (art. 37).

Ainda, no exercício das atividades mencionadas e no comando de elementos subordinados, os suboficiais, os subtenentes e os sargentos deverão impor-se pela lealdade, pelo exemplo e pela capacidade profissional e técnica, incumbindo-lhes assegurar a observância minuciosa e ininterrupta das ordens, das regras do serviço e das normas operativas pelas praças que lhes estiverem diretamente subordinadas e a manutenção da coesão e do moral das mesmas praças em todas as circunstâncias (art. 37, parágrafo único)

Os Cabos, Taifeiros-Mores, Soldados-de-Primeira-Classe, Taifeiros-de-Primeira-Classe, Marinheiros, Soldados, Soldados-de-Segunda-Classe e Taifeiros-de-Segunda-Classe são, essencialmente, elementos de execução (art. 38). Os Marinheiros-Recrutas, Recrutas, Soldados-Recrutas e Soldados-de-Segunda-Classe constituem os elementos incorporados às Forças Armadas para a prestação do serviço militar inicial (art. 39).

Já às praças especiais cabe a rigorosa observância das prescrições dos regulamentos que lhes são pertinentes, exigindo-se-lhes inteira dedicação ao estudo e ao aprendizado técnico-profissional (art. 40).

Por fim, sobreleva notar que cabe ao militar a responsabilidade integral pelas decisões que tomar, pelas ordens que emitir e pelos atos que praticar (art. 41).

4. DO EMPREGO DAS FORÇAS ARMADAS

Cumprindo regramento constitucional, a Lei Complementar 97/99 estabelece as normas gerais referentes à organização, preparo e emprego das Forças Armadas (art. 142, § 1º, CF).

Segundo prescreve o art. 15 da LC 97/99, o emprego das Forças Armadas na defesa da Pátria e na garantia dos poderes constitucionais, da lei e da ordem, e na participação em operações de paz, é de responsabilidade do Presidente da República, que determinará ao Ministro de Estado da Defesa a ativação de órgãos operacionais, observada a seguinte forma de subordinação:

a) Ao Comandante Supremo, por intermédio do Ministro de Estado da Defesa, no caso de Comandos conjuntos, compostos por meios adjudicados pelas Forças Armadas e, quando necessário, por outros órgãos;

b) Diretamente ao Ministro de Estado da Defesa, para fim de adestramento, em operações conjuntas, ou por ocasião da participação brasileira em operações de paz;

c) Diretamente ao respectivo Comandante da Força, respeitada a direção superior do Ministro de Estado da Defesa, no caso de emprego isolado de meios de uma única Força.

Segundo o § 1º do art. 15 da LC 97/99, compete ao Presidente da República a decisão do emprego das Forças Armadas, por iniciativa própria ou em atendimento a pedido manifestado por quaisquer dos poderes constitucionais, por intermédio dos Presidentes do Supremo Tribunal Federal, do Senado Federal ou da Câmara dos Deputados.

Jorge Luiz Nogueira de Abreu (2010:133) adverte que tem sido questionada a constitucionalidade deste artigo sob o argumento de inovação não especificada na Carta Política.

> *"A nosso ver, a participação da Marinha, do Exército e da Aeronáutica em operações de paz é decorrência lógica dos princípios constitucionais da defesa da paz, da solução pacífica dos conflitos e da cooperação entre os povos para o progresso da humanidade, princípios que regem a República Federativa do Brasil nas suas relações internacionais. Destarte, não vislumbramos inconstitucionalidade na lei em comento. Não se pode olvidar, no entanto, que, em decorrência do princípio da não intervenção, as Forças Armadas brasileiras somente poderão participar de missões de paz e de segurança internacional quando regularmente solicitadas pelo Conselho de Segurança da Organização das Nações Unidas, o que, inclusive, constitui uma obrigação assumida pelo Brasil perante aquela organização".*

Com relação à atuação das Forças Armadas na garantia da lei e da ordem, por iniciativa de quaisquer dos poderes constitucionais, esta ocorrerá de acordo com as diretrizes baixadas em ato do Presidente da República, **após esgotados os instrumentos destinados à preservação da ordem pública e da incolumidade das pessoas e do patrimônio, relacionados no art. 144 da Constituição Federal (art. 15, § 2º).**

Consideram-se esgotados os instrumentos relacionados no art. 144 da Constituição Federal quando, em determinado momento, forem eles formalmente reconhecidos pelo respectivo Chefe do Poder Executivo Federal ou Estadual como indisponíveis, inexistentes ou insuficientes ao desempenho regular de sua missão constitucional (art. 15, § 3º).

Assim, na hipótese desse emprego, após mensagem do Presidente da República, serão ativados os órgãos operacionais das Forças Armadas, que desenvolverão, de forma episódica, em área previamente estabelecida e por tempo limitado, as ações de caráter preventivo e repressivo necessárias para assegurar o resultado das operações na garantia da lei e da ordem (art. 15, § 4º).

Determinado o emprego das Forças Armadas na garantia da lei e da ordem, caberá à autoridade competente, mediante ato formal, transferir o controle operacional dos órgãos de segurança pública necessários ao desenvolvimento das ações para a autoridade encarregada das operações, a qual deverá constituir um centro de coordenação de operações, composto por representantes dos órgãos públicos sob seu controle operacional ou com interesses afins (art. 15, § 5º).

Considera-se controle operacional, para fins de aplicação desta Lei Complementar, o poder conferido à autoridade encarregada das operações, para atribuir e coordenar missões ou tarefas específicas a serem desempenhadas por efetivos dos órgãos de segurança pública, obedecidas as suas competências constitucionais ou legais (art. 15, § 6º).

Por fim, o § 7º do art. 15 da LC 97/99 disciplina que a atuação do militar nos casos previstos na referida Lei é considerada atividade militar para os fins do art. 124 da CF, ou seja, para a caracterização de crime militar.

> Recurso Criminal. Desacato a militar. Desobediência. Rejeição de denúncia. O recebimento da denúncia se impõe quando, além de atender aos requisitos previstos no art. 77 do CPPM, ostenta provas de materialidade do fato que, em tese, configura crime de competência da Justiça Castrense e indícios de autoria. Inteligência do art. 30 do CPPM. Afronta a norma substantiva castrense o civil que desacata e desobedece a militar da Polícia do Exército, que desempenhava atribuições de sua função e em local sob a tutela da Administração Militar, ex vi dos arts. 299 e 301 do CPM. **Descabe a rejeição da denúncia com base no entendimento de que o serviço de balizamento de trânsito realizado pela Polícia do Exército, mesmo quando em obediência a determinação superior, não caracteriza atividade de natureza militar, para o fim de aplicação do dispositivo contido no art. 9º, inciso III, do CPM, no caso de crime cometido por civil contra militar. Em situação de normalidade institucional, segundo dispõe a Lei Complr nº 97/99, a atuação das Forças Armadas na garantia da lei e da ordem ocorrerá, objetivando a preservação da ordem pública e da incolumidade das pessoas e do patrimônio, ante a falência dos instrumentos previstos no art. 144 da CF.** (STM - Rcrimfo: 7515 RJ 2008.01.007515-7, Relator: ANTONIO APPARÍCIO IGNACIO DOMINGUES, Data de Julgamento: 28/10/2008, Data de Publicação: 18/12/2008 Vol: Veículo).

Importante lembrar que a atuação das Forças Armadas na garantia da lei e da ordem tem sido cada vez mais frequente e, recentemente, foi decretada intervenção federal no estado do Rio de Janeiro (no dia 16 de fevereiro de 2018, por meio do Decreto nº 9.288, com fundamento no art. 34, III da Constituição Federal), em face do nível extremado de comprometimento da ordem pública naquele local.

5. COMO O ASSUNTO FOI COBRADO EM PROVAS

1- (2013/STM/CESPE/Juiz Auditor Substituto): Com base no que dispõe o Estatuto dos Militares, assinale a opção correta.

a) Assegura-se ao militar o direito de recorrer na esfera administrativa ou judicial, caso seja prejudicado ou ofendido por qualquer ato administrativo ou disciplinar de superior hierárquico, podendo o recurso, conforme o caso, ser apresentado de forma coletiva.

b) A carreira militar é concebida como a atividade continuada e inteiramente devotada às finalidades precípuas das Forças Armadas, sendo privativa de brasileiro nato ou naturalizado a carreira de oficial da Marinha, do Exército e da Aeronáutica.

c) Comando é definido como a soma de autoridade, deveres e responsabilidades de que o militar é investido legalmente quando conduz homens ou dirige uma organização militar, estando vinculado ao grau hierárquico e constituindo prerrogativa impessoal.

d) São proibidas ao militar as manifestações coletivas com o propósito de protestar contra atos de superiores e as de natureza política, mas não as de caráter reivindicatório.

e) É assegurado o porte de arma particular tanto ao oficial quanto ao praça, em serviço ativo ou em inatividade, independentemente de registro.

2- (2013/STM/CESPE/Juiz Auditor Substituto): Acerca da destinação constitucional das Forças Armadas, da missão, dos direitos e dos deveres constitucionais dos militares, assinale a opção correta.

a) A condenação do oficial, na justiça comum, por delito culposo ou doloso, independentemente da espécie e da quantidade de pena que lhe tenha sido imposta, submete-o, desde que não tenha sido suspensa a execução da reprimenda, à ação própria para que o tribunal julgue se esse militar é indigno do oficialato.

b) Somente ao militar com mais de dez anos de serviço ativo é facultado o direito de filiação a partidos políticos.

c) A perda do posto e da patente de determinado oficial somente poderá ser efetivada por meio de ação própria em que esse militar seja declarado indigno do oficialato ou com ele incompatível, por decisão de tribunal militar de caráter permanente, em tempo de paz, ou de tribunal especial, em tempo de guerra.

d) São vedadas ao militar, tanto em serviço ativo como na inatividade, a sindicalização, a greve e a participação, com caráter reivindicatório, em associação de grupos ou categorias.

e) O militar em atividade que tomar posse em cargo ou emprego público civil permanente ficará agregado ao respectivo quadro e somente poderá ser promovido por antiguidade, sendo transferido, nos termos da lei, para a reserva após dois anos de afastamento, contínuos ou não.

3- (2013/STM/CESPE/Juiz Auditor Substituto): Em relação à organização, ao preparo e ao emprego das Forças Armadas, assinale a opção correta.

a) O chefe do Estado-Maior Conjunto das Forças Armadas detém competência para formular e executar a política e as diretrizes referentes aos produtos de defesa empregados nas atividades operacionais, incluindo-se armamentos, munições, meios de transporte e de comunicações, fardamentos e materiais de uso individual e coletivo.

b) De acordo com a norma de regência, o assessoramento do comandante supremo das Forças Armadas no que concerne ao emprego de meios militares é exercido pelo chefe do Estado-Maior Conjunto das Forças Armadas.

c) Na faixa de fronteira terrestre, no mar e nas águas interiores, cabem às Forças Armadas, como atribuições subsidiárias, reprimir delitos transfronteiriços e ambientais, isoladamente ou em coordenação com outros órgãos do Poder Executivo, e executar, entre outras ações, patrulhamento, revista de pessoas, de veículos terrestres, de embarcações e de aeronaves e prisões em flagrante delito.

d) Cabe ao ministro de Estado da Defesa promover os oficiais generais, mediante lista apresentada pelos comandantes das Forças Armadas, e nomeá-los para os cargos que lhes são privativos. E São atribuições privativas da Marinha a promoção da segurança da navegação aquaviária e a repressão aos delitos de repercussão nacional ou internacional, no que se refere ao uso do mar, das águas interiores e de áreas portuárias.

4- (2013/STM/CESPE/Juiz Auditor Substituto): Considerando a atuação das Forças Armadas na garantia da lei e da ordem de determinado estado da Federação, assinale a opção correta de acordo com o que estabelece a legislação de regência.

a) Tal atuação, que deve ser determinada pelo presidente da República, será efetivada após a demonstração do esgotamento dos instrumentos destinados à preservação da ordem pública e da incolumidade das pessoas e do patrimônio previstos na CF, mediante transferência, por ato formal, do controle operacional dos órgãos de segurança pública para as Forças Armadas.

b) Durante o tempo em que perdurar a intervenção militar, o controle operacional da segurança pública e administrativa do estado será transferido para a autoridade encarregada das operações militares.

c) A atuação das Forças Armadas poderá ser estendida, por ato do governador do estado, a outras localidades que se encontrem em situação idêntica, bem como poderá perdurar por tempo indeterminado até cessarem os motivos da atuação.

d) É vedada às Forças Armadas a assunção de atividades repressivas e de policiamento ostensivo, sendo permitidas apenas atividades de logística, planejamento e suporte para o êxito das operações na garantia da lei e da ordem.

e) O pedido de intervenção das Forças Armadas para a garantia da lei e da ordem no estado deve ser dirigido ao presidente da República, que o encaminhará ao STF para deferimento.

5- (2005/MPM/ 10º concurso para Promotor de Justiça Militar): Sobre o emprego das Forças Armadas na garantia da lei e da ordem, segundo o estabelecido na Constituição e na legislação complementar, podemos afirmar:

a) É considerado atividade militar para fins de aplicação do artigo 9º, inciso II, alínea c, do Código Penal Militar, salvo em operações que constituam ações de segurança pública, próprias das polícias.

b) Somente ocorrerá depois de esgotados os instrumentos destinados à preservação da ordem pública e da incolumidade das pessoas e do patrimônio, relacionados no artigo 144 da Constituição Federal.

c) As ações de caráter preventivo e repressivo necessárias para assegurar o resultado das operações na garantia da lei e da ordem serão desenvolvidas de forma episódica, em área previamente determinada pela autoridade requisitante e por tempo ilimitado.

d) Compete ao Ministro da Defesa a decisão sobre o emprego das Forças Armadas na Garantia da Lei e da Ordem, atendendo requisição dos Poderes Constitucionais.

6- (2005/MPM/ 10º concurso para Promotor de Justiça Militar): Fica sujeito a processo para declaração de indignidade para o oficialato ou de incompatibilidade com o mesmo o oficial das Forças Armadas que:

a) For condenado por tribunal militar à pena privativa de liberdade por dois anos.

b) Houver adquirido dupla nacionalidade, ainda que mantendo a nacionalidade brasileira.

c) For considerado culpado em julgamento por Conselho de Justificação, nos casos previstos na legislação específica.

d) For considerado extraviado.

7 - (2022/MPM/ 12º Concurso para Promotor da Justiça Militar) Sobre os direitos dos militares enumerados no art. 50 da Lei 6.880, de 9/12/1980, é correto dizer que:

a) O porte de arma para os oficiais é incondicional, não estando sujeito à cassação, revogação ou restrição.

b) O uso das designações hierárquicas é permitido aos militares, mesmo na inatividade, mas esse direito sofre restrições éticas no exercício de atividades políticas, comerciais e industriais.

c) O direito à moradia dos militares não contempla as hipóteses de uso dos alojamentos das Organizações Militares, mesmo quando estiverem aquartelados ou embarcados.

d) Os praças das Forças Armadas conquistam a vitaliciedade após 10 anos ou mais de efetivo serviço.

Gabarito: 1-C; 2-C; 3-C; 4-A; 5-B; 6-C.; 7-B.

Capítulo III

Estrutura Organizacional das Forças Armadas e Patrulha Naval

MARIANA AQUINO

Referência legislativa: art. 1º a 11-A da LC 97/99, Decreto n. 9.570/2018 e Decreto n. 5.129/2004

1. DA ESTRUTURA ORGANIZACIONAL DAS FORÇAS ARMADAS: O MINISTÉRIO DA DEFESA E OS COMANDOS MILITARES

Segundo previsto na LC 97/99, as Forças Armadas são subordinadas ao Ministro de Estado da Defesa, dispondo de estruturas próprias (art. 3º). O Ministro de Estado da Defesa exerce a direção superior das Forças Armadas, assessorado pelo Conselho Militar de Defesa, órgão permanente de assessoramento, pelo Estado-Maior Conjunto das Forças Armadas e pelos demais órgãos, conforme definido em lei.

O Estado-Maior Conjunto das Forças Armadas, órgão de assessoramento permanente do Ministro de Estado da Defesa, tem como chefe um oficial-general do último posto, da ativa ou da reserva, indicado pelo Ministro de Estado da Defesa e nomeado pelo Presidente da República, e disporá de um comitê, integrado pelos chefes de Estados-Maiores das 3 (três) Forças, sob a coordenação do Chefe do Estado-Maior Conjunto das Forças Armadas (art. 3º-A).

Se o oficial-general indicado para o cargo de Chefe do Estado-Maior Conjunto das Forças Armadas estiver na ativa, será transferido para a reserva remunerada quando empossado no cargo (art. 3º-A, § 1º).

Cumpre destacar que diferente é a situação dos oficiais-generais que compõem o Superior Tribunal Militar como Ministros Militares, já que estes continuam na ativa, em quadros especiais da Marinha, do Exército e da Aeronáutica, conforme disposição legal prevista no § 2º do art. 3º da Lei de Organização da justiça Militar da União (Lei 8457/92).

É assegurado ao Chefe do Estado-Maior Conjunto das Forças Armadas o mesmo grau de precedência hierárquica dos Comandantes e precedência hierárquica sobre os demais oficiais-generais das 3 (três) Forças Armadas (art. 3º-A, § 2º).

Ainda, é assegurado ao Chefe do Estado-Maior Conjunto das Forças Armadas todas as prerrogativas, direitos e deveres do Serviço Ativo, inclusive com a contagem de tempo de serviço, enquanto estiver em exercício (art. 3º-A, § 3º).

A Marinha, o Exército e a Aeronáutica dispõem, singularmente, de 1 (um) Comandante, indicado pelo Ministro de Estado da Defesa e nomeado pelo Presidente da República, o qual, no âmbito de suas atribuições, exercerá a direção e a gestão da respectiva Força (art. 4º).

Os cargos de Comandante da Marinha, do Exército e da Aeronáutica são privativos de oficiais-generais do último posto da respectiva Força (art. 5º).

É assegurada aos Comandantes da Marinha, do Exército e da Aeronáutica precedência hierárquica sobre os demais oficiais-generais das três Forças Armadas (art. 5º, § 1º).

Se o oficial-general indicado para o cargo de Comandante da sua respectiva Força estiver na ativa, será transferido para a reserva remunerada, quando empossado no cargo (art. 5º, § 2º).

São asseguradas aos Comandantes da Marinha, do Exército e da Aeronáutica todas as prerrogativas, direitos e deveres do Serviço Ativo, inclusive com a contagem de tempo de serviço, enquanto estiverem em exercício (art. 5º, § 3º).

O Poder Executivo definirá a competência dos Comandantes da Marinha, do Exército e da Aeronáutica para a criação, a denominação, a localização e a definição das atribuições das organizações integrantes das estruturas das Forças Armadas (art. 6º).

Compete aos Comandantes das Forças apresentar ao Ministro de Estado da Defesa a Lista de Escolha, elaborada na forma da lei, para a promoção aos postos de oficiais-generais e propor-lhe os oficiais-generais para a nomeação aos cargos que lhes são privativos (art. 7º).

O Ministro de Estado da Defesa, acompanhado do Comandante de cada Força, apresentará os nomes ao Presidente da República, a quem compete promover os oficiais-generais e nomeá-los para os cargos que lhes são privativos (art. 7º, parágrafo único).

A Marinha, o Exército e a Aeronáutica dispõem de efetivos de pessoal militar e civil, fixados em lei, e dos meios orgânicos necessários ao cumprimento de sua destinação constitucional e atribuições subsidiárias (art. 8º).

Constituem reserva das Forças Armadas o pessoal sujeito a incorporação, mediante mobilização ou convocação, pelo Ministério da Defesa, por intermédio da Marinha, do Exército e da Aeronáutica, bem como as organizações assim definidas em lei (art. 8º, parágrafo único).

2. OS COMANDANTES MILITARES DE ÁREA (COMANDOS AÉREOS REGIONAIS, DISTRITO NAVAIS, COMANDOS MILITARES E REGIÕES MILITARES): SEDE, LOCALIZAÇÃO E ABRANGÊNCIA NACIONAL

2.1. Marinha: Distritos Navais

Cada DN é responsável pelas tarefas da Marinha do Brasil. Os Distritos executam operações navais, aeronavais, e de fuzileiros navais, controlam as atividades relacionadas com a segurança da navegação marítima; coordenam e controlam as atividades de Patrulha Costeira, Inspeção Naval e Socorro e Salvamento Marítimo; realizam atividades de Assistência Cívico-Social às populações ribeirinhas, e outras atividades específicas.

Os DN realizam o processo seletivo para o Serviço Militar Voluntário, tanto de Oficiais quanto de Praças, e a lotação dos militares aprovados ocorre em cada um deles. É possível, nesse tipo de processo seletivo, por exemplo, realizar a prova em um Distrito e servir em outro, a critério do candidato, que fará a escolha de ambas as localidades no ato da inscrição.

São eles:

1° Distrito Naval - É composto pelos estados do Rio de Janeiro, Espírito Santo e sudeste de Minas Gerais. Ele é o Distrito sede da Marinha do Brasil.

2° Distrito Naval - Os estados que fazem parte do 2° DN são: Bahia, Sergipe, norte e sudoeste de Minas Gerais.

3° Distrito Naval - Ceará, Rio Grande do Norte, Paraíba, Pernambuco e Alagoas.

4° Distrito Naval - Amapá, Pará, Maranhão e Piauí.

5° Distrito Naval - Rio Grande do Sul e Santa Catarina.

6° Distrito Naval - Mato Grosso e Mato Grosso do Sul.

7° Distrito Naval - Tocantins, Goiás e Distrito Federal.

8° Distrito Naval - São Paulo, Paraná e sul de Minas Gerais.

9° Distrito Naval - Roraima, Acre, Amazonas e Rondônia.

2.2. Exército: Força Terrestre

As regiões militares são Grandes Comandos Administrativos do Exército Brasileiro, que têm como atribuição prover o apoio logístico aos demais Grandes Comandos, às Divisões de Exército, às Brigadas e às diversas unidades enquadradas em sua área geográfica de responsabilidade.

De acordo com o Decreto nº 3.213, de 19 de outubro de 1999:

1ª Região Militar

- Sede: Rio de Janeiro
- abrange os seguintes estados: Rio de Janeiro e Espírito Santo

2ª Região Militar

- Sede: São Paulo
- abrange o seguinte estado: São Paulo

3ª Região Militar

- Sede: Porto Alegre
- abrange o seguinte estado: Rio Grande do Sul

4ª Região Militar

- Sede: Belo Horizonte
- abrange o seguinte estado: Minas Gerais (exceto Triângulo Mineiro)

5ª Região Militar

- Sede: Curitiba
- abrange os seguintes estados: Paraná e Santa Catarina

6ª Região Militar

- Sede: Salvador
- abrange os seguintes estados: Bahia e Sergipe

7ª Região Militar

- Sede: Recife
- abrange os seguintes estados: Pernambuco, Alagoas, Paraíba e Rio Grande do Norte

8ª Região Militar

- Sede: Belém
- abrange os seguintes estados: Pará, Amapá, Maranhão e a área do Bico do Papagaio (em Tocantins)

9ª Região Militar

- Sede: Campo Grande
- abrange os seguintes estados: Mato Grosso do Sul e Mato Grosso

10ª Região Militar

- Sede: Fortaleza

- abrange os seguintes estados: Ceará e Piauí

11ª Região Militar

- Sede: Brasília

- abrange os seguintes estados: Distrito Federal, Goiás, Tocantins (exceto a área do Bico do Papagaio) e Triângulo Mineiro

12ª Região Militar

- Sede: Manaus

- abrange os seguintes estados: Amazonas, Acre, Roraima e Rondônia

2.3. Aeronáutica: ALA

Após a Força Aérea Brasileira passar por uma fase de aprimoramento e reestruturação, os Comandos Aéreos Regionais foram reativados com as nomenclaturas originais, conforme a Diretriz do Comando da Aeronáutica (DCA 19-8), de 2021. Assim, os COMAR possuem a missão de representar o Comandante da Aeronáutica na sua área de jurisdição, assegurando governança e qualidade das atividades de apoio administrativo e de apoio finalístico no âmbito regional, sendo assim distribuídos:

- I COMAR – Pará, Amapá e Maranhão
- II COMAR – Piauí, Ceará, Rio Grande do Norte, Paraíba, Pernambuco, Alagoas, Sergipe e Bahia
- III COMAR – Rio de Janeiro, Espírito Santo e Minas Gerais
- IV COMAR – São Paulo e Mato Grosso do Sul
- V COMAR – Paraná, Santa Catarina e Rio Grande do Sul
- VI COMAR – Goiás, Tocantins, Distrito Federal e Mato Grosso
- VII COMAR – Amazonas, Acre, Roraima e Rondônia

3. PATRULHA NAVAL

O **Decreto 5.129/04** prescreve que a Patrulha Naval, sob a responsabilidade do Comando da Marinha, tem a finalidade de implementar e fiscalizar o cumprimento de leis e regulamentos, em águas jurisdicionais brasileiras, na Plataforma Continental brasileira e no alto-mar, respeitados os tratados, convenções e atos internacionais ratificados pelo Brasil (art. 1º, parágrafo único).

As embarcações estrangeiras em atividades não autorizadas nas águas jurisdicionais brasileiras serão apresadas e encaminhadas pelo Comando da Marinha às autoridades competentes (art. 2º).

No caso de navios de guerra ou de estado estrangeiros, enquadrados nessa situação, poderá o Comando da Marinha determinar a interrupção das citadas atividades e determinar a sua retirada de águas jurisdicionais brasileiras (art. 2º, parágrafo único).

A Patrulha Naval será realizada empregando-se meios navais, conceituados como aqueles que: a) possuem comandante legalmente designado por autoridade constituída e tripulação submetida às regras da disciplina militar; b) dispõem de armamento fixo em seus conveses; e c) ostentem sinais exteriores próprios de navios, embarcações e aeronaves pertencentes à Marinha do Brasil (art. 3º).

O meio empregado em Patrulha Naval, ao se aproximar de navios ou embarcações para realizar inspeção, deverá ostentar a Bandeira Nacional e as insígnias e tê-las iluminadas, se à noite, transmitindo a ordem de "parar", disseminada por meio de sinais de rádio, visuais e auditivos, nas distâncias compatíveis (art. 4º).

Na hipótese de não-atendimento da ordem de "parar", a Patrulha Naval disparará um tiro de advertência, utilizando **exclusivamente** o armamento fixo de bordo (art. 4º, § 1º).

Se necessário, disparar-se-á um segundo tiro de advertência, devendo manter-se, durante o intervalo, os sinais de rádio, visuais e auditivos (art. 4º, § 2º).

Persistindo a recusa em parar, poderá efetuar tiros diretos, com o armamento fixo, sobre o navio ou embarcação infratora, até que a ordem seja atendida, observando os seguintes limites: a) o uso da força, com emprego do armamento, deverá ser limitado ao mínimo necessário para alcançar o resultado desejado; b) os tiros diretos deverão ser executados com projetis de carga não explosiva, em cadência lenta ou em sucessão de rajadas espaçadas; e c) poderão ser utilizados projetis com carga explosiva nos casos em que o infrator responder ao fogo ou encetar qualquer manobra que coloque em risco o meio naval em patrulha, suas embarcações ou aeronaves orgânicas, ou a sua tripulação (art. 4º, § 3º).

Entende-se por tiro de advertência aquele efetuado com o propósito de chamar a atenção do navio ou embarcação, demonstrando força, mas sem a intenção de acertar ou causar danos, sendo que os disparos não indicam o uso da força, mas a disposição iminente de empregá-la (art. 4º, § 4º).

A abordagem para visita e inspeção será efetivada por um grupo de visita e inspeção, composto por militares previamente designados pelo comandante (art. 5º).

Os componentes do grupo de visita e inspeção portarão armamento portátil, pertencente à dotação do Comando da Marinha (art. 5º, § 1º).

O emprego de armamento portátil pelos componentes do grupo de visita e inspeção fica condicionado às situações em que atos hostis os exponham a risco de morte ou lesão corporal (art. 5º, § 2º).

Nota-se, portanto, que o Decreto 5129/04 prevê o uso progressivo da força, quando não obedecida a ordem de parar pela embarcação a ser inspecionada.

4. COMO O ASSUNTO FOI COBRADO EM PROVA

1- (2005/MPM/ 10º concurso para Promotor de Justiça Militar) À Patrulha Naval, sob a responsabilidade do Comando da Marinha, segundo a legislação em vigor, para fiscalização do cumprimento de leis e regulamentos em águas jurisdicionais brasileiras, não é permitido:

a) Apresar navios de guerra ou de estados estrangeiros em atividades não autorizadas nas águas jurisdicionais brasileiras.

b) Realizar inspeções em embarcações e disparar tiro de advertência na hipótese de não atendimento à ordem de parar.

c) Após o segundo tiro de advertência, efetuar tiros diretos, com o armamento fixo, sobre a embarcação infratora que persistir na recusa em parar, até que a ordem seja atendida.

d) Aos componentes do grupo de visita e inspeção de embarcações, portar armamento portátil.

2- (2022/MPM/ 12º Concurso para Promotor da Justiça Militar) A Constituição Federal, no caput do art. 142, determina que as forças armadas estão sob a autoridade suprema do presidente da república, remetendo à lei complementar o estabelecimento das normas gerais destinadas à organização, preparo e emprego. de acordo, portanto, com essas normas, é incorreto dizer que:

a) No exercício do comando supremo das Forças Armadas, o Presidente da República é assessorado pelo Conselho Militar de Defesa, que possui atribuição para conhecer e opinar sobre todo e qualquer assunto afeto à área militar.

b) O Conselho Militar de Defesa, além de assessorar o Presidente da República no que concerne ao emprego dos meios militares, também é órgão de assessoramento do Ministro da Defesa.

c) O Conselho Militar de Defesa é composto pelos Comandantes da Marinha, Exército e Aeronáutica e pelo Chefe do Estado-Maior Conjunto das Forças Armadas e é presidido pelo Ministro da Defesa, quando chamado a assessorar o Presidente da República nos assuntos afetos ao emprego dos meios militares.

d) O Chefe do Estado-Maior Conjunto das Forças Armadas - autoridade que compõe o Conselho Militar de Defesa - deve ser indicado dentre os Oficiais Generais do último posto e, se estiver na ativa no instante da indicação, tão logo tome posse do cargo será, automaticamente, transferido para a reserva remunerada.

3- (2022/MPM/ 12º Concurso para Promotor da Justiça Militar) De acordo com o Decreto 5.129, de 06/07/2004, que dispõe sobre patrulha naval, é incorreto dizer que:

a) A patrulha naval, anteriormente designada como Patrulha Costeira, tem a finalidade de implementar e fiscalizar o cumprimento de leis e regulamentos, em águas jurisdicionais brasileiras, na Plataforma Continental brasileira e no alto-mar, respeitados os tratados, convenções e atos internacionais ratificados pelo Brasil.

b) É indispensável que as embarcações utilizadas na patrulha naval (meios navais) sejam equipadas com armamento fixo em seu convés.

c) O Decreto permite que seja efetuado o "Tiro de Advertência", nos casos em que a ordem de parar dada pela tripulação da patrulha naval não seja obedecida pela embarcação a ser abordada, sendo que este tiro de advertência tem como objetivo a demonstração dissuasória de força e pode ser realizado com armamento fixo de bordo ou com arma portátil dos militares do grupo de visita e inspeção.

d) A abordagem das embarcações será realizada por grupos de visita e inspeção que integram a Patrulha Naval. Este grupo, além dos militares designados pelo comandante, pode ter representantes de órgãos federais ou estaduais integrados na operação.

Gabarito: 1-A; 2-A; 3-C.

Capítulo IV

Parte I: Dos Militares das Forças Armadas

FERNANDO TELES

Referência legislativa: Artigos 37, II, 142 e 143 da Constituição Federal; artigos 3º, 4º, 14, 31, 50, 50-A, 73, 80, 94 e 125 da Lei 6880/80 (Estatuto dos Militares); artigo 102 do Código Penal Militar; Lei 4.375/64 (Lei do Serviço Militar); Decreto 57.654/66 (Regulamento da Lei do Serviço Militar)

1. DOS MILITARES DAS FORÇAS ARMADAS: SITUAÇÃO DE ATIVIDADE E INATIVIDADE

O conceito de militar passa por entender que se trata de uma categoria especial de agentes públicos. Entretanto, o Ministro do STM Péricles Aurélio Lima de Queiroz e a Cap Paula Coutinho Bahia de Souza, em capítulo da obra "Estatuto dos Militares Comentado", defendem que isso não retira dos militares a natureza de servidores públicos[1]:

> *A opção do poder constituinte derivado de inseri-los em Capítulo próprio se ateve a questão de política constitucional, justamente em razão das peculiaridades da carreira, que excedem em muito às exigências impostas aos servidores civis.*

O Estatuto dos Militares, em seus arts. 3º e 4º, optou por separar as diversas situações referentes aos militares da ativa e na inatividade, além de estabelecer as hipóteses em que o cidadão pode ser considerado reserva das Forças Armadas, a saber:

> *Art. 3º Os membros das Forças Armadas, em razão de sua destinação constitucional, formam uma categoria especial de servidores da Pátria e são denominados militares.*
>
> *§ 1º Os militares encontram-se em uma das seguintes situações:*
>
> *a) na ativa:*
>
> *I - os de carreira;*

1. ASSIS, J. C. (Coord.). Estatuto dos Militares Comentado. Curitiba: Juruá Editora, 2019, p. 47.

II - os temporários, incorporados às Forças Armadas para prestação de serviço militar, obrigatório ou voluntário, durante os prazos previstos na legislação que trata do serviço militar ou durante as prorrogações desses prazos; (Redação dada pela Lei nº 13.954, de 2019)

III - os componentes da reserva das Forças Armadas quando convocados, reincluídos, designados ou mobilizados;

IV - os alunos de órgão de formação de militares da ativa e da reserva; e

V - em tempo de guerra, todo cidadão brasileiro mobilizado para o serviço ativo nas Forças Armadas.

b) na inatividade:

I - os da reserva remunerada, quando pertençam à reserva das Forças Armadas e percebam remuneração da União, porém sujeitos, ainda, à prestação de serviço na ativa, mediante convocação ou mobilização; e

II - os reformados, quando, tendo passado por uma das situações anteriores estejam dispensados, definitivamente, da prestação de serviço na ativa, mas continuem a perceber remuneração da União.

III - os da reserva remunerada e, excepcionalmente, os reformados, que estejam executando tarefa por tempo certo, segundo regulamentação para cada Força Armada. (Redação dada pela Lei nº 13.954, de 2019)

§ 2º Os militares de carreira são aqueles da ativa que, no desempenho voluntário e permanente do serviço militar, tenham vitaliciedade, assegurada ou presumida, ou estabilidade adquirida nos termos da alínea "a" do inciso IV do caput do art. 50 desta Lei. (Redação dada pela Lei nº 13.954, de 2019)

§ 3º Os militares temporários não adquirem estabilidade e passam a compor a reserva não remunerada das Forças Armadas após serem desligados do serviço ativo. (Incluído pela Lei nº 13.954, de 2019)

Art. 4º São considerados reserva das Forças Armadas:

I - individualmente:

a) os militares da reserva remunerada; e

b) os demais cidadãos em condições de convocação ou de mobilização para a ativa.

II - no seu conjunto:

a) as Polícias Militares; e

b) os Corpos de Bombeiros Militares.

§ 1º A Marinha Mercante, a Aviação Civil e as empresas declaradas diretamente devotada às finalidades precípuas das Forças Armadas, denominada atividade efeitos de mobilização e de emprego, reserva das Forças Armadas.

§ 2º O pessoal componente da Marinha Mercante, da Aviação Civil e das empresas declaradas diretamente relacionadas com a segurança nacional, bem como os demais cidadãos em condições de convocação ou mobilização para a ativa, só serão considerados militares quando convocados ou mobilizados para o serviço nas Forças Armadas.

No inciso I da alínea "a" do § 1º estão os militares de carreira, o que pressupõe a voluntariedade, já que só existe a obrigatoriedade para cidadãos do sexo masculino prestarem o serviço militar inicial. Em apreço à obrigatoriedade do acesso por concurso público para acesso aos cargos e empregos públicos (art. 37, II da CF), os militares só podem seguir carreira se obtiverem acesso às Forças Armadas ou Forças Auxiliares por concurso público, exceto se já estavam na ativa antes da entrada em vigor da Constituição Federal de 1988, algo que é cada vez mais raro atualmente, em vista do prazo para a transferência para a reserva remunerada.

No inciso II da alínea "a" do § 1º estão os temporários, seja para prestação do serviço militar obrigatório ou nas suas prorrogações, os chamados engajamentos. O serviço militar é previsto pelo art. 143 da CF, pela Lei 4.375/64 e pelo Decreto 57.654/66.

No inciso III da alínea "a" do § 1º estão os integrantes da reserva, quando convocados (caso dos dispensados do serviço militar ou que prestaram essa obrigação, que são chamados ao serviço ativo), designados (situação daquele militar da reserva remunerada que, em vista de qualificação técnica ou habilidade específica, retorna ao serviço ativo) ou mobilizados (chamados por necessidade de preparo para atuação em defesa da soberania nacional por agressão estrangeira, conforme a Lei 11.631/2007).

No inciso IV da alínea "a" do § 1º estão os alunos de órgãos de preparação de oficiais e praças da ativa e da reserva. Esses órgãos abrigam alunos e cadetes que formarão oficiais e praças da ativa e da reserva (academias militares, escolas de formação de praças de carreira e centros e núcleos de preparação de oficiais da reserva).

Cabe aqui ainda uma rápida explicação sobre os chamados Tiros de Guerra, Organizações Militares do Exército Brasileiro que se destina a formar os atiradores militares. Essas unidades militares, comandadas por Primeiros-Sargentos ou Subtenentes, são características dos chamados Municípios não tributários que, pelo seu tamanho diminuto, não abrigam quartéis maiores, porém precisam formar reserva mobilizável. São feitos em convênio com a Prefeitura Municipal, que, em regra, fornece as instalações, enquanto o Exército fornece o contingente de instrutores.

A controvérsia se situa na natureza jurídica dos atiradores militares. Há divergência na doutrina, de modo que alguns aduzem não se tratar de militar e outros reconhecem essa natureza aos atiradores. Embora existam precedentes antigos do STF e do STM entendendo que o atirador não é militar, para os fins de crimes propriamente militares, e não conta tempo de serviço, o fato é que o regulamento da lei do serviço militar lhes concede certificado de reservista de segunda categoria, com quitação do serviço militar obrigatório. Ora, como não reconhecer a natureza de militar e, ao mesmo tempo, lhes quitar o serviço militar? Aqui se defende a natureza de militar ao atirador.

No inciso V da alínea "a" do § 1º estão os cidadãos que, em tempo de guerra, estão mobilizados e, portanto, se encontram no serviço ativo.

Na alínea "b" do § 1º se encontram os militares em situação de inatividade: aqueles da reserva remunerada (inciso I), reformados (inciso II) e prestadores de tarefa por tempo certo (inciso III).

O parágrafo 2º do art. 3º do Estatuto deixa transparecer a ideia de que os oficiais de carreira possuem vitaliciedade e praças de carreira possuem estabilidade adquirida após dez anos (art. 50, IV, "a" do Estatuto dos Militares). Não é entendimento seguro, a despeito de grandes doutrinadores a defenderem (Min. Péricles Aurélio Lima de Queiroz[2] e Jorge Cesar de Assis, por exemplo), pois o Supremo Tribunal Federal (STF) entende que o Conselho de Justificação (que dá concretude ao art. 142, § 3º, VI da CF), cuja segunda fase é processada e julgada no Superior Tribunal Militar (STM), tem natureza administrativa. Assim, apesar de se tratar de provimento de Tribunal, tem natureza jurídica de procedimento administrativo e, portanto, a perda de posto e patente do oficial pode ocorrer por decisão administrativa, o que aponta para a estabilidade, e não para a vitaliciedade, que exigiria uma decisão judicial. Ademais, qual seria o sentido de se prever a estabilidade para praças só após dez anos de efetivo serviço e a vitaliciedade para oficiais e não a estabilidade no ato da nomeação como oficial de carreira, que é o mais razoável? Desse modo, seria razoável que os oficiais adquiram a estabilidade no ato da nomeação como oficiais de carreira e praças somente após dez anos de efetivo serviço.

No art. 4º do Estatuto estão dispostos aqueles cidadãos considerados reserva das Forças Armadas: militares da reserva remunerada (inciso I, alínea "a"), o contingente mobilizável (inciso I, alínea "b") e os integrantes das Forças Auxiliares (inciso II).

Também indica a lei que o pessoal componente da Marinha Mercante, da Aviação Civil e das empresas declaradas diretamente relacionadas com a segurança nacional, bem como os demais cidadãos em condições de convocação ou mobilização para a ativa, só serão considerados militares quando convocados ou mobilizados para o serviço nas Forças Armadas (art. 4º, § 2º). É o lógico, até porque são civis.

Note-se que o cidadão que era militar de carreira, após pedir demissão voluntária ou ser demitido de ofício por assumir cargo público civil permanente, se torna civil, pois não se enquadra em nenhuma hipótese para os militares

2. ASSIS, J. C. (Coord.). Estatuto dos Militares Comentado. Curitiba: Juruá Editora, 2019, p. 47.

inativos. Se oficial, preserva apenas posto e patente para fins de mobilização, pois a própria Constituição Federal consigna que somente o STM pode retirar o posto e patente dos oficiais julgados indignos ou incompatíveis com o oficialato. Então mesmo a demissão voluntária ou de ofício não tem o condão de retirar daquele civil o posto e patente dos oficiais demissionários. Todavia, como civis que são, não ficam subordinados aos regulamentos disciplinares.

2. EXCLUSÃO E AGREGAÇÃO

São onze as modalidades de **exclusão** do militar do serviço ativo das Forças Armadas. Estão dispostas no art. 94 do Estatuto dos Militares:

> *Art. 94. A exclusão do serviço ativo das Forças Armadas e o consequente desligamento da organização a que estiver vinculado o militar decorrem dos seguintes motivos: (Vide Decreto nº 2.790, de 1998)*
>
> *I - transferência para a reserva remunerada;*
>
> *II - reforma;*
>
> *III - demissão;*
>
> *IV - perda de posto e patente;*
>
> *V - licenciamento;*
>
> *VI - anulação de incorporação;*
>
> *VII - desincorporação;*
>
> *VIII - a bem da disciplina;*
>
> *IX - deserção;*
>
> *X - falecimento; e*
>
> *XI - extravio.*
>
> *§ 1º O militar excluído do serviço ativo e desligado da organização a que estiver vinculado passará a integrar a reserva das Forças Armadas, exceto se incidir em qualquer dos itens II, IV, VI, VIII, IX, X e XI deste artigo ou for licenciado, ex officio, a bem da disciplina.*
>
> *§ 2º Os atos referentes às situações de que trata o presente artigo são da alçada do Presidente da República, ou da autoridade competente para realizá-los, por delegação.*

Cada modalidade será abordada de forma bem sucinta, de acordo com o escopo e objetivos da presente obra.

2.1. Transferência para a reserva remunerada – art. 94, I

Pode ocorrer a pedido ou ex *officio*. No primeiro caso, ocorrerá desde que o militar já tenha cumprido os pressupostos temporais e ante a ausência de fatores impeditivos.

A reserva remunerada a pedido está prevista no art. 97 do Estatuto dos Militares.

O militar deve ter trinta e cinco anos de serviço, dos quais trinta de exercício de atividade de natureza militar, para os oficiais de carreira formados na Escola Naval, na Academia Militar das Agulhas Negras, na Academia da Força Aérea, no Instituto Militar de Engenharia, no Instituto Tecnológico de Aeronáutica e em escola ou centro de formação de oficiais oriundos de carreira de praça e para as praças (art. 97, I). Ou, então. vinte e cinco anos para os oficiais não enquadrados nas hipóteses anteriores (art. 97, II).

O § 2º do art. 97 apresenta um fator impeditivo, que é o militar ter realizado curso ou estágio com duração superior a seis meses, custeado pela União, sem que tenham decorridos três anos entre o término e o pedido de reserva remunerada. Neste caso, o militar poderá indenizar os custos do curso ou estágio e, então, ser transferido para a reserva. Esse custeio se dará de forma proporcional ao tempo decorrido nesse prazo de três anos, abrangendo inclusive eventuais diferenças de vencimentos (no caso de cursos no exterior).

Até a Lei 13.954/2019, era fato impeditivo o militar responder a inquérito ou ação penal, bem como em cumprimento de pena. A referida lei revogou esses dispositivos.

2.2. Reforma – art. 94, II

A passagem para a reforma será sempre de ofício, conforme art. 104 do Estatuto dos Militares.

De acordo com o art. 106 do Estatuto, a reforma compreende as seguintes situações: militares que atingem idades-limite de permanência na reserva remunerada; se for julgado incapaz definitivamente para o serviço nas Forças Armadas; se temporário, for julgado inválido ou incapaz definitivamente para o serviço nas Forças Armadas, desde que tenha adquirido a condição em campanha e na manutenção da ordem pública; se ficar mais de dois anos agregado por incapacidade temporária, mediante homologação de Junta Superior de Saúde, ainda que se trate de moléstia curável; que tenha sido condenado à pena de reforma do Código Penal Militar; se a reforma decorrer de decisão em Conselho de Justificação do Superior Tribunal Militar; e se houver decisão nesse sentido do Comandante da Força Armada, para o submetido a Conselho de Disciplina.

A diferença para a reserva remunerada é que o reformado não é mobilizável em caso de guerra ou agressão armada estrangeira.

O art. 111 prevê que o militar reformado por motivo sem causa e efeito com a atividade militar terá remuneração proporcional ao tempo de serviço, se oficial ou praça de carreira. Será reformado com proventos integrais se estiver inválido de forma permanente para todo e qualquer trabalho, o que também abrange o temporário. Entretanto, se o temporário não for considerado inválido, será licenciado ou desincorporado, na forma da legislação pertinente.

2.3. Demissão – art. 94, III

Também poderá ocorrer a pedido ou de ofício. A demissão a pedido será realizada com indenização se o militar for oficial e se enquadrar nas hipóteses do art. 116, § 1º do Estatuto dos Militares, ou seja, se tiver realizado curso com durações previstas nas alíneas do dispositivo em questão. Nesse caso, poderá indenizar de forma proporcional ao prazo que já tiver cumprido nas carências exigidas pelo dispositivo supracitado.

2.4. Perda de posto e patente – art. 94, IV

A perda de posto e patente, antes "pena acessória" do Código Penal Militar, após a Constituição Federal de 1988, ganhou tratamento no art. 142, § 3º, VI da CF. O constituinte afirma que somente decisão de tribunal militar de caráter permanente, em tempo de paz – o Superior Tribunal Militar (STM) –, ou Especial, em tempo de guerra, pode determinar a perda de posto e patente, que são conferidos pelo Presidente da República.

A outra hipótese é a Representação para Declaração de Indignidade ou Incompatibilidade com o Oficialato, a também chamada Representação para Perda de Posto e Patente, ajuizada pelo Procurador-Geral de Justiça Militar (PGJM), no Superior Tribunal Militar, quando há trânsito em julgado de sentença penal condenatória – na justiça comum ou militar – com pena superior a dois anos, imposta a oficial. É ajuizamento cogente e tal fato não viola a independência funcional do PGJM, pois o art. 142, § 3º, VII da CF menciona a expressão "será submetido ao julgamento previsto no inciso anterior" e tem matriz constitucional, tanto quanto o referido princípio institucional previsto no art. 127, § 1º da CF.

2.5. Licenciamento – art. 94, V

É instituto previsto no art. 121 e seguintes do Estatuto dos Militares e pode ocorrer a pedido ou de ofício. É aplicável aos temporários, sejam praças ou oficiais.

Quando ocorre de ofício, deve-se cotejar com a legislação do serviço militar, de acordo com as hipóteses do art. 121, § 3º do Estatuto: conclusão de tempo de serviço ou estágio, conveniência do serviço, a bem da disciplina e demais casos previstos em lei. Quando ocorre a pedido, deve observar as limitações temporais do § 1º e a necessidade de eventual indenização por ter o militar realizado cursos.

2.6. Anulação de incorporação e desincorporação – art. 94, VI e VII

A anulação de incorporação ocorre quando o militar prestador de serviço militar inicial possui um vício anterior ao ato de incorporação. É *ex tunc*.

Já a desincorporação ocorre quando há situação incompatível com a continuação do serviço militar inicial, fato esse ocorrido após a incorporação. É tratado na legislação de serviço militar.

2.7. Exclusão a bem da disciplina – art. 94, VIII

Ocorre para praças condenadas a pena superior a dois anos, seja como pena acessória do Código Penal Militar (art. 102 do CPM), seja por previsão no art. 125 do Estatuto dos Militares. Também ocorre por decisão em Conselho de Disciplina.

2.8. Deserção – art. 94, IX

Pelas normas previstas no Código de Processo Penal Militar, praças sem estabilidade que consumem a Deserção serão excluídas. No caso de praças com estabilidade ou oficiais, o art. 128, § 1º prevê a exclusão após um ano de agregação. A agregação será vista em breve, mais adiante.

2.9. Falecimento e extravio – art. 94, X e XI

O militar falecido obviamente é excluído na data do óbito.

O extravio se processa consoante o art. 130 do Estatuto dos Militares.

3. AGREGAÇÃO E REVERSÃO

A agregação ocorre nas hipóteses dos arts. 80 e seguintes do Estatuto dos Militares. É a situação na qual o militar deixa de ocupar vaga na escala hierárquica do seu quadro, corpo, arma ou serviço, permanecendo sem número.

A reversão é o ato que promove a ação inversa da agregação, retornando o militar ao seu lugar na escala hierárquica do corpo, quadro, arma ou serviço.

4. OBRIGAÇÕES E DEVERES MILITARES

As obrigações e deveres militares estão compreendidos no Título II do Estatuto dos Militares. As obrigações militares já foram abordadas na análise dos arts. 27 e 28.

Já os deveres militares estão no art. 31 do Estatuto dos Militares:

> *Art. 31. Os deveres militares emanam de um conjunto de vínculos racionais, bem como morais, que ligam o militar à Pátria e ao seu serviço, e compreendem, essencialmente:*

I - a dedicação e a fidelidade à Pátria, cuja honra, integridade e instituições devem ser defendidas mesmo com o sacrifício da própria vida;

II - o culto aos Símbolos Nacionais;

III - a probidade e a lealdade em todas as circunstâncias;

IV - a disciplina e o respeito à hierarquia;

V - o rigoroso cumprimento das obrigações e das ordens; e

VI - a obrigação de tratar o subordinado dignamente e com urbanidade.

Esses preceitos constituem as obrigações legais e morais a que estão sujeitos os militares e expressam os deveres militares. Colocaremos na frente dos demais o binômio fundamental da vida militar: **hierarquia e disciplina**.

Os conceitos mais adequados de hierarquia e disciplina podem ser encontrados no próprio Estatuto dos Militares, no art. 14 do Estatuto dos Militares:

- **Hierarquia:** é a ordenação da autoridade, em níveis diferentes, dentro da estrutura das Forças Armadas. A ordenação se faz por postos ou graduações; dentro de um mesmo posto ou graduação se faz pela antiguidade no posto ou na graduação. O respeito à hierarquia é consubstanciado no espírito de acatamento à sequência de autoridade.
- **Disciplina:** é a rigorosa observância e o acatamento integral das leis, regulamentos, normas e disposições que fundamentam o organismo militar e coordenam seu funcionamento regular e harmônico, traduzindo-se pelo perfeito cumprimento do dever por parte de todos e de cada um dos componentes desse organismo.

A violação a um dos dois preceitos supracitados ou a ambos pode constituir transgressão disciplinar (ou contravenção disciplinar, na nomenclatura de Marinha) ou até crime militar, a depender da intensidade da violação ou de suas características.

O autor Jefferson Augusto de Paula, na obra "Estatuto dos Militares Comentado"[3], coordenada pelo Professor Jorge Cesar de Assis, sintetizou com brilhantismo os demais preceitos do art. 31 do Estatuto dos Militares, a saber:

> ***Dedicação e fidelidade à Pátria:*** *o militar é a única categoria de profissionais que jura perante a Bandeira Nacional defender a nação, com a sua própria vida. A atividade militar exige do mesmo, uma plena dedicação à carreira, desempenhando fielmente as missões que lhe cabem. Priorizar o interesse público em detrimento do seu particular também é um dever militar.*
>
> *Segundo o Vade-Mécum*[4]*, dedicação e fidelidade à Pátria implicam em: dedicar-se inteiramente ao seu serviço; defender a sua honra, integridade e instituições;*

3. ASSIS, J. C. (Coord.). Estatuto dos Militares Comentado. Curitiba: Juruá Editora, 2019, p. 125/126.
4. Vade-Mécum de Cerimonial Militar do Exército.

> *priorizar o interesse da Pátria sobre os interesses pessoais ou de grupos sociais; exteriorizar esse sentimento demonstrando, em todas as situações, o orgulho de ser brasileiro, a fé no destino do País e o culto ao patriotismo e ao civismo.*
>
> **Respeito aos símbolos nacionais:** *São símbolos nacionais (Lei 5.700, de 01.09.1971, art. 1º): a Bandeira Nacional; o Hino Nacional (com a redação da Lei 8.421, de 11.05.1992); as Armas Nacionais; e, o Selo Nacional (incluídos pela Lei 8.421, de 11.05.1992). O sinal de civismo, patriotismo e respeito a tais símbolos deve ser externado em todas as solenidades, com todas as honras necessárias.*
>
> **Probidade e lealdade:** *Probidade: Entre os deveres do militar, a honestidade é condição sine qua non. Todo militar deve ser uma pessoa honrada, de caráter, e, com elevado senso de justiça. A lealdade se reveste na sinceridade, franqueza e verdade no falar e atuar, cumprindo os compromissos assumidos. O que se exige de um militar é a credibilidade. Os atributos acima, são qualidades essenciais do militar.*
>
> **Respeito e fiel cumprimento das obrigações e das ordens:** *estas condições estão explicadas acima, quando tratamos sobre a disciplina e a hierarquia.*
>
> **Trato digno e urbanidade:** *As relações devem se pautar na civilidade. O respeito mútuo sustenta as relações militares. Tratar com educação o seu semelhante é reconhecer no outro a sua dignidade. Embora o superior deva desempenhar sua atividade com firmeza, não se abstém de respeitar a dignidade do subordinado. Uma das principais cláusulas pétreas da Constituição Federal é a dignidade da pessoa humana, assegurada no inc. III, do art. 1º, da Carta Magna.*

5. DIREITOS E PRERROGATIVAS

Os direitos correspondem àqueles previstos **no art. 50, em extensa lista que os enumera de forma genérica.** Depois, são detalhados nas demais seções: **remuneração, promoção, férias e outros afastamentos temporários do serviço, licenças e pensão militar.**

Ressalta-se aqui a importância do novo art. 50-A, chamado de ***"Proteção Social dos Militares"*** e conceituado como o **conjunto integrado de direitos, serviços e ações, permanentes e interativas, de remuneração, pensão, saúde e assistência, nos termos desta Lei e das regulamentações específicas.** Foi incluído pela Lei 13.954/2019.

As prerrogativas estão previstas no art. 73 do Estatuto:

> *Art. 73. As prerrogativas dos militares são constituídas pelas honras, dignidades e distinções devidas aos graus hierárquicos e cargos.*
>
> *Parágrafo único. São prerrogativas dos militares:*
>
> *a) uso de títulos, uniformes, distintivos, insígnias e emblemas militares das Forças Armadas, correspondentes ao posto ou graduação, Corpo, Quadro, Arma, Serviço ou Cargo;*

b) honras, tratamento e sinais de respeito que lhes sejam assegurados em leis e regulamentos;

c) cumprimento de pena de prisão ou detenção somente em organização militar da respectiva Força cujo comandante, chefe ou diretor tenha precedência hierárquica sobre o preso ou, na impossibilidade de cumprir esta disposição, em organização militar de outra Força cujo comandante, chefe ou diretor tenha a necessária precedência; e

d) julgamento em foro especial, nos crimes militares.

6. COMO OS ASSUNTOS FORAM COBRADOS EM PROVAS

1- MINISTÉRIO PÚBLICO MILITAR (11º Concurso – 2013 - adaptado): Questão 124 – Considerando as disposições constantes do Estatuto dos Militares, Lei 6.880/80, é correto afirmar que:

a) São considerados militares em atividade, em tempo de paz, os de carreira, os temporários, incorporados para prestação do serviço militar obrigatório ou voluntário, durante os prazos previstos na legislação que trata do serviço militar ou durante as prorrogações desses prazos, os componentes da reserva das Forças Armadas quando convocados, reincluídos, designados ou mobilizados e os alunos de órgão de formação de militares da ativa e da reserva.

b) São privativos de brasileiros, natos ou naturalizados, os cargos de oficial das Forças Armadas.

c) Somente é considerado desaparecido o militar na ativa que, no desempenho de qualquer serviço, em viagem, em campanha ou em caso de calamidade pública, tiver paradeiro ignorado por mais de 30 (trinta) dias e não houver indício de deserção.

d) O militar considerado desaparecido será oficialmente declarado extraviado após o transcurso do prazo de 180 (cento e oitenta) dias.

2- MINISTÉRIO PÚBLICO MILITAR (10º Concurso - 2005): Questão 122 – Na agregação, o militar da ativa deixa de ocupar vaga na escala hierárquica de seu corpo, quadro, arma ou serviço. Esta situação ocorre na hipótese de:

a) O militar sem estabilidade ausentar-se sem autorização pelo prazo que caracteriza o crime de deserção previsto no Código Penal Militar.

b) O militar ter sido condenado à pena de suspensão do exercício do posto, graduação, cargo ou função prevista no Código Penal Militar.

c) O militar ser preso por transgressão disciplinar.

d) O militar passar 3 (três) meses contínuos em licença para tratamento de saúde própria.

3- MINISTÉRIO PÚBLICO MILITAR (10º Concurso - 2005): Questão 124 – A prorrogação voluntária do tempo de serviço do incorporado denomina-se:

a) Engajamento.

b) Reincorporação.

c) Dilação do tempo de serviço.

d) Adição

Gabarito

1- A redação original da questão remete a data anterior à alteração do Estatuto dos Militares pela Lei 13.954/2019 (o concurso ocorreu em 2013), então seu texto foi adaptado para a mudança legislativa.

A opção correta é a alternativa (A). *É a redação do art.* 3º, § 1º, "a", I a IV da Lei 6880/80 (Estatuto dos Militares).

2- A opção correta é a (B).

3- A opção (A) é a correta. O engajamento (e não "enganjamento") e o reengajamento são as prorrogações do serviço militar em caráter voluntário.

Capítulo IV

Parte II: Pensão Militar e a Reserva Remunerada

ALESSANDRA WANDERLEY

Referência legislativa: Constituição da República Federativa do Brasil – CRFB, 05 de outubro de 1988. Decreto 3765 de 04 de maio de 1960, art. 6º. Revogado pela MP 2215-10 de 2001. Lei 13.954 de 16 de dezembro de 2019. Decreto 11020 de 30 de março de 2022. Lei 4375 de 17 de agosto de 1964. Lei 6880 de 09 de dezembro de 1980. Lei 8216 de 13 de agosto de 1991. Lei 8237 de 30 de setembro de 1991. Portaria 1274/GC4 de 26 de julho de 2019. Portaria 190 de 15 de maio de 2015. Portaria 768 de 5 de julho de 2017. Portaria n. 70 – EME de 21 de maio de 2012. Projeto de Lei 1645 de 2019.

1. INTRODUÇÃO

O sistema de proteção social das Forças Armadas em 2019 passou por uma grande mudança promovida por meio da Lei 13.954/2019[1] que trouxe a todos os militares novas regras de acesso aos valores pagos quando da passagem do militar para a reserva remunerada, bem como, aos seus beneficiários, nos casos de falecimento do instituidor.

As mudanças observadas fazem parte do segundo movimento nesse sentido, uma vez que a Medida Provisória – MP 2215-10 de 2001[2] foi o documento responsável pela primeira alteração nesse contexto, com mudanças relativas às pensões e inatividade dos militares das Forças Armadas, porém em uma escala bem menor que aquela observada no Projeto de Lei – PL 1645/2019[3] que deu origem a Lei 13.954/2019.

---

1. BRASIL, Lei 13.954 de 16 de dezembro de 2019. Disponível em: ‹http://www.planalto.gov.br/ccivil_03/_ato2019-2022/2019/lei/L13954.htm› Acesso em 20 Mar 2021.

2. BRASIL, Medida Provisória 2215-10 de 31 de agosto de 2001. Disponível em: ‹http://www.planalto.gov.br/ccivil_03/mpv/2215-10.htm› Acesso: 20 Fev 2020.

3. BRASIL, Projeto de Lei 1645 de 2019. Disponível em: ‹https://www.camara.leg.br/propostas-legislativas/2194874› Acesso em: 19/12/2019.

A ideia central do Projeto de Lei 1645/2019 ou também conhecida "reforma dos militares", se destinou a tratar de temas afetos à proteção social, abarcando: as pensões, o tempo de serviço, a inatividade entre outros. Além desses pontos, houve também a preocupação com a reestruturação da carreira militar, com alterações que refletiriam nos soldos e vantagens, uma vez que segundo números da época, restavam defasados quando comparados a outras categorias, apontando que o custo *per capita* de um militar brasileiro de 2001-2018 apresentou sensível diferença quando comparado a outros setores, a exemplo: o setor público.[4]

Contudo, o *déficit* nas contas do Estado apresentado nos últimos anos impulsionou todos os setores a promoverem mudanças com o objetivo de amenizar os impactos sentidos.[5] Dessa forma, a reforma proposta aos militares das Forças Armadas por meio da Lei 13.954/2019[6] buscou além de reduzir custos, ajustar suas regras dentro do que se observa na maioria dos países do mundo quanto ao tema relacionado à proteção social dos militares. Mas, sem perder de vista a especificidade da atividade desenvolvida por militares, o que acaba trazendo limites aos novos regramentos quando comparados àqueles adotados junto aos regimes de previdência – Regime Geral de Previdência Social (RGPS[7]) e Regime Próprio de Previdência Social (RPPS[8]).

---

4. LEAL, Carlos Ivan Simonsen. A PEC da previdência e o sistema de proteção social militar. Fundação Getúlio Vargas – FGV, 2019, p. 5-9. Disponível em: ‹https://portal.fgv.br/sites/portal.fgv.br/files/as_forcas_armadas_e_a_pec_da_previdencia_2.pdf› Acesso em: 13/11/2019.

5. O Relatório de Demonstrações Contábeis e Notas explicativas do Ministério da Defesa referente ao 4º. trimestre de 2019 aponta que as despesas com pessoal e encargos sociais tiveram um crescimento de 6,69% em dezembro de 2019 e em valores absolutos, houve um acréscimo de R$ 5,08 bilhões. O referido relatório esclarece que dentre os elementos de despesa que mais contribuíram para esse crescimento estavam: as aposentadorias do Regime Próprio de Previdência Social – RPPS, a Reserva Remunerada e Reforma Militar, com um crescimento de R$ 1.79 bilhão, além dos vencimentos e vantagens fixas – Pessoal Militar que teve ampliação de 1,65, entre outros aspectos. Ministério da Defesa, Demonstrações Contábeis Consolidadas e Notas Explicativas, 4º. Trimestre de 2019, p. 44. Disponível em: ‹https://www.gov.br/defesa/pt-br/arquivos/lai/demonstracoes_contabeis/demonstracoesa_contabeisa_consolidadaa_notasa_explicativasa_MDa_2019.pdf› Acesso em: 04/05/2020.

6. Op Cit. Disponível em: ‹http://www.planalto.gov.br/ccivil_03/_ato2019-2022/2019/lei/L13954.htm› Acesso em 20 Mar 2021.

7. BRASIL, Constituição da República Federativa do Brasil – CRFB, 05 de outubro de 1988, art. 201. Disponível em: ‹http://www.planalto.gov.br/ccivil_03/constituicao/constituicaocompilado.htm› Acesso em: 20 Mar 2021.

8. Op. Cit., art. 40. Disponível em: ‹http://www.planalto.gov.br/ccivil_03/constituicao/constituicaocompilado.htm› Acesso em: 20 Mar 2021.

O presente trabalho tem por objetivo abordar de forma objetiva as alterações trazidas às pensões militares e o novo cenário com a reforma militar advinda com a Lei 13.954/2019[9].

2. MP 2215/2001 E SEUS PRINCIPAIS REFLEXOS

A MP 2215-10/2001[10] foi o primeiro e importante movimento no que tange às mudanças relacionadas à proteção social dos militares das Forças Armadas no país, tratando de diversos temas, entre os quais, estavam temas afetos à inatividade e à pensão destinada às filhas dos militares.

A par da respectiva Medida, merecem destaque: as alterações voltadas à *extinção do adicional de tempo de serviço*[11]; o *fim da contribuição para o posto ou graduação acima do que possuíam*[12]; o fim *da pensão destinada às filhas*[13] e *da Licença Especial*[14].

2.1. Adicional de tempo de serviço

"Art. 30. Fica extinto o adicional de tempo de serviço previsto na alínea "c" do inciso II do art. 1º desta Medida Provisória, assegurado ao militar o percentual correspondente aos anos de serviço a que fizer jus em 29 de dezembro de 2000."[15]

Quanto a este ponto, a partir da Medida elencada, o direito foi resguardado apenas aos militares que já estavam nas Forças, na correspondência dos anos de serviço comprovados até 29 de dezembro de 2000.

O adicional era pago no percentual de 1% ao ano sobre o soldo do militar e o direito ao benefício foi instituído por meio da Lei 8.237/91 e seu artigo 16 que foi revogado[16] pela MP 2215/2001.

---

9. BRASIL, Lei 13.954 de 16 de dezembro de 2019. Disponível em: ‹http://www.planalto.gov.br/ccivil_03/_ato2019-2022/2019/lei/L13954.htm› Acesso em 20 Mar 2021.

10. BRASIL, Medida Provisória 2215-10 de 31 de agosto de 2001, art. 31. Disponível em: ‹ http://www.planalto.gov.br/ccivil_03/mpv/2215-10.htm› Acesso: 20 Fev 2020.

11. Brasil, Ibidem, art. 30.

12. BRASIL, Decreto 3765 de 04 de maio de 1960, art. 6º. Revogado pela MP 2215-10 de 2001.

13. BRASIL, Ibidem, art. 7º. Alterado pela MP 2215-10 de 2001.

14. BRASIL, Lei 6880 de 09 de dezembro de 1980, art. 67 parágrafo 1º, alínea "a". Disponível em: ‹http://www.planalto.gov.br/ccivil_03/LEIS/L6880.htm› Acesso em: 20/02/2020.

15. BRASIL, Medida Provisória 2215-10 de 31 de agosto de 2001, art. 30. Disponível em: ‹ http://www.planalto.gov.br/ccivil_03/mpv/2215-10.htm› Acesso: 20 Fev 2020.

16. 'Art. 16. A Gratificação de Tempo de Serviço é devida à razão de um por cento por ano de serviço público, incidindo sobre o soldo do posto ou graduação.

Parágrafo único. O militar fará jus à gratificação de que trata este artigo a partir do mês em que completar cada anuênio.

2.2. Extinção de posto ou graduação acima

"Art. 32. Ficam assegurados os direitos dos militares que até 29 de dezembro de 2000, contribuíam para a pensão militar correspondente a um ou dois postos ou graduações acima da que fizerem jus."[17]

O respectivo direito estava previsto no artigo 6º da Lei 3.765/60 que trazia em sua redação:

> Art. 6º. É facultado aos militares de que trata o art. 1º desta lei, com mais de 30 (trinta) e 35 (trinta e cinco) anos de serviço computável para fins de inatividade, contribuírem, respectivamente, para a pensão correspondente a um ou dois postos ou graduações acima do ou da que possuem desde que satisfaçam o pagamento das contribuições a partir do mês seguinte àquele em que completaram o referido tempo de serviço. **(Revogado pela Medida provisória nº 2.215-10, de 31.8.2001)**[18]

A extinção da possibilidade de ascensão para o posto ou graduação acima do que possuíam os militares (mediante contribuição) também pode ser vista como outro exemplo de economia aos cofres públicos, já que tal benefício representava um valor maior a ser recebido pelo militar quando da passagem para inatividade, ou seja, na reserva remunerada. Por isso, considerando o que já foi até aqui exposto, tal benefício poderia contribuir para o aumento da despesa junto ao Tesouro Nacional.

Apesar da alteração promovida por meio da MP 2215/2001, Leitão (2019) vai esclarecer que somente o Exército Brasileiro (EB) seguiu tal diretriz, tendo a Marinha do Brasil (MB) e a Força Aérea Brasileira (FAB) adotado conceitos distintos. Esse entendimento diverso, como aponta o autor, teve por fundamento a regra de transição elencada na própria Medida Provisória 2215/2001 (art. 31. da MP 2215/2001)[19] que permitia a manutenção de benefícios da redação original da Lei 3.765/60 extintos com a MP[20].

Art. 17. É contado, para todos os efeitos, o tempo de serviço público, mesmo o prestado com servidor civil." BRASIL, Lei 8237 de 30 de setembro de 1991. Disponível em: ‹http://www.planalto.gov.br/ccivil_03/LEIS/L8237.htm#art53› Acesso em: 20 Fev 2021.

17. BRASIL, Medida Provisória 2215-10 de 31 de agosto de 2001, art. 32. Disponível em: ‹http://www.planalto.gov.br/ccivil_03/mpv/2215-10.htm› Acesso: 20 Fev 2020.

18. BRASIL, Lei 3765 de 04 de maio de 1960, art. 6º. Disponível em: ‹http://www.planalto.gov.br/ccivil_03/leis/l3765.htm› Acesso em: 22 Fev 2021.

19. "Art. 31. Fica assegurada aos atuais militares, mediante contribuição específica de um vírgula cinco por cento das parcelas constantes do art. 10 desta Medida Provisória, a manutenção dos benefícios previstos na Lei no 3.765, de 1960, até 29 de dezembro de 2000." BRASIL, Medida Provisória 2215 de 31 de agosto de 2001. Disponível em: ‹http://www.planalto.gov.br/ccivil_03/mpv/2215-10.htm› Acesso em: 20 Fev. 2021.

20. LEITÃO. Augusto. A Força Aérea vai acabar com o posto acima? JusBrasil, 2019. Disponível em: ‹https://augustoleitaoadvocacia.jusbrasil.com.br/artigos/690328856/a-forca-aerea-vai-acabar-com-o-posto-acima› Acesso em: 20 ABR 2021.

Sobre o tema, Leitão (2019) ainda vai trazer que o entendimento da FAB foi sedimentado em instruções do Comando da Aeronáutica: a ICA nº 47-1/2004, destinada exclusivamente à contribuição para posto/graduação superior; e a ICA nº 47-2/2005 que versava sobre habilitação à pensão militar.[21]

Leitão (2019) esclarece que em 2019 a FAB no intuito de revisar a concessão dos benefícios supramencionados (realizados desde 2001 para militares que estavam procedendo ao desconto da contribuição sobre o posto ou graduação acima daquele que possuíam), trouxe a Portaria DIRAP n. 945/IP4-2 de 7 de fevereiro de 2019.[22] Portaria que também determinou *o cancelamento imediato das*

---

21. "ICA nº 47-1/2004 - Contribuição para Posto/Graduação Superior

3.1.2 - Ao militar que, em 29 de dezembro de 2000, já possuía trinta ou 35 anos de serviço, computáveis para a inatividade, e contribuía para a pensão correspondente a um ou dois postos ou graduações acima, está assegurada a manutenção do direito, mesmo que tenha optado por renunciar à contribuição adicional de 1,5%, da remuneração ou proventos, para a pensão.

3.1.3 - O militar que, em 29 de dezembro de 2000, já possuía mais de trinta anos de serviço, computáveis para a inatividade, e já contribuía para a pensão correspondente a um posto ou graduação acima, quando atingir 35 anos de serviço poderá passar a contribuir para dois postos ou graduações acima, desde que não tenha exercido o direito de renúncia à contribuição adicional de 1,5%, da remuneração ou proventos, para a pensão.

ICA nº 47-2/2005 - Habilitação à Pensão Militar

4.6.3 - O beneficiário do militar que, em 29 de dezembro de 2000, já contribuía para a pensão correspondente a um ou dois postos ou graduações acima do (a) que possui ou venha a possuir, por contar com mais de trinta ou 35 anos de serviço, computáveis para a inatividade, tem assegurado o direito à pensão correspondente.

4.6.4 - O militar que, em 29 de dezembro de 2000, já havia completado ou venha a completar trinta ou 35 anos de serviço, computáveis para a inatividade, e tenha optado pela contribuição específica para a pensão, no valor de 1,5% das parcelas que compõem a remuneração, tem o direito de requerer para contribuir para a pensão correspondente a um ou dois postos ou graduações acima do (a) que possui ou venha a possuir, assegurando ao seu beneficiário a pensão na forma do disposto do item 4.6.3." Ibidem.

22. "PORTARIA DIRAP Nº 945/IP4-2, DE 7 DE FEVEREIRO DE 2019.

Resolve: Art. 1º - Avocar para revogar, na qualidade de Órgão Central do SAIPAR, a Portaria nº 23/DIRINT, que aprovava a instrução que disciplinava os procedimentos e rotinas de contribuição para a Pensão Militar correspondente a posto ou graduação superior - ICA 47-1, de 5 de janeiro de 2004.

Art. 2º - Determinar à Subdiretoria de Inativos e Pensionistas (SDIP) que anule todos os atos de autorização para contribuição com um ou dois postos ou graduações acima daqueles que o militar possuía ou viesse a possuir, concedidos, após 29 de dezembro de 2000, em desacordo com o estabelecido no art. 32 da MP 2.215-10/2001 e esclarecido no Parecer nº 222//CONJURMD/CGU/AGU" Ibidem.

contribuições para pensão militar sobre um ou dois postos ou graduações dos militares ativos e inativos.[23]

Ressalta o autor que a FAB ainda pretende revisar todos os seus processos administrativos, inclusive no intuito de reconsiderar as pensões de pensionistas que já recebem soldos majorados em virtude da contribuição de militares que passaram a contribuir após 29/12/2000.[24]

Dessa forma, como afirma Leitão (2019), o procedimento adotado tem por base a adequação ao Parecer n. 222/CONJURMD/CGU/AGU, de 25 de abril de 2017, porém, *"a uniformização de tese sobre o alcance dos benefícios do art. 31 da Medida Provisória é anterior, uma vez que, desde 2013 já havia o Parecer nº 699/2013/CONJUR-MD/CGU/AGU"* que abordava a matéria.[25] Tal questão fatalmente remeterá a mais discussões judiciais por tudo que foi trazido até aqui.

2.3. Pensão das filhas de militar

"Art. 31. Fica assegurada aos atuais militares, mediante contribuição específica de um vírgula cinco por cento das parcelas constantes do art. 10 desta Medida Provisória, a manutenção dos benefícios previstos na Lei no 3.765, de 1960, até 29 de dezembro de 2000".[26]

Cumpre dizer que das pensões militares pagas em 2019, um dos elementos que mais contribuiu para o aumento das despesas públicas, segundo apontou o relatório de provisão do Ministério da Defesa[27] foi a pensão destinada às filhas

23. "Art. 3º - Determinar à SDIP que providencie, em conjunto com todos os Elos Sistêmicos do SAIPAR e junto à Subdiretoria de Pagamento do Pessoal - SDPP, o cancelamento imediato dos descontos para Pensão Militar sobre um ou dois postos ou graduações dos militares ativos e inativos concedidos em desacordo com o Parecer nº 222/CONJUR-MD/CGU/AGU e respectiva legislação atinente" Ibidem.

24. "Art. 6º. Determinar à SDIP que instaure processo administrativo, visando a revisão dos valores pagos às pensionistas que recebem proventos majorados para postos ou graduações acima, cujos instituidores somente passaram a contribuir, após 29 de dezembro de 2000, observando o princípio do contraditório e da ampla defesa. A contagem para o prazo decadencial será a contar da percepção do primeiro pagamento, conforme dispõe o comando do § 1º do art. 54 da lei nº 9.784, de 29 de janeiro de 1999" Ibidem

25. Ibidem.

26. BRASIL, Medida Provisória 2215-10 de 31 de agosto de 2001, art. 31. Disponível em: ‹ http://www.planalto.gov.br/ccivil_03/mpv/2215-10.htm› Acesso: 20 Fev 2020.

27. O gasto com pensões militares e do RPPS representou um aumento de Dez/2018 para Dez/2019 de 6,77%, o que em valores absolutos correspondeu a **R$ 1,4 bilhão** de reais. Ministério da Defesa. Demonstrações Contábeis Consolidadas e Notas Explicativas 4º. Trimestre de 2019. Disponível em: ‹https://www.gov.br/defesa/pt-br/arquivos/lai/

de militares. Sendo ainda importante esclarecer que a respectiva pensão teve por base uma cultura que havia sido estabelecida à época do Brasil Colonial, quando a mulher ocupava um espaço na sociedade completamente diverso[28] daquele visto nos anos que sucederam à criação do benefício até, finalmente, a sua extinção em 2001.

Com isso, cabe esclarecer que a MP 2215/2001[29] extinguiu o benefício destinado às filhas de militares , porém garantiu a sua manutenção aos militares que estavam nas Forças *mediante desconto de 1,5% sobre seu rendimento bruto, até 29 de dezembro de 2000*. Já para os militares que passaram a integrar as Forças Armadas a partir daquela data não mais subsistiu tal direito.

Por isso, com o advento da supracitada Medida Provisória a pensão para as filhas de militares deixou de existir, sendo mantido o direito apenas aos militares que já estavam nas Forças Armadas e que passaram a contribuir com o percentual de 1,5%.

No que tange ao benefício destinado às filhas de militares é importante esclarecer o ponto que ainda hoje é questionado e se relaciona à obrigação ou não da filha ser solteira para o seu recebimento. Sobre esse tema cumpre dizer que a Lei 3.765/60 ao tratar do assunto não trouxe qualquer distinção quanto ao estado civil da filha do militar, como pode ser observado no artigo 7º presente no texto da época.[30]

Contudo, a lei supramencionada foi alterada pela Lei 8.216/91, a qual trouxe a exigência da filha ser solteira, como pode ser observado:

> *Art. 7º A Pensão Militar, é deferida em processo de habilitação, tomando-se por base a declaração de beneficiários preenchida em vida pelo contribuinte, na ordem de prioridades e condições a seguir: (Redação dada pela Lei nº 8.216, de 1991) (Vide ADIN nº 574-0)*
>
> *I -primeira ordem de prioridade - viúva ou viúvo; companheira ou companheiro; filhas solteiras e filhos menores de 21 anos ou, quando estudantes,*

---

demonstracoes_contabeis/demonstracoesa_contabeisa_consolidadaa_notasa_explicativasa_MDa_2019.pdf› Acesso em: 03/04/2020.

28. LISBOA, O Governo dos Outros, CEDIS-Centro de Investigação & Desenvolvimento sobre Direito e Sociedade da Faculdade de Direito da Universidade Nova de Lisboa, Decreto 23 de Agosto de 1763, p. 63. Disponível em:‹ http://www.governodosoutros.ics.ul.pt/index.php?menu=pesquisa&pagina=7› Acesso em: 02/02/2020.

29. BRASIL, Medida Provisória 2215-10 de 31 de agosto de 2001, art. 31. Disponível em: ‹http://www.planalto.gov.br/ccivil_03/mpv/2215-10.htm› Acesso: 20 Fev 2020.

30. BRASIL, Lei 3765 de 4 de maio de 1960, art. 7º. Disponível em: ‹http://www.planalto.gov.br/ccivil_03/leis/l3765.htm› Acesso em: 20 Fev 2021.

> *menores de 24 anos; (Redação dada pela Lei nº 8.216, de 1991) (Vide ADIN nº 574-0).*[31]

Assim, mediante a alteração promovida em 1991, a exigência de que a filha do militar fosse solteira era a regra da época. Porém, a respectiva redação trazida pela Lei 8.216/91 foi declarada inconstitucional, como se observa da ADI 574-0/2002:

> ***EMENTA: AÇÃO DIRETA DE INCONSTITUCIONALIDADE. NOVA REDAÇÃO DADA PELO ART. 29 DA LEI Nº 8.216, DE 1991, AO ART. 7º E SEUS INCS., DA LEI Nº 3.765, DE 1960. IMPUGNAÇÃO DO CAPUT E DO INC. I, EM RAZÃO DE EMENDA ADITIVA, FEITA PELO SENADO, NO TEXTO DESTE ÚLTIMO, COM A QUAL FOI SANCIONADA A LEI, SEM QUE O PROJETO HOUVESSE RETORNADO À CÂMARA FEDERAL, ONDE TEVE ORIGEM, PARA A DEVIDA REAPRECIAÇÃO, COMO IMPOSTO NO ART. 65, PARÁGRAFO ÚNICO, DA CONSTITUIÇÃO FEDERAL.*** *Flagrante inconstitucionalidade formal da referida emenda, por sua absoluta impertinência, em face do texto do projeto, originário do Chefe do Poder Executivo, já que pretendeu introduzir matéria relativa a pensão militar, onde se cuidava de antecipação dos efeitos de revisão de vencimentos. Afronte ao art. 51, § 1º, II, c, da Constituição. Nódoa que, neste caso, ultrapassa os limites do texto impugnado para atingir, em sua integridade, o referido artigo 29, que, de outro modo, restaria despido de qualquer sentido, na parte remanescente. Inconstitucionalidade que, pela mesma razão, também se declara relativamente ao art. 30, na parte em que teve por revogado o art. 3º da Lei nº 3.765, de 1960. Procedência da ação.*[32]

Com isso, a partir da ADI o texto do artigo 7º da Lei 3.765/60 foi restabelecido, não havendo qualquer imposição no que tange a filha do militar ser solteira para recebimento do benefício. A única alteração promovida foi a própria extinção do benefício mediante a MP 2215/2001, como já exposto aqui.

2.4. Licença especial

"Art. 33. Os períodos de licença especial, adquiridos até 29 de dezembro de 2000, poderão ser usufruídos ou contados em dobro para efeito de inatividade, e nessa situação para todos os efeitos legais, ou convertidos em pecúnia no caso de falecimento do militar."[33]

A MP 2215-10 de 2001 também excluiu a Licença Especial[34] ou LESP que era implementada da seguinte forma: *a cada 10 anos de serviços prestados o militar*

---

31. BRASIL, Lei 8216 de 13 de agosto de 1991. Disponível em: ‹https://presrepublica.jusbrasil.com.br/legislacao/109325/lei-8216-91› Acesso em: 20 Fev 2021.

32. BRASIL, Supremo Tribunal Federal – TRF - ADI 574 de 2002, Relator: Min. Ilmar Galvão, D.O. 11/03/1994. Disponível em: ‹http://redir.stf.jus.br/paginadorpub/paginador.jsp?docTP=AC&docID=266422› Acesso em: 21 FEv 2021.

33. BRASIL, Medida Provisória 2215-10 de 31 de agosto de 2001, art. 33. Disponível em: ‹ http://www.planalto.gov.br/ccivil_03/mpv/2215-10.htm› Acesso: 20 Fev 2020.

34. "Art. 67. Licença é a autorização para afastamento total do serviço, em caráter temporário, concedida ao militar, obedecidas às disposições legais e regulamentares. § 1º A

podia gozar de uma licença de seis meses e quando não usufruía de tal direito, *esse era computado em dobro para fins exclusivos da contagem do tempo para inatividade*[35]. Ou seja, *diminuía o tempo do serviço ativo do militar, possibilitando a passagem para inatividade com menos de 30 anos de serviço militar.*

Sobre o tema, tem-se que, no caso de falecimento do militar, a respectiva licença seria convertida em pecúnia. Com relação à conversão em pecúnia ainda é importante trazer o acórdão da Turma Nacional de Uniformização – TNU (Conselho de Justiça Federal). Publicado em 18/10/2020 e transitado em julgado em 23/11/2020, reconheceu o direito a pecúnia no caso de contagem em dobro que restou inócua, uma vez que o autor da respectiva demanda já contava com o tempo necessário para sua transferência para reserva remunerada, não necessitando da contagem fictícia (da licença especial não gozada) para esse fim, *in verbis:*

> **EMENTA: REPRESENTATIVO DE CONTROVÉRSIA. SERVIÇO PÚBLICO. MILITAR REFORMADO OU CIVIL APOSENTADO. DIREITO À CONVERSÃO DE FÉRIAS OU LICENÇA PRÊMIO OU ESPECIAL EM PECÚNIA. MP 2.215-10/2001, ART. 33. INTERPRETAÇÃO CONFORME JURISPRUDÊNCIA DOMINANTE DO STF, DO STJ E DA TNU.** Tese no sentido de que *"é possível a conversão em pecúnia de licença especial não*

---

licença pode ser: a) especial [..]. BRASIL, Lei 6880 de 09 de dezembro de 1980, art. 67 parágrafo 1º, alínea "a". Disponível em: ‹http://www.planalto.gov.br/ccivil_03/LEIS/L6880.htm› Acesso em: 20/02/2020.

35. Art. 68. Licença especial é a autorização para o afastamento total do serviço, relativa a cada decênio de tempo de efetivo serviço prestado, concedida ao militar que a requeira, sem que implique em qualquer restrição para a sua carreira. (Revogado pela Medida Provisória nº 2.215-10, de 31.8.2001)

§ 1º A licença especial tem a duração de 6 (seis) meses, a ser gozada de uma só vez; quando solicitado pelo interessado e julgado conveniente pela autoridade competente, poderá ser parcelada em 2 (dois) ou 3 (três) meses. (Revogado pela Medida Provisória nº 2.215-10, de 31.8.2001)

§ 2º O período de licença especial não interrompe a contagem de tempo de efetivo serviço. (Revogado pela Medida Provisória nº 2.215-10, de 31.8.2001)

§ 3º Os períodos de licença especial não-gozados pelo militar são computados em dobro para fins exclusivos de contagem de tempo para a passagem à inatividade e, nesta situação, para todos os efeitos legais. (Revogado pela Medida Provisória nº 2.215-10, de 31.8.2001)

§ 4º A licença especial não é prejudicada pelo gozo anterior de qualquer licença para tratamento de saúde e para que sejam cumpridos atos de serviço, bem como não anula o direito àquelas licenças. (Revogado pela Medida Provisória nº 2.215-10, de 31.8.2001)

§ 5º Uma vez concedida a licença especial, o militar será exonerado do cargo ou dispensado do exercício das funções que exercer e ficará à disposição do órgão de pessoal da respectiva Força Armada, adido à Organização Militar onde servir. (Revogado pela Medida Provisória nº 2.215-10, de 31.8.2001). BRASIL, Lei 6880 de 09 de dezembro de 1980, art. 68. Disponível em: ‹http://www.planalto.gov.br/ccivil_03/LEIS/L6880.htm› Acesso em: 20/02/2020.

> *gozada pelo militar e nem computada em dobro para fins de transferência para a inatividade remunerada, mas que fora utilizada para majoração do percentual de adicional de permanência*, mediante a exclusão da respectiva licença especial da base de cálculo dessa vantagem, bem como a devida compensação dos valores já recebidos a esse título". recurso provido. questão de ordem n. 20 da TNU.[36]

In casu, ainda restou comprovado que a Força, de ofício, concedeu ao Autor, em face do tempo fruto da contagem dobrada da licença prêmio (06 meses X 2 = 01 ano), o acréscimo de 1% sobre o soldo, incorporado ao seu *adicional de tempo de serviço*. Porém, restou notório que tal acréscimo se mostrou prejudicial e desvantajoso à categoria, quando comparado com o valor decorrente de uma conversão em pecúnia.

Nesse contexto, não há que se falar em concessão de dois benefícios ao autor pela mesma licença especial não gozada, quais sejam, a contagem em dobro de tempo de serviço e conversão em pecúnia. Por isso, tendo o autor optado pela conversão em pecúnia da licença-especial, deve *ser o respectivo período excluído do adicional de tempo de serviço, bem como, compensados os valores já recebidos a esse título.*

Ainda sobre o tema, Leitão (2020) vai dizer que as Forças Armadas têm realizado o pagamento administrativamente dos períodos inteiros e ainda daqueles fracionados, desde que os militares tenham sido transferidos para reserva até 5 (cinco) anos antes do Parecer 125/2018/CONJURMD/CGU/AGU e da Portaria 31/GM-MD, de 24 de maio de 2018.[37]

Com isso, considerando o caso de um militar que foi transferido para reserva *antes de 2013* terá seu pedido indeferido administrativamente, considerando que por determinação do Ministério da Defesa as Forças Armadas irão proceder apenas o pagamento de valores *"correspondentes à Licença Especial daqueles militares que tenham ido para a inatividade há não mais do que 05 (cinco) anos"* tendo entendido o MD que houve prescrição dos valores acima do prazo aqui expresso. Contudo, não há óbice para que aqueles militares que se sintam prejudicados possam discutir a inexistência de prescrição por meio do Judiciário.[38]

---

36. Justiça Federal, Conselho de Justiça Federal, 2020. Disponível em: ‹https://www.cjf.jus.br/cjf/noticias/2020/11-novembro/e-possivel-a-conversao-em-pecunia-de-licenca-especial-nao-gozada-pelo-militar-e-nem-computada-em-dobro-para-fins-de-transferencia-para-a-inatividade-remunerada› Acesso 10 ABR 2021.

37. LEITÃO, Augusto. Licença especial fracionária ou proporcional deve ser indenizada, 2020. Disponível em: ‹http://www.augustoleitaoadvocacia.com.br/blogs/licenca-especial-fracionaria/› Acesso em: 20 ABR 2021.

38. Ibidem.

3. LEI N. 13.954/2019 E SEUS PRINCIPAIS REFLEXOS

3.1. Ampliação do rol de contribuintes

A Lei 13.954/2019[39], entre suas alterações, ampliou o rol de contribuintes da pensão militar e nesse sentido a questão que causou muita discussão foi a inclusão das pensionistas, como bem trouxe o artigo 1º da Lei 3.765/60:

> *I - o aspirante da Marinha, o cadete do Exército e da Aeronáutica e o aluno das escolas, centros ou núcleos de formação de oficiais e de praças e das escolas preparatórias e congêneres;*
>
> *II - cabos, soldados, marinheiros e taifeiros, com menos de dois anos de efetivo serviço;*
>
> *III - pensionistas.(Incluído pela Lei nº 13.954, de 2019).*[40]

A par da inclusão citada acima e das novas alíquotas (que sofreram ajustes progressivos), advindas com a Lei 13.954/2019 (também conhecida por reforma militar), JAN/2021 foi o mês em que os últimos percentuais de reajuste serão implementados, podendo a questão sobre o tema alíquotas e ampliação do rol de contribuintes, ser resumida da seguinte forma:

BENEFICIÁRIOS	ANTES DA REFORMA (%)	A PARTIR DE 2020 (%)	A PARTIR JAN 2021 (%)
MILITARES ATIVOS	7,5%	9,5%	10,5%
MILITARES INATIVOS	7,5%	9,5%	10,5%
PENSIONISTAS *	0%	9,5%	10,5%
PENSIONISTAS**	0%	9,5% + 1,5% = 11%	10,5% + 1,5% = 12%
FILHAS PENSIONISTA***	0%	9,5% + 3% = 12,5%	10,5 + 3% = 13,5%

***Pensionistas cujo militar tenha optado pela renúncia à contribuição da pensão para filha ou falecido antes das MPS 2131 e 2215-10/2001;**

****Pensionista cujo militar (instituidor) tenha optado pela pensão para filha;**

*****Filha não inválida.**

Importante dizer, que somente a partir de 1º *de janeiro de 2025*, a União poderá alterar por lei ordinária as alíquotas de contribuição de que trata este artigo, nos termos e limites definidos em lei federal.

39. Op Cit. Disponível em: ‹http://www.planalto.gov.br/ccivil_03/_ato2019-2022/2019/lei/L13954.htm› Acesso em 20 Mar 2021.

40. BRASIL, Lei 3765 de 04 de maio de 1960, art. 1º. Disponível em: ‹http://www.planalto.gov.br/ccivil_03/leis/l3765.htm› Acesso em: 22 Fev 2021.

3.2. Aumento do tempo de serviço militar e a regra de transição

Em termos gerais, pode ser dito que o tempo de serviço militar sofreu um aumento de 5 anos, passando de 30 anos (regra válida até a reforma militar de 2019) para 35 anos. Contudo, para aqueles militares que já estavam nas Forças e não atingiram os 30 anos de serviço, será considerada uma regra de transição, *a qual traz um pedágio de 17%*[41] *sobre o tempo que faltava para o militar atingir os 30 anos de serviço.*

Com a alteração trazida por meio da Lei 13.954/2019, o art. 97 da Lei 6.880/80 (Estatuto dos Militares), passou a contar com a redação:

> Art. 97. A transferência para a reserva remunerada, a pedido, será concedida, por meio de requerimento, ao militar de carreira que contar, *no mínimo, 35* (trinta e cinco) anos de serviço, dos quais: (Redação dada pela Lei nº 13.954, de 2019)
>
> I - *no mínimo, 30 (trinta) anos de exercício de atividade de natureza militar nas Forças Armadas,* para os oficiais formados na Escola Naval, na Academia Militar das Agulhas Negras, na Academia da Força Aérea, no Instituto Militar de Engenharia, no Instituto Tecnológico de Aeronáutica e em escola ou centro de formação de oficiais oriundos de carreira de praça e para as praças; ou (Incluído pela Lei nº 13.954, de 2019)
>
> II - *no mínimo, 25 (vinte e cinco) anos de exercício de atividade de natureza militar* nas Forças Armadas, para os oficiais não enquadrados na hipótese prevista no inciso I do **caput** deste artigo. (Incluído pela Lei nº 13.954, de 2019)[42]

Somado ao novo tempo de serviço, há ainda o requisito de tempo na atividade militar, ou seja, concomitantemente ao novo tempo de 35 anos para o militar ser transferido para a reserva, tem-se a exigência de 30 anos de exercício em atividade de natureza militar (p. ex. egressos das academias e oficiais oriundos carreira de praça) e 25 aos demais militares, ou seja, os não oriundos das academias entre outros (p. ex. militar que ingressou na Força em quadro técnico).

Porém, para quem já estava dentro das Forças, a lei trouxe a possibilidade do cumprimento em tempo menor, desde que fossem observados 2 requisitos: *pedágio + tempo mínimo na atividade militar.*

Dos requisitos apontados acima, a nova Lei 13.954/2019 trouxe o pedágio de 17% para todos os militares, sem fazer distinção quanto à forma de ingresso e trouxe ainda, o tempo mínimo da atividade militar.

---

41. "a) o tempo de serviço que faltar para completar 30 (trinta) anos, acrescido de 17% (dezessete por cento);" BRASIL, Lei 13/954 de 16 de dezembro de 2019, inciso II, alínea "a", art. 22. Disponível em: ‹http://www.planalto.gov.br/ccivil_03/_ato2019-2022/2019/lei/L13954.htm›. Acesso: 22 Fev 2021.

42. BRASIL, Lei 6880 de 9 de dezembro de 1980, art. 97. Disponível em: ‹http://www.planalto.gov.br/ccivil_03/Leis/L6880.htm›. Acesso em: 20 Fev 2021.

No que tange ao tempo mínimo em atividade militar, o art. 22, II, alínea "b" da Lei 13.954/2019 esclareceu, em síntese: *25 anos em atividade de natureza militar nas FFAA*. Só que para aqueles militares inseridos no inciso I, do art. 97 do Estatuto dos Militares (que já estavam nas Forças), o tempo mínimo de 25 anos exigidos na atividade militar sofrerá um acréscimo de 4 meses a cada ano a partir de 2021, até atingir os 30 anos de atividade de natureza militar.

> Art. 22. Em relação às alterações promovidas pelo art. 2º desta Lei aos incisos II e III do **caput** do art. 50, ao art. 56 e ao art. 97 da Lei nº 6.880, de 9 de dezembro de 1980 (Estatuto dos Militares), que tratam do acréscimo de tempo de serviço de 30 (trinta) para 35 (trinta e cinco) anos, são estabelecidas as seguintes regras de transição:
>
> II- (...)
>
> b) o tempo de atividade de natureza militar de 25 (vinte e cinco) anos nas Forças Armadas, que, em relação aos militares a que se refere o inciso I do **caput** do art. 97 da Lei nº 6.880, de 9 de dezembro de 1980 (Estatuto dos Militares), será acrescido de 4 (quatro) meses a cada ano, a partir de 1º de janeiro de 2021, até atingir 30 (trinta) anos.[43]

Dessa forma, os militares inseridos no inciso I do artigo 97 do Estatuto dos Militares ao utilizarem o pedágio, ou seja, o percentual de 17% sobre o tempo que faltar para completar os 30 anos de tempo de serviço e tiverem que cumprir pedágio que alcance os anos subsequentes a 2020, terão que somar a este tempo mais 4 meses a cada ano contabilizado.

3.3. Adicional de compensação por disponibilidade militar

A par da Lei 13.954/2019, observa-se ainda a criação do adicional de compensação por disponibilidade que se conceitua como "parcela remuneratória devida em razão da disponibilidade e da dedicação exclusiva".

"Art. 8º É criado o adicional de compensação por disponibilidade militar, que consiste na parcela remuneratória mensal devida ao militar em razão da disponibilidade permanente e da dedicação exclusiva, nos termos estabelecidos em regulamento."

Com relação ao respectivo adicional cabe dizer que:

ADICIONAL DE DISPONIBILIDADE X ADICIONAL TEMPO DE SERVÇO

LEI 13.954/2019 – NÃO ACUMULAÇÃO ADICIONAIS

JUDICIÁRIO – QUESTÃO NÃO PACIFICADA

43. BRASIL, Lei 13/954 de 16 de dezembro de 2019, inciso II, alínea "b", art. 22. Disponível em: <http://www.planalto.gov.br/ccivil_03/_ato2019-2022/2019/lei/L13954.htm> Acesso: 22 Fev 2021.

Por isso, quanto ao adicional de disponibilidade o que a nova lei trouxe foi a não acumulação deste com o adicional de tempo de serviço (extinto à época da MP 2215/2001, entretanto, mantido nos percentuais apurados aos militares que já estavam nas Forças), sendo assegurado ao militar que faz jus a ambos os adicionais, a opção pelo adicional que representasse maior valor ou mais vantajoso.

> Art. 8º. § 1º É vedada a concessão cumulativa do adicional de compensação por disponibilidade militar com o adicional de tempo de serviço de que trata o inciso IV do **caput** do art. 3º da Medida Provisória nº 2.215-10, de 31 de agosto de 2001, sendo assegurado, caso o militar faça jus a ambos os adicionais, o recebimento do mais vantajoso.[44]

Ocorre que a regra de não acumulação tem tomado diversos caminhos no judiciário, como pode ser observado das decisões abaixo:

> **SENTENÇA FAVORÁVEL À ACUMULAÇÃO DOS ADICIONAIS:**
>
> O Primeiro Adicional teria o tempo de serviço como fundamento ao passo que o Segundo Adicional teria a disponibilidade e a dedicação exclusiva como fundamento. Direito Adquirido amparado pelo art. 5º da Constituição Federal e julga procedente a demanda. Art. 5º XXXVI – a lei não prejudicará o direito adquirido, o ato jurídico perfeito e a coisa julgada. "[...] Ante o exposto **JULGO PROCEDENTE O PEDIDO**, extinguindo o processo com resolução de mérito, na forma do art. 487, I, do CPC, para **declarar o direito do Autor cumular o Adicional de compensação por disponibilidade Militar com o adicional de tempo de serviço adquirido a época da MP 2.215-10/01**, condenando a Ré a reembolsar os atrasados de Adicional de tempo de serviço ao Autor, desde quando foi suprimido do seu contracheque até sai reinclusão em folha de pagamento. [...][45]

O mesmo caso, em sede de Recurso teve a sentença reformada que inclusive já transitou em julgado em 09/10/2020, tendo como última decisão, *in verbis*:

> 11. In casu, o recorrido recebia o adicional de tempo de serviço até dezembro de 2019, no valor [...] A partir de janeiro de 2020, deixou de receber a referida verba e passou a auferir o adicional de compensação por disponibilidade militar, no valor de [...] 12. Por conseguinte, foi observado o disposto no art. 8º, §1º, da Lei nº 13.954/2019, mediante pagamento do adicional mais vantajoso ao recorrente. 13. Em relação ao direito adquirido,

44. BRASIL, Lei 13.954 de 16 de dezembro de 2019, parágrafo 1º. Artigo 8º Disponível em: <http://www.planalto.gov.br/ccivil_03/_ato2019-2022/2019/lei/L13954.htm> Acesso em: 20 Fev 2021.

45. Justiça Federal 2ª. Região, Procedimento do Juizado Especial Cível nº 5008243-72.2020.4.02.5101/RJ, Juíza Federal: Angelina de Siqueira Costa, 30/04/2020, 10ª. Juizado Especial Federal, JFRJ, 2020. Disponível em: <https://eproc.jfrj.jus.br/eproc/controlador.php?acao=processo_selecionar&acao_origem=processo_consultar&acao_retorno=processo_consultar&num_processo=50082437220204025101&hash=7d27d4e20758aa2448ab8cec6049b3b8> Acesso em: 20 Mar 2021.

> a Administração pública alterou os percentuais dos adicionais, mas respeitou a garantia da irredutibilidade dos rendimentos auferidos segundo a legislação que disciplina a remuneração dentro da reestruturação da carreira militar. 14. Outrossim, ressalte-se que não há direito adquirido a regime jurídico, conforme jurisprudência do Supremo Tribunal Federal: EMENTA: 1. RECURSO. Embargos de declaração. Acórdão embargado. Omissão quanto ao não pronunciamento sobre a limitação temporal. Existência. Embargos de declaração acolhidos nesse ponto. Acolhem-se embargos de declaração, quando seja omisso o acórdão embargado. 2. RECURSO. Extraordinário. Admissibilidade. Servidor público. Vencimentos. Reajuste trimestral. Leis distritais nos 38/89 e 117/90. Limitação temporal. Direito adquirido. Inexistência. Agravo regimental não provido. Precedentes. Não há direito adquirido do servidor público a regime jurídico-funcional, nem à permanência do regime legal de reajuste de vantagem. (RE-AgR-ED 495961 - EMB.DECL.NO AG.REG.NO RECURSO EXTRAORDINÁRIO, CEZAR PELUSO, STF, 22.04.2008) 15. Demais disso, dois outros aspectos de estatura jurídico-constitucional estruturantes obstam a pretensão em tela, a saber: (i) a remuneração dos militares decorre diretamente de um dos pilares cardeais conformadores do desenho constitucional das Forças Armadas, qual seja a hierarquia; e (ii) na medida em que o pleito consubstancia forma oblíqua de se alcançar acréscimo remuneratório independentemente de lei, desatende, mutatis mutandis, à jurisprudência expressada na Súmula Vinculante nº 37 do Supremo Tribunal Federal: "Não cabe ao Poder Judiciário, que não tem função legislativa, aumentar vencimentos de servidores públicos sob o fundamento de isonomia." 16. No mesmo sentido, precedente, mutatis mutandis, da 6ª Turma Recursal (processo nº 5000513-53.2020.4.02.5119, relatora Juíza Federal ALESSANDRA BELFORT BUENO FERNANDES DE CASTRO, julgamento em 19/08/2020). 17. Nessas condições, voto por conhecer do recurso e lhe dar provimento, para julgar improcedente o pedido. Sem custas e honorários na forma do art. 55, segunda parte, da Lei nº 9.099/1995 e do art. 1º da Lei nº 10.259/2001. Transcorrido o prazo recursal, certifique-se o necessário, dê-se baixa e encaminhe-se ao Juízo de origem. Intimem-se.[46]

Ainda sobre o tema, havia demandas discutindo a diferença dos percentuais de adicional de compensação por disponibilidade, os quais sofrem variação de 5% a 41% sobre o soldo, a depender do posto/graduação, como se observa do Anexo II da Lei 13.954/2019[47]. Essas demandas por sua vez vinham sendo deferidas em 1ª

---

46. Tribunal Federal da 2ª. Região, Recurso Cível: 5008243-72.2020.4.02.5101/RJ, Relator: Juiz Federal Boaventura João Andrade, 04/09/2020, 6ª. Turma Recursal, TRF 2ª. Região, 2020. Disponível em: ‹https://eproc.jfrj.jus.br/eproc/controlador.php?acao=processo_selecionar&acao_origem=processo_consultar&acao_retorno=processo_consultar&num_processo=50082437220204025101&hash=7d27d4e20758aa2448ab8cec6049b3b8› Acesso em: 29 Mar 2021.

47. BRASIL, Lei 13954 de 16 de dezembro de 2019. Disponível em: ‹http://www.planalto.gov.br/ccivil_03/_ato2019-2022/2019/lei/L13954.htm› Acesso em: 20 Abr 2021.

instância em geral por obediência ao princípio da isonomia e tendo por base a tese de n. 340 de Repercussão Geral do STF e passando por reformas em sede de recurso, como se observa da decisão abaixo, transitada em julgado em 28/09/2020, indicando que o Judiciário estava dividido em relação às novas regras em vigor.

> [...] A Lei nº 13.954/2019 criou o Adicional de Compensação por Disponibilidade Militar, o qual é devido em razão da disponibilidade permanente e dedicação exclusiva do militar. Vejamos: Art. 8º É criado o adicional de compensação por disponibilidade militar, que consiste na parcela remuneratória mensal devida ao militar em razão da disponibilidade permanente e da dedicação exclusiva, nos termos estabelecidos em regulamento. § 1º É vedada a concessão cumulativa do adicional de compensação por disponibilidade militar com o adicional de tempo de serviço de que trata o inciso IV do caput do art. 3º da Medida Provisória nº 2.215-10, de 31 de agosto de 2001, sendo assegurado, caso o militar faça jus a ambos os adicionais, o recebimento do mais vantajoso. § 2º Os percentuais de adicional de compensação por disponibilidade militar inerentes a cada posto ou graduação, definidos no Anexo II a esta Lei, não são cumulativos e somente produzirão efeitos financeiros a partir da data nele indicada. § 3º O percentual do adicional de compensação por disponibilidade militar é irredutível e corresponde sempre ao maior percentual inerente aos postos ou graduações alcançados pelo militar durante sua carreira no serviço ativo, independentemente de mudança de círculos hierárquicos, postos ou graduações. § 4º O percentual do adicional de compensação por disponibilidade militar a que o militar faz jus incidirá sobre o soldo do posto ou da graduação atual, e não serão considerados: I - postos ou graduações alcançados pelo militar como benefício, na forma prevista em lei, em decorrência de reforma, morte ou transferência para a reserva; II - percepção de soldo ou de remuneração correspondente a grau hierárquico superior ao alcançado na ativa, em decorrência de reforma, morte ou transferência para a reserva; e III - percepção de pensão militar correspondente a grau hierárquico superior ao alcançado pelo militar em atividade, em decorrência de benefícios concedidos pela Lei nº 3.765, de 4 de maio de 1960. § 5º O adicional de compensação por disponibilidade militar comporá os proventos na inatividade. O Autor, militar reformado do Exército na graduação de 2º Sargento QE, pretende a condenação da União no percentual de 41% ou que seja incorporado aos rendimentos do Autor o percentual de 26% (vinte e seis por cento), decorrente de sua patente. Argumenta que o Adicional de Compensação por Disponibilidade não possui caráter pessoal, mas sim, geral, devendo ser aplicado o mesmo percentual a todos os militares. Pois, a disponibilidade e dedicação exclusiva são inerentes aos militares enquanto integrantes das Forças Armadas Entende que o adicional nada mais é do que uma concessão de aumento em favor dos militares, haja vista todos os postos e graduações da escala hierárquica das Forças Armadas foram prontamente contemplados com o dito adicional. Ressalta que um soldado-recruta recém-incorporado às fileiras do Exército Brasileiro fará jus a percepção do adicional da mesma forma do que um General de Exército com mais de 35 anos de serviço, ambos pelo fato de serem militares. Pois bem. Como podemos observar, o Adicional de Compensação

> por Disponibilidade substituiu o Adicional por Tempo de Serviço, entretanto guardam certa similitude. Enquanto o Adicional por Tempo de Serviço era concedido unicamente com base em critério cronológico (tempo de serviço), o Adicional por Disponibilidade passou a utilizar um critério baseado na escala hierárquica, que vai progredindo conforme tempo e merecimento. [...] Verifica-se, portanto, que o escalonamento não tem unicamente por base o grau hierárquico, mas também o tempo de carreira e o grau de responsabilidade de cada graduação. ISTO POSTO, nos termos da fundamentação supra, VOTO no sentido de CONHECER E DAR PROVIMENTO AO RECURSO para REFORMAR a sentença e JULGAR IMPROCEDENTE o pedido. Sem condenação em honorários advocatícios por se tratar de recorrente vencedor. Publique-se. Intimem-se. transcorridos os prazos recursais, certifique-se. Após, com as cautelas de praxe, dê-se baixa e remetam-se os autos ao Juízo de origem.[48]

As decisões que discutem a acumulação dos adicionais têm sido deferidas em 1ª Instância, tendo por base o direito adquirido daqueles militares que já possuíam o adicional por tempo de serviço, não podendo ser excluído quando se mostra menos vantajoso quando comparado com o novo adicional (adicional de compensação por disponibilidade). E por outro lado, vêm sofrendo reforma tendo por fundamento, em regra, a súmula vinculante 37 do Superior Tribunal Federal que traz: *"não cabe ao Poder Judiciário, que não tem função legislativa, aumentar vencimentos de servidores públicos sob o fundamento de isonomia."*

Já aquelas demandas destinadas a equiparar os percentuais do novo adicional de compensação por disponibilidade (5% a 41% sobre o soldo a depender do posto/graduação) tinham por base o *princípio da isonomia* para aplicação de um adicional geral a todos os militares e vinham sendo reformadas por interpretações diversas ao novo texto trazido. Como se verificou na última decisão aqui transcrita, o Relator entendeu que o adicional de disponibilidade utiliza um critério baseado na escala hierárquica que sofre progressão conforme tempo e merecimento e que por isso *"o escalonamento não tem unicamente por base o grau hierárquico, mas também o tempo de carreira e o grau de responsabilidade de cada graduação"* sendo devida a diferença entre percentuais.

Ocorre que no que se relaciona ao tema afeto aos percentuais de adicional de disponibilidade o STF se manifestou negativamente ao pleito de equiparação dos percentuais, como se observa:

> **Tema 1175 STF - Concessão do Adicional de Compensação por Disponibilidade Militar no percentual máximo previsto na Lei 13.954/2019 a todos**

48. Tribunal Federal da 2ª. Região, Recurso Cível: 5002305-36.2020.4.02.5121/RJ, Relatora: Juíza Federal Daniella Rocha Santos Ferreira de Souza Motta, 16/09/2020, 8ª. Turma Recursal, TRF 2ª. Região, 2020. Disponível em: ‹https://eproc.jfrj.jus.br/eproc/controlador.php?acao=processo_selecionar&acao_origem=processo_consultar&acao_retorno=processo_consultar&num_processo=50023053620204025121&hash=3d24d34baa7b447427268c7bc1088f01›. Acesso em: 20 Mar 2021.

> **os integrantes das Forças Armadas** - O Supremo Tribunal Federal, em 15/10/2021, reconheceu a existência de repercussão geral e julgou o mérito da questão constitucional suscitada no leading case ARE 1341061 do respectivo tema 1175, reafirmando a jurisprudência dominante sobre a matéria, no qual discute "à luz dos artigos 5º. e 37º., X, da Constituição Federal, a possibilidade de concessão do adicional de compensação por disponibilidade militar no percentual máximo previsto na lei 13.954/2019 a todos os integrantes das Forças Armadas, com fundamento no princípio da isonomia. "*De igual modo, o acórdão recorrido não se distancia do entendimento do Supremo Tribunal Federal no que se refere à legitimidade de percentuais distintos para vantagens remuneratórias, com fundamento na organização hierárquica das Forças Armadas. Com efeito, em caso semelhante, referente à Gratificação de Condição Especial de Trabalho (GCET), prevista na Lei 9.442/1997 e paga a todos os ocupantes de cargo militar, esta Corte considerou não ofensiva à isonomia a fixação de índices diferenciados em razão da hierarquia própria da carreira militar. Nesse sentido, colaciono os seguintes julgados [...].*"[49]

Desse modo, entendeu o STF que não pode o Poder Judiciário, com base no princípio da isonomia, ampliar a aplicação do adicional de disponibilidade correspondente ao percentual máximo (41%) a todos dos militares das Forças Amadas, não sendo possível o aumento ou extensão de vantagens aos servidores civis/militares tendo por fundamento aquele princípio (súmula vinculante 37) e que a aplicação de percentuais variáveis e escalonados guarda relação com as características próprias da carreira militar.

3.4. Adicional de habilitação

A Lei 13.954/2019 também trouxe alteração ao adicional de habilitação. Adicional que por força da MP 2215/2001 se refere à parcela remuneratória mensal devida ao militar em virtude dos cursos realizados com aproveitamento.

A MP 2215/2001 traz:

> Art. 3º Para os efeitos desta Medida Provisória, entende-se como:
>
> [...]
>
> III - adicional de habilitação - parcela remuneratória mensal devida ao militar, inerente aos cursos realizados com aproveitamento, conforme regulamentação;
> ao militar, inerente aos cursos realizados com aproveitamento.[50]

49. Superior Tribunal Federal – STF. Tema 1175 (Leading Case ARE 1341061). Relator: Ministro Presidente, Julgamento: 15/10/2021, Trânsito em Julgado: 08/04/22. Disponível em: https://portal.stf.jus.br/jurisprudenciaRepercussao/verAndamentoProcesso.asp?incidente=6237065&numeroProcesso=1341061&classeProcesso=ARE&numeroTema=1175. Acesso em: 25 Maio 22.

50. BRASIL, Medida Provisória 2215-10 de 31 de agosto de 2001, art. 1º. e 3º. Disponível em: ‹http://www.planalto.gov.br/ccivil_03/mpv/2215-10.htm› Acesso em: 22 Mar 2021.

Adicionais conforme Tabela III da MP 2215/2001:

TIPOS DE CURSO	QUANTITATIVO PERCENTUAL SOBRE O SOLDO	FUNDAMENTO
Altos Estudos – Categoria I.	30	Arts. 1º e 3º.
Altos Estudos – Categoria II.	25	Arts. 1º e 3º.
Aperfeiçoamento.	20	Arts. 1º e 3º.
Especialização.	16	Arts. 1º e 3º.
Formação.	12	Arts. 1º e 3º.

(*Tabela Revogada com a Lei 13.954/2019)

A partir da Lei 13.954/2019, os percentuais sofreram um acréscimo considerável, podendo alcançar 73% sobre o soldo em julho de 2023, a depender do curso, como pode ser observado:

QUANTITATIVO PERCENTUAL SOBRE O SOLDO						
TIPOS DE CURSOS		Até 30 de junho de 2020	A partir de 1º de julho de 2020	A partir de 1º de julho de 2021	A partir de 1º de julho de 2022	A partir de 1º de julho de 2023
Altos Estudos	Categoria I	30	42	54	66	73
	Categoria II	25	37	49	61	68
Aperfeiçoamento		20	27	34	41	45
Especialização		16	19	22	25	27
Formação		12	12	12	12	12

Essa mudança nos percentuais acabou acentuando as demandas judiciais pautadas no acesso de militares às categorias Altos Estudos I e II. Isso porque quando a MP 2215/2001 tratou do tema, cabia às Forças Armadas – FA implementar e equiparar os cursos. Ocorre que as FA levaram anos para implementar e equiparar os cursos dentro das categorias de altos estudos I e II, o que acabou levando muitos militares para a reserva remunerada sem realizá-los, fato que impulsionou alguns militares a discutirem o tema no Judiciário, antes mesmo da Lei 13.954/2019.

Diante do relevante aumento dos respectivos adicionais que podem alcançar 73%, já se observa o crescimento de demandas que atualmente tramitam no judiciário sobre a questão aqui trazida.

A demora na implementação e equiparação desses cursos dentro das categorias de altos estudos, acabou atingindo muitos militares, principalmente praças, devido ao atraso nos cursos que permitiriam que graduados pudessem alcançar o oficialato.

A exemplo dessa situação, é importante mencionar que o Exército Brasileiro apenas em 2012 trouxe a Portaria n. 70-EMF de 21 de maio de 2012 que normatizou o curso de habilitação ao quadro auxiliar de oficiais.

> *PORTARIA Nº 70-EME, DE 21 DE MAIO DE 2012.* Normatiza o Curso de Habilitação ao Quadro Auxiliar de Oficiais. *[...]Art. 1° Normatizar o Curso de Habilitação ao Quadro Auxiliar de Oficiais (CHQAO), que tem por objetivo habilitar os subtenentes à ocupação de cargos e ao desempenho de funções previstas para o Quadro Auxiliar de Oficiais (QAO),* inerentes ao assessoramento nas áreas de administração, de pessoal, de finanças e de logística das organizações militares (OM).[51]

Cabe dizer que a partir do exposto, somente em 2013 teve início a primeira turma, mediante seleção ocorrida em 2012. O Exército Brasileiro apenas em 2015 fez a equivalência do respectivo curso, visando considerá-lo dentro dos Altos Estudos II, como se observa:

> *PORTARIA Nº 190, DE 16 DE MAIO DE 2015.* Normatiza o Curso de Habilitação ao Quadro Auxiliar de Oficiais. [...] *Estabelece a equivalência dos cursos que dão direito à concessão do Adicional de Habilitação aos militares do Exército e dá outras providências [...]*
>
> Art.1º. Considerar, exclusivamente para efeito de percepção do Adicional de Habilitação, a seguinte equivalência de cursos realizados e titulações obtidas pelo pessoal do Exército, desde que realizados com a finalidade de capacitar recursos humanos para ocupação de cargos e ao desempenho das funções previstas na estrutura organizacional da Instituição, e que sejam compatíveis com a linha de ensino militar do concludente ou que atendam ao interesse do Exército, assim definidos pelo EME: [...] *II – aos cursos de Altos Estudos, Categoria II: [...] c) O Curso de Habilitação ao Quadro Auxiliar de Oficiais;*[52]

Já a equivalência do curso dentro da categoria de Altor Estudos I que com a Lei 13.954/2019 alcançará 73% sobre o soldo de adicional de habilitação, o Exército Brasileiro – EB tratou da questão em 2017, como abaixo segue:

> PORTARIA Nº 768, DE 5 DE JULHO DE 2017. *Estabelece a equivalência entre os tipos de cursos constantes da Tabela III do Anexo II da Medida Provisória nº 2.215-10, de 31 de agosto de 2001, e os cursos realizados pelo pessoal do Exército, para fins de concessão do Adicional de Habilitação [...]* Art. 1º Estabelecer, exclusivamente para efeito de pagamento do Adicional de Habilitação, a equivalência que se segue entre os tipos de cursos constantes da Tabela III do Anexo II

---

51. BRASIL, Portaria n. 70 – EME de 21 de maio de 2012. Disponível em: ‹http://daprom.dgp.eb.mil.br/phocadownload/Lesgislacao/15.-CURSO-DE-HABILITAO-AO-QUADRO-AUXILIAR-DE--OFICIAIS.pdf› Acesso em: 02 Fev 2021.

52. Brasil, Portaria 190 de 15 de maio de 2015. Disponível em: ‹https://bdex.eb.mil.br/jspui/bitstream/1/1359/1/be30-17.pdf› Acesso em 21 Fev 2021.

da Medida Provisória nº 2.215-10, de 31 de agosto de 2001, e os cursos, os estágios, as titulações, as habilitações e os concursos concluídos ou obtidos com êxito pelo militar do Exército: *I - aos cursos de Altos Estudos, Categoria I: [...] f) o Curso de Habilitação ao Quadro Auxiliar de Oficiais.*[53]

A Força Aérea Brasileira – FAB foi tratar da equivalência dos cursos somente em 2016, mediante Portaria n. 108/GC4, tendo inclusive estendido tal direito aos militares da reserva, *in verbis:*

> *PORTARIA Nº 108/GC4, DE 28 DE JANEIRO DE 2016*
> Estabelece a equivalência dos cursos e estágios inerentes à progressão na carreira militar no Comando da Aeronáutica para fim de percepção do Adicional de Habilitação Militar. [...] Art. 1.º Considerar, para efeito de percepção do Adicional de Habilitação, as seguintes equivalências de cursos [...] I - aos cursos de *Altos Estudos, Categoria I: [...] c) os cursos de pós-graduação stricto sensu de Doutorado. II - aos cursos de Altos Estudos, Categoria II: [...] a) os cursos de pós-graduação stricto sensu de Mestrado.* Art. 5.º *É assegurado o direito à percepção do Adicional de Habilitação Militar aos militares da ativa, da reserva remunerada e aos reformados por conta dos cursos concluídos com aproveitamento, até o ato de passagem do militar para a reserva. [...]*

Contudo, a Portaria de janeiro de 2016 (Portaria 108/CG4) não durou muito e, meses depois, a FAB revogou o direito aos *militares da reserva*, como se nota na Portaria de março do mesmo ano (2016).

> *PORTARIA No 227, DE 9 DE MARÇO DE 2016.* Estabelece os cursos e estágios de interesse do Comando da Aeronáutica para o fim de percepção do Adicional de Habilitação Militar. [...] *Art. 50 É assegurado o direito à percepção do Adicional de Habilitação Militar aos militares da ativa, por conta dos cursos concluídos com aproveitamento, e requeridos até o ato de passagem do militar para a reserva.* [...] *Art.90 Fica revogada a Portaria no 108/GC4,* de 28 de *janeiro de 2016, publicada no DOU no 24,* de 4 de *fevereiro de 2016* e *BCA no. 22,* de 12 de *fevereiro de 2016.*

No que tange aos cursos voltados às praças, a FAB vai tratar da equivalência por meio da Portaria 1274 de 2019:

> Portaria 1.274/GC4, de 26 de julho de 2019 Classificação dos cursos de interesse do Comando da Aeronáutica para o fim de percepção do Adicional de Habilitação a partir da data de conclusão dos mesmos com aproveitamento. *CEAG – (Suboficiais da ativa da Aeronáutica.) categoria de Altos Estudos I, CAA – (Primeiros-Sargentos da ativa da Aeronáutica) categoria de Altos Estudos II [...].*[54]

53. BRASIL, Portaria 768 de 5 de julho de 2017. Disponível em: ‹http://www.dcipas.eb.mil.br/images/Reserva/novo/Port768-CmtEx-05Jul17-Estabelece-a-equivalncia-ente-os-tipos-de-cursos-para-fins-do-Adc-Hab.pdf› Acesso em 21 Fev 2021.

54. BRASIL, Portaria 1274/GC4 de 26 de julho de 2019. Disponível em ‹https://www.fab.mil.br/noticias/imprime/35316/REESTRUTURA%C3%87%C3%83O%20DA%20CARREIRA%20-%20Aspectos%20da%20Lei%20n%C2%BA%2013.954/19› Acesso em 15 Nov 2020.

E no que se refere à Marinha do Brasil – MB, esta Força tratou da equivalência dos cursos destinado às praças dentro das categorias de Altos Estudos I e II, apenas por meio do Boletim de Ordens e Notícias n. 436 de 2019:

> BOLETIM DE ORDENS E NOTÍCIAS Nº 436 DE 27 DE MAIO DE 2019 - BONO ESPECIAL [...] especificamente no que trata do Adicional de Habilitação das Praças, no âmbito da MB, com a busca por maior capacitação, por meio da criação do *Curso de Aperfeiçoamento Avançado para Praças (C-ApA-PR)* e do *Curso de Assessoria em Estado-Maior para Suboficiais (C-ASEMSO), equivalentes a Altos Estudos, Categorias II e I, respectivamente, as Praças passarão a atingir os mesmos patamares percentuais dos Adicionais de Habilitação dos Oficiais[...].*[55]

Por essa razão, diversas demandas passaram a discutir o tema, tendo inclusive em algumas delas o Judiciário se mostrado favorável à *equivalência de cursos realizados por militares que já estavam na reserva e a percepção dos novos adicionais destinados às categorias de Altos Estudos I e II*:

> [...] Cinge-se a controvérsia em saber se *é possível equiparar o Curso de Aperfeiçoamento de Sargentos, concluído em 19/08/1994, com o Curso de Habilitação ao Quadro Auxiliar de Oficiais (CHQAO)*. Conforme a MP nº 2.215-10/01, o Curso de Aperfeiçoamento de Sargentos (CAS) realizado pelo autor lhe assegura a percepção de um adicional de habilitação de 20% referente aos cursos de "aperfeiçoamento". Caso tenha êxito na pretendida declaração de equivalência entre o CAS e o atual Curso de Habilitação ao Quadro Auxiliar de Oficiais (CHQAO), passará a receber um adicional de habilitação atualmente em 30% referente aos cursos de "altos estudos-categoria I. [...] Diante do exposto, *julgo procedente o pedido formulado na exordial para condenar a União a implantar no soldo do autor o adicional de habilitação no percentual de 30% (trinta por cento) com efeitos financeiros a partir de 10.12.2013*, ficando autorizada a ré a descontar as parcelas já pagas a título deste adicional, razão pela qual extingo o processo, com resolução do mérito, na forma do art. 487, I, do Código de Processo Civil. As diferenças a título de parcelas vencidas correspondentes ao adicional de habilitação deverão ser corrigidas com a aplicação dos índices previstos no Manual de Cálculos da Justiça Federal.[56]

O respectivo processo citado acima está aguardando decisão de recurso interposto pela União na 2ª Turma Recursal de Goiânia, sendo o seu Relator o Juiz Federal Alysson Maia Fontenele.

Ainda sobre o tema, já tem inclusive decisão de segunda instância concedendo o direito, como o acórdão proferido em 18/09/2020, tendo transitado em julgado em 12/02/2021.

---

55. BRASIL, Marinha do Brasil, Boletim de Ordens e Noticias n. 436 de 27 de maio de 2019. Disponível em: ‹https://www.marinha.mil.br/spsm/sites/www.marinha.mil.br.spsm/files/BONO_436_27052019.pdf› Acesso em: 16 JAN 2021.

56. Justiça Federal da 1ª. Região, Procedimento do Juizado Especial Cível n. 0038799-93.2018.4.01.3500/GO, Juiz Federal: Bruno Teixeira de Castro, 30/05/2019, 13ª. Vara Juizado Especial Federal, JFGO, 2019. Disponível em: ‹https://processual.trf1.jus.br/consultaProcessual/processo.php?secao=GO&proc=00387999320184013500&seq_proc=2› Acesso em: 20 Fev 2021.

> **ADMINISTRATIVO. SERVIDOR PÚBLICO. PATENTE DE OFICIAL ADQUIRIDA ANTES DA EFETIVA IMPLANTAÇÃO DO CURSO DE HABILITAÇÃO AO QUADRO AUXILIAR DE OFICIAIS (CHQAO). CURSO DE APERFEIÇOAMENTO DE SARGENTOS (CAS). EQUIPARAÇÃO DEVIDA. RECURSO DA UNIÃO IMPROVIDO.**
>
> 1. Trata-se de Recurso Inominado interposto pela UNIÃO contra sentença que julgou parcialmente procedente o pedido para condenar o recorrente a implantar no soldo do autor o adicional equivalente ao percentual do CHQAO, nos termos da legislação correlata, em lugar do percentual do CAS, de 20% (vinte por cento), bem como para pagar os valores decorrentes das diferenças da revisão acima determinada, respeitada a prescrição quinquenal e o limite de alçada, ficando a ré autorizada a descontar as parcelas já pagas a título do CAS ou da CHQAO na via administrativa. *Ante o exposto, NEGO PROVIMENTO AO RECURSO DA UNIÃO*, razão por que a condeno ao pagamento de honorários advocatícios, os quais fixo em 10% (dez por cento) do valor da condenação (art. 55 da Lei nº 9.099/95 c/c art. 85, §3º, inciso I, e § 11, do NCPC).[57]

Das questões aqui elencadas pode-se dizer que o caminho que vem sendo traçado no judiciário *está favorável aos pleitos de militares que não tiveram oportunidade de participar de tais cursos*, concedendo equivalência dentro das categorias Altos Estudos I e II e, consequentemente, os novos percentuais.

No mais, cumpre dizer que o Decreto 11.020/2022 que veio no sentido de alterar o Decreto nº 4.307/2002 para dispor sobre a reestruturação da remuneração dos militares das Forças Armadas, abordou alguns pontos relacionados ao adicional de habilitação, sendo válido tratar da alteração ocorrida no parágrafo 1º. do artigo 3º. do Decreto anterior, in verbis:

> § 1º Caberá ao Ministro de Estado da Defesa, ouvidos os Comandantes das Forças Armadas, estabelecer os cursos que darão direito ao adicional de habilitação, observada a disponibilidade orçamentária[58].

Da alteração promovida é válido chamar atenção para o fato da disponibilidade orçamentária, trazida com o novo Decreto, o que poderá criar ainda mais óbices ao citado adicional, devendo tal ponto ser observado com atenção e cautela.

3.5. Reforma dos militares

Quanto ao tema, cumpre esclarecer o conceito de reforma militar. Nesse sentido, a reforma é a passagem do militar para a inatividade, sem mais poder retornar ao serviço ativo. Por essa razão, difere a reforma da reserva remunerada,

57. Tribunal Federal da 1ª. Região, Recurso Cível: 0024324-98.2019.4.01.3500, Relator: Juiz Federal José Godinho Filho, 16/09/2020, 1ª. Turma Recursal, TRF 2ª. Região, 2020. Disponível: ‹https://processual.trf1.jus.br/consultaProcessual/processo.php?secao=GO&proc=00243249820194013500&seq_proc=2› Acesso em: 05 ABR 2021.

58. BRASIL, Decreto 11020 de 30 de Março de 2022, parágrafo 1º. Artigo 3º. Disponível em: http://www.planalto.gov.br/ccivil_03/_ato2019-2022/2022/decreto/D11020.htm› Acesso em: 18 Jun 22.

sendo que nesta última, o militar poderá ser convocado, reincluído, designado ou mobilizado para o serviço ativo. Por isso, a reforma, assim como a transferência para a reserva remunerada, o licenciamento e a desincorporação é uma das formas de exclusão do serviço ativo das Forças Armadas.[59]

No mais, sobre a reforma militar, a Lei 13.954/2019 trouxe mudanças significativas, principalmente aos militares temporários, como será observado.

Sabe-se que o artigo 106 do Estatuto dos Militares trata da reforma de ofício que atualmente é chamada apenas de reforma, elencando as situações nas quais o instituto ocorrerá.[60] Das respectivas situações trazidas no artigo 106, interessa tratar dos casos de reforma relacionados à incapacidade definitiva e invalidez dos militares de carreira. E, nesse sentido é válido dizer que as causas de incapacidade definitiva estão elencadas no art. 108 da Lei n. 6.880/1980, sendo elas: *ferimento ou enfermidade adquirida em campanha, acidente de serviço, enfermidade com ou sem relação de causa e efeito com o serviço, além de uma relação de doenças incapacitantes.*[61]

---

59. "Art. 94. A exclusão do serviço ativo das Forças Armadas e o consequente desligamento da organização a que estiver vinculado o militar decorrem dos seguintes motivos: (Vide Decreto n. 2.790, de 1998): I - transferência para a reserva remunerada; II – reforma; (...) V - licenciamento; (...) VII - desincorporação;" BRASIL, Lei n. 6.880/1980, de 09 de dez. de 1980, Estatuto dos Militares, Brasília, DF, dezembro, 1980. Disponível em: ‹http://www.planalto.gov.br/ccivil_03/LEIS/L6880.htm› Acesso em: 12 ABR 2021.

60. "O Estatuto Militar, em seu artigo 106 voltado à reforma de oficio, chamada atualmente apenas de "reforma", traz em seu *caput* que *"a reforma será aplicada ao militar que"* preencher as condições ali definidas, quais sejam: a) atingir as *idades-limite* de permanência na reserva; b) for julgado incapaz, definitivamente, para o serviço ativo das Forças Armadas; c) estiver agregado por mais de 2 (dois) anos por ter sido julgado *incapaz, temporariamente*, mediante homologação de Junta Superior de Saúde, ainda que se trate de moléstia curável; d) for condenado à *pena de reforma* prevista no Código Penal Militar, por sentença transitada em julgado; e) em consequência de *Conselho de Justificação* (oficiais) a que foi submetido e *Conselho de Disciplina* (Guarda-Marinha, Aspirante a Oficial ou praça com estabilidade assegurada)." WANDERLEY, Alessandra; LEITÃO, Augusto Leitão. Modificações no instituto da reforma por incapacidade definitiva e por invalidez, dos militares de carreira e temporários após o advento da lei 13.954/2019, Laboratório UERJ de Trabalho e Previdência – LABUTA, 2021. Disponível em: ‹https://uerjlabuta.com/2021/03/19/modificacoes-no-instituto-da-reforma-por-incapacidade-definitiva-e-por-invalidez-dos-militares-de-carreira-e-temporarios-apos-o-advento-da-lei-13-954-2019/› Acesso em: 01 ABR 2021.

61. WANDERLEY, Alessandra; LEITÃO, Augusto Leitão. Modificações no instituto da reforma por incapacidade definitiva e por invalidez, dos militares de carreira e temporários após o advento da lei 13.954/2019, Laboratório UERJ de Trabalho e Previdência – LABUTA, 2021. Disponível em: ‹https://uerjlabuta.com/2021/03/19/modificacoes-no-instituto-da-reforma-por-incapacidade-definitiva-e-por-invalidez-dos-militares-de-carreira-e-temporarios-apos-o-advento-da-lei-13-954-2019/› Acesso em: 01 ABR 2021.

No que se refere ao ferimento ou enfermidade adquirida em campanha é mais comum a concretização do art. 108, incisos I e II, durante a manutenção da lei e da ordem. É o caso dos recentes Decretos de GLO (Garantia da Lei e da Ordem), firmados nos últimos anos. Dessa forma, o militar que estiver em uma incursão de comunidade no Estado do Rio de janeiro e for alvejado na coluna, vindo a ficar tetraplégico fará jus à incapacidade para o serviço militar.[62]

Já o acidente de serviço nas Forças Armadas, encontra sua regulamentação no Decreto n. 57.272, de 16 de novembro de 1965, e a Portaria n. 16-DGP, de 07 de março de 2001, esclarece que o *acidente de serviço é todo aquele que se verifica em consequência de ato de serviço, nas circunstâncias definidas naquele Decreto.*[63]

Quanto ao Decreto 57.272/65, vale dizer que este se aplica aos militares da ativa, sendo estendido aos militares da reserva convocados para o serviço ativo. O Decreto traz também, a situação de acidente ocorrido durante o expediente normal ou em horário de expediente prorrogado ou antecipado por autoridade competente, não havendo aqui a necessidade de causa e efeito direta com o serviço.[64]

Já quando o tema se relaciona à incapacidade decorrente de doença, moléstia ou enfermidade adquirida em tempo de paz, *com* ou *sem* relação de causa e efeito com o serviço, a atenção volta-se ao art. 108, IV e VI do Estatuto Militar. Por isso, o acidente de serviço, a doença, moléstia ou enfermidade adquirida com relação de causa e efeito inerentes ao serviço também é causa de incapacidade definitiva, ensejando a reforma. Contudo, não restando provada a relação de causa e efeito com o serviço, mesmo que relativa à incapacidade definitiva, o militar terá por base o inciso VI do mesmo art. 108, sendo garantida a reforma com proventos proporcionais ao oficial ou praça com estabilidade assegurada (*10 anos ou mais de serviço efetivo*), por força do art. 111, todos dispositivos do Estatuto dos Militares.[65]

Importante esclarecer que independente da relação com o serviço, se o acidente ou a doença, resultar na invalidez, impossibilidade total e permanentemente para qualquer atividade (militar ou civil), o militar fará jus a reforma integral.[66]

---

62. Ibidem.

63. Ibidem.

64. Ibidem.

65. WANDERLEY, Alessandra; LEITÃO, Augusto Leitão. Modificações no instituto da reforma por incapacidade definitiva e por invalidez, dos militares de carreira e temporários após o advento da lei 13.954/2019, Laboratório UERJ de Trabalho e Previdência - LABUTA, 2021. Disponível em: ‹https://uerjlabuta.com/2021/03/19/modificacoes-no-instituto-da-reforma-por-incapacidade-definitiva-e-por-invalidez-dos-militares-de-carreira-e-temporarios-apos-o-advento-da-lei-13-954-2019/› Acesso em: 01 ABR 2021.

66. Ibidem.

3.5.1. Reforma dos militares temporários

Militar temporário é aquele que presta serviço à Força mediante contrato determinado de 12 meses, prorrogável a critério da Administração Militar, não podendo exceder a 96 meses de duração.[67]

Essa categoria de militares sofreu acentuada mudança com a reforma promovida por força da Lei 13.954/2019, que alterou substancialmente o tratamento dado aos temporários, limitando a possibilidade de reforma apenas aos casos de invalidez (incapacidade total para o trabalho civil e militar) ou ferimento/enfermidade decorrente campanha ou manutenção da ordem pública – acarretando incapacidade para o serviço militar ativo.

Sobre a questão, na vigência da redação anterior os militares da ativa, julgados incapazes definitivamente por um dos motivos elencados nos incisos do artigo 108 do Estatuto dos Militares seriam reformados com qualquer tempo. Contudo, após a Lei 13.954/2019, essa previsão deixou de existir.

Com a Lei 13.954/2019, os militares temporários sofreram uma limitação quanto aos incisos do artigo 108 do Estatuto. Tudo isso porque o parágrafo 1º do artigo 109 da Lei 6.880/80 trouxe que os militares temporários somente seriam reformados nas hipóteses dos incisos I e II do caput do artigo 108: *ferimento ou enfermidade decorrente de campanha ou manutenção da ordem pública – GLO*; ou ainda nas demais situações que resultem *em invalidez para qualquer atividade laboral, pública ou privada.*[68]

No mais, o artigo 109, *caput*, do Estatuto dos Militares deixa claro que *somente o militar de carreira será reformado a qualquer tempo por uma das hipóteses do artigo 108.* O referido trecho lido sob a ótica do artigo 111 combinado com o parágrafo 2º e 3º do artigo 3º da Lei 6.880/80 com a nova redação, deixa clara a diferença existente entre militares de carreira e temporário, sendo de carreira os militares que: "[...] *tenham vitaliciedade, assegurada ou presumida, ou estabilidade adquirida nos termos da alínea "a" inciso IV do caput do artigo 50 desta Lei (com 10 anos ou mais de serviço).*"

A partir da Lei 13.954/2019, a nova dinâmica aplicada aos militares, seja de carreira ou reforma, passa a ser a trazida nos quadros abaixo:

---

67. BRASIL, Lei 4375 de 17 de agosto de 1964, inciso II parágrafo 3º. art. 27. Disponível em: ‹http://www.planalto.gov.br/ccivil_03/leis/l4375.htm› Acesso em: 20 Mar 2021.

68. Op. Cit. Disponível em: ‹https://uerjlabuta.com/2021/03/19/modificacoes-no-instituto-da-reforma-por-incapacidade-definitiva-e-por-invalidez-dos-militares-de-carreira-e-temporarios-apos-o-advento-da-lei-13-954-2019/› Acesso em: 01 ABR 2021.

MILITAR DE CARREIRA - REFORMA POR INCAPACIDADE DEFINITIVA		
REFORMA COM SOLDO SUPERIOR – GRAU HIERÁRQUICO IMEDIATO	**REFORMA COM MESMO SOLDO - ATIVA**	**REFORMA SOLDO PROPORCIONAL**
(art. 110 caput. c/c Art. 108. I e II (Lei 6880/80): **ferimento ou enfermidade decorrente campanha ou manutenção da ordem pública - acarretando incapacidade para o serviço militar ativo (não é necessária invalidez)**	(Art. 108, V): **acidente ou doença relacionados ao serviço, ou doenças do inciso V do art. 108, resultando na incapacidade para o serviço militar. (não é necessária invalidez)** (art. 109 caput)	(Art. 108, VI c/c art. 111, I): **Acidente ou doença sem relação** com o serviço, que acarrete **incapacidade para o serviço militar quando o militar de carreira já possui estabilidade ou vitaliciedade (pode estar apto ao serviço civil - Invalidez não é necessária aqui.).**
(art. 110 **§ 1º C/C** Art. 108, III, IV e V): **invalidez decorrente de acidente ou doença relacionadas com serviço; ou invalidez causada por doenças relacionadas inciso V do art. 108.**	**invalidez decorrente de acidente ou doença sem relação com o serviço.** (Art. 108, VI c/c art. 111, II)	

MILITAR TEMPORÁRIO - REFORMA POR INCAPACIDADE		
REFORMA COM SOLDO SUPERIOR – GRAU HIERÁRQUICO IMEDIATO	**REFORMA COM MESMO SOLDO - ATIVA**	**REFORMA SOLDO PROPORCIONAL**
(art. 110 caput. c/c Art. 108. I e II (Lei 6880/80): **ferimento ou enfermidade decorrente campanha ou manutenção da ordem pública - acarretando incapacidade para o serviço militar ativo (não é necessária invalidez)**	Invalidez: (art. 108, VI c/c art. 111, II e 106, II-A): invalidez decorrente de acidente ou doença sem relação com o serviço	Deixa de existir com a reforma, já que seu embasamento está presente no Art. 111, I do Estatuto o qual exige estabilidade e o temporário não possui mais meios de adquirir a estabilidade de acordo com a Lei 13.954/2019. Art. 3º. § 2º Os militares de carreira são aqueles da ativa que, no desempenho voluntário e permanente do serviço militar, tenham vitaliciedade, assegurada ou presumida, ou estabilidade adquirida nos termos da alínea "a" do inciso IV do caput do art. 50 desta Lei. (Redação dada pela Lei nº 13.954, de 2019)
(art. 110 § 1º C/C Art. 108, III, IV e V): invalidez decorrente de acidente ou doença relacionadas com serviço; ou invalidez causada por doenças relacionadas incido V do art. 108. **Situações similares aos militares de carreira**		

Contudo, como já foi dito por esta autora em outro artigo sobre o tema, a questão voltada aos militares temporários ainda irá gerar muitas discussões judiciais, sendo muito cedo para traçar um cenário.

No mais, é possível arriscar que algumas questões podem vir a ser entendidas de forma diversa daquela trazida na Lei 13.954/2019 pelo judiciário. Isso porque a possibilidade de reforma para os temporários nas hipóteses de ferimento/enfermidade em campanha ou GLO, ou nas demais situações *somente* havendo *invalidez total para o meio civil e militar*, apresentam contornos que, sob a ótica dos princípios constitucionais, parecem desarrazoados, sendo provável a ocorrência de mudanças a partir da análise do judiciário.

4. COMO OS ASSUNTOS PODERÃO SER COBRADOS EM PROVA (ENUNCIADOS ELABORADOS PELO AUTOR)

1- A par das alterações voltadas à proteção social dos militares das Forças Armadas é correto dizer que a primeira reforma pode ser observada a partir:

a) Da Lei 3765/60

b) MP 2215-10 de 2001

c) Lei 6880/80

d) Lei 13.954/2019

2- Entre os direitos extintos a partir da MP 2215-10 de 2001 é correto dizer que estão:

a) Licença Especial e pensão para filhas;

b) Licença Especial e adicional de habilitação;

c) Licença Especial e o adicional de compensação por disponibilidade;

d) Adicional de tempo de serviço e adicional de compensação por disponibilidade.

3- A reforma promovida por meio da Lei 13.954/2019 trouxe diversas alterações, entre as quais: o aumento das alíquotas de contribuição a partir de março de 2020. Tratando-se de militares contribuintes da pensão para filha (valor descontado em contracheque do militar), os percentuais foram de:

a) 7,5% + 1,5%

b) 7,5% + 3%

c) 9,5% + 1,5%

d) 9,5% + 3%

4- A viúva do militar que contribuía para a pensão voltadas às filhas, quando do recebimento da pensão passa a contribuir dentro dos percentuais atuais (2020) com:

a) 7,5% + 1,5%

b) 9,5% + 1,5%

c) 10,5% + 1,5%

d) 9,5% + 3%

5- O tempo de serviço militar a partir do advento da Lei 13.954/2019 passa a ser de:

a) 30 anos de serviço

b) 35 anos de serviço

c) 25 anos de serviço

d) 20 anos de serviço

6- Ainda sobre o tempo de serviço, a reforma de 2019 trouxe um pedágio destinado aos militares que não contavam com o tempo necessário para transferência para a reserva remunerada. Com relação ao pedágio é correto afirmar que será aplicado:

a) 13% sobre o tempo restante
b) 15% sobre o tempo restante
c) 17% sobre o tempo restante
d) 14% sobre o tempo restante

7- As filhas pensionistas (não inválidas) com o advento da Lei 13.954/2019 passam a contribuir em 2020 com:

a) 9,5% + 1,5%
b) 7,5% + 1,5%
c) 9,5% + 3%
d) 7,5% + 3%

8- Quando falamos em transferência do militar para a reserva remunerada, é correto afirmar:

a) O militar poderá ser convocado durante o primeiro ano;
b) O militar poderá ser convocado até possuir requisitos para reforma;
c) O militar não poderá ser convocado;
d) O militar poderá ser convocado, mediante concordância do militar.

9- No que se refere ao adicional de compensação por disponibilidade, o direito será concedido:

a) No mesmo percentual a todos os militares, independente do posto ou graduação;
b) Em percentuais diferentes, a depender do posto ou graduação;
c) No mesmo percentual aos militares que contarem com mais de 10 anos de serviço militar;
d) No mesmo percentual aos militares que contarem com mais de 5 anos de serviço militar.

10- A respeito do militar temporário é correto afirmar:

a) Possui estabilidade e vitaliciedade;
b) Possui apenas estabilidade;
c) Possui apenas vitaliciedade;
d) Não possui estabilidade ou vitaliciedade.

11- Quanto ao ingresso dos militares temporários é correto dizer:

a) Possuem contrato indeterminado;

b) Possuem contrato determinado de 12 meses com possibilidade de prorrogação não podendo ultrapassar 2 anos;

c) Possuem contrato determinado de 12 meses não podendo ultrapassar 96 meses;

d) Possuem contrato determinado pelo prazo de 12 meses e podem ultrapassar 96 meses.

12- No que se refere aos militares não estáveis, pode-se dizer que tal conceito se aplica:

a) Aos praças de carreira com mais de 10 anos de serviço, além de praças e oficiais temporários;

b) Aos praças de carreira com menos de 10 anos de serviço, além de praças e oficiais temporários;

c) Aos praças de carreira com mais de 10 anos de serviço e praças temporários;

d) Aos praças de carreira com menos de 10 anos de serviço, além dos oficiais temporários.

13- Nos termos trazidos a partir da Lei 13.954/2019 é corretor dizer que a invalidez se refere:

a) Aquele considerado inválido por estar impossibilitado provisoriamente para qualquer atividade laboral, pública ou privada;

b) Aquele considerado incapaz para o serviço militar;

c) Aquele considerado inválido por estar impossibilitado total e permanentemente para qualquer atividade laboral, pública ou privada;

d) Aquele considerado inválido por estar impossibilitado total e permanentemente para qualquer atividade militar.

14- Da redação trazida com a Lei 13.954/2019 sobre o adicional de compensação por disponibilidade é correto dizer:

a) O adicional de compensação por disponibilidade e o adicional de habilitação não podem ser acumulados;

b) Adicional de tempo de serviço e o adicional de compensação por disponibilidade não podem ser acumulados;

c) Adicional de tempo de serviço e o adicional de compensação por disponibilidade podem ser acumulados;

d) Adicional de tempo de serviço e o adicional de compensação por disponibilidade podem ser acumulados, desde que o militar faça jus ao adicional de habilitação.

15- O militar temporário com ferimento ou enfermidade decorrente de campanha ou manutenção da ordem pública será reformado:

a) Se em decorrência do evento restar incapaz para o serviço militar;

b) Se em decorrência do evento restar incapaz para o serviço militar e demais atividades laborativas;

c) Será reformado, não sendo necessário no caso a invalidez;

d) Será reformado se comprovada invalidez;

Gabarito

1 - B	2 - A	3 - C	4 - B	5 - B	6 - C	7 - C	8 - B
9 - B	10 - D	11 - C	12 - B	13 - C	14 - B	15 - C	

Capítulo V

Dos Militares Estaduais

ADRIANO COUTO

Referência legislativa: Art. 42 e suas remissões, CRFB/88

1. DOS MILITARES DOS ESTADOS, DO DISTRITO FEDERAL E DOS TERRITÓRIOS – ART. 42 DA CRFB/88

A Constituição Federal de 1988 define como militares dos Estados, do Distrito Federal e dos Territórios, os membros das Polícias Militares e Corpos de Bombeiros Militares, instituições organizadas com base na hierarquia e disciplina.

Conforme preceito constitucional, o policiamento ostensivo e a preservação da ordem pública cabem às Polícias Militares e aos Corpos de Bombeiros Militares cabe à execução de defesa civil, além das atribuições definidas em lei.

Desta forma, compete a União organizar e manter as Polícias Militares e os Corpos de Bombeiros Militares do Distrito Federal e, privativamente, compete legislar sobre normas gerais de organização, efetivos, material bélico, garantias, convocação, mobilização, inatividades e pensões das polícias militares e dos corpos de bombeiros militares (art. 21, XIV, c/c art. 22, XXI, ambos da CF/88).

As Polícias Militares e os Corpos de Bombeiros Militares, forças auxiliares e reserva do Exército subordinam-se, juntamente com as Polícias Civis aos Governadores dos Estados e do Distrito Federal (§6º, do art. 144, da CF/88).

Considerando a subordinação das Polícias Militares e dos Corpos de Bombeiros Militar como forças auxiliares e reserva do Exército, o Decreto-Lei nº 667/69, que reorganiza as Polícias Militares e os Corpos de Bombeiros Militares, foi recepcionado pela Constituição Federal de 1988 como Lei Ordinária Federal.

Nesse sentido, a Inspetoria Geral das Polícias Militares e do Corpo de Bombeiros possui as seguintes atribuições:

a. Estabelecer diretrizes para regular as atividades dos Comandos Militares de Área junto às Polícias Militares e os Corpos de Bombeiros Militares de sua área, conforme previsto na legislação vigente e de acordo com as Diretrizes do Comandante do Exército.

b. Centralizar os assuntos da alçada do Comando do Exército, com vistas ao estabelecimento da política conveniente e à adoção das providências adequadas.

c. Acompanhar a organização e a articulação das Corporações.

d. O controle dos efetivos e do material bélico das Polícias Militares e dos Corpos de Bombeiros Militares. Por oportuno, cabe elencar o que se enquadra como Material Bélico, cujo controle deve receber especial atenção por parte dos integrantes da Inspetoria: 1) armamento; 2) munição; 3) material de moto-mecanização; 4) material de comunicações; 5) material de defesa química; e 6) material de engenharia de campanha. Não se deve excluir do rol acima, cuja transcrição não é taxativa, as aeronaves tripuladas e não tripuladas de emprego militar e as embarcações de emprego militar que porventura façam parte do material empregado pelas Polícias Militares e Corpos de Bombeiros Militar.

e. Colaborar nos estudos visando aos direitos, deveres, justiça e garantias das Polícias Militares e dos Corpos de Bombeiros Militares e ao estabelecimento das condições gerais de convocação e de mobilização.

f. Apreciar os quadros de mobilização das Polícias Militares e dos Corpos de Bombeiros Militares de cada Unidade da Federação, com vistas ao emprego como participantes da Defesa Territorial.

g. Orientar às Polícias Militares e os Corpos de Bombeiros Militares, cooperando no estabelecimento e na atualização da legislação básica relativa a essas Corporações, bem como coordenar e controlar o cumprimento dos dispositivos da legislação federal e estadual pertinentes.

h. Selecionar e indicar policiais militares para participar de missões de paz.

i. Proceder visitas de orientação técnicas regulares com objetivo de verificar, para fins de controle e coordenação, as atividades e os meios das Polícias Militares e dos Corpos de Bombeiros Militares.

j. Coordenar e distribuir vagas em cursos/estágios em estabelecimentos de ensino das Forças Armadas, e

k. Estabelecer condições gerais em caso de mobilização das Polícias Militares e dos Corpos de Bombeiros Militares, com vistas as emprego na Defesa Territorial.

Destaca-se ainda que a Lei nº 2.552/55 fixa a composição da Reserva do Exército, nesta toada, enquanto não atingirem a idade limite de permanência da

Reserva do Exército, os oficiais de polícias militares em serviço ativo ou na inatividade fazem parte da 2ª classe de reserva (R/2).

Conforme previsão constitucional, aplicam-se aos militares dos Estados, do Distrito Federal e dos Territórios, além do que vier a ser fixado em lei, as disposições do art. 14, § 8º; do art. 40, § 9º; e do art. 142, §§ 2º e 3º, cabendo a lei estadual específica dispor sobre as matérias do art. 142, § 3º, inciso X, sendo as patentes dos oficiais conferidas pelos respectivos governadores (art. 42, § 1º da CF/88).

1.1. Hierarquia e disciplina – art. 14 a 19, da Lei n. 6.880/80

O respeito à hierarquia é consubstanciado no espírito de acatamento à sequência de autoridade, que ocorre em diferentes níveis dentro da estrutura militar. A hierarquia militar é a ordenação da autoridade, em diferentes níveis, por postos e graduações. A ordenação é feita na antiguidade dentro de cada posto ou graduação.

Desta forma, a precedência hierárquica poderá ocorrer em sua forma vertical (postos ou graduações) ou horizontal (antiguidade dentro do mesmo posto ou graduação).

Nota-se que dentro de um mesmo posto ou graduação, o militar na situação de inatividade (reserva remunerada ou reformado) não terá prevalência hierárquica sobre um militar da ativa que se encontre na mesma situação. Todavia, em igualdade de condições, haverá precedência hierárquica entre os militares das Forças Armadas e os militares estaduais.

A disciplina é a rigorosa observância e o acatamento integral das leis, regulamentos, normas e disposições que fundamentam o organismo militar e coordenam seu funcionamento regular e harmônico, traduzindo-se pelo perfeito cumprimento do dever por parte de todos e de cada um dos componentes desse organismo, (art. 14 da Lei n. 6.880/80).

Em regra, compõem os círculos hierárquicos e a escala hierárquica das Polícias Militares e Corpos de Bombeiros Militares da seguinte forma: Círculo de Oficiais Superiores (Coronel, Tenente Coronel e Major), Círculo de Oficiais Intermediários (Capitão), Círculo de Oficiais Subalternos (1º Tenente e 2º Tenente), Círculo de Praça Especial (Aspirante a Oficial e Aluno do Curso de Formação de Oficiais), Círculo de Praças (Subtenente, 1º Sargento, 2º Sargento, 3º Sargento, Cabos e Soldados).

Assim, posto é o grau hierárquico do oficial, conferido por ato do Governador do Estado e confirmado em Carta Patente.

Nesse sentido, graduação é o grau hierárquico da praça, conferido pelo Comandante Geral da Polícia Militar ou do Corpo de Bombeiros Militar.

Nossos Tribunais Superiores[1] possuem entendimento consolidado de que a fim de resguardarem a segurança e a regularidade das instituições militares, **os princípios da hierarquia e disciplina são pilares fundamentais das organizações militares.**

2. DOS DIREITOS SOCIAIS E RESTRIÇÕES CONSTITUCIONAIS IMPOSTAS AOS MILITARES ESTADUAIS E DO DISTRITO FEDERAL

Os membros das Polícias Militares e Corpos de Bombeiros Militares, instituições organizadas com base na hierarquia e disciplina, são militares dos Estados, do Distrito Federal e dos Territórios, sendo assegurados os seguintes direitos sociais conforme previsão no texto constitucional: elegibilidade, o tempo de contribuição[2] federal, estadual, distrital ou municipal constados para fins de aposentadoria, o tempo de serviço correspondente contado para fins de disponibilidade[3], as patentes, com prerrogativas, direitos e deveres a elas inerentes, asseguradas em plenitude aos oficiais da ativa, da reserva ou reformados, sendo-lhes privativos os títulos e postos militares, o uso dos uniformes, décimo terceiro salário, salário família, gozo de férias anuais remuneradas com, pelo menos, um terço a mais que o salário normal, licença à gestante sem prejuízo do emprego e do salário, com duração de cento e vinte dias, licença paternidade, nos termos fixados em lei, assistência gratuita aos filhos e dependentes desde o nascimento até os cinco anos de idade em creches e pré-escolas, acumulação de cargos públicos quando houver a compatibilidade de horários, dentre outros direitos sociais previstos pelas leis infraconstitucionais.

O não cabimento de *habeas corpus* em relação a punições disciplinares militares é limitado ao exame do mérito, na linha da orientação jurisprudencial[4] firmada pelos nossos Tribunais Superiores. A flexibilização dessa regra somente ocorre se alcançar o exame formal do ato administrativo disciplinar tido como abusivo ou violador, assim, encontra-se mitigado o dispositivo expresso no § 2º do art. 142, da CF/88.

Em regra, a Constituição Federal de 1988 veda a acumulação remunerada de cargos, empregos ou funções públicas, todavia, o próprio texto constitucional prevê algumas exceções, desde que haja a compatibilidade de horários.

Neste sentido, a Emenda Constitucional n. 101/2019, ao acrescentar o parágrafo 3º ao art. 42 da CF, possibilitou aos militares estaduais a acumulação de cargos, conforme o disposto no inciso XVI, do art. 37, da CF/88.

1. HC 130793/SP - SÃO PAULO.
2. §9º, do art. 40, da CRFB/88.
3. §§ 9º e 9º-A, do art. 201, da CRFB/88.
4. AgInt no RHC 70421/BA.

Assim, temos que o militar estadual pode acumular o cargo militar com outro de professor, com outro técnico/científico ou com outro da saúde, com profissão regulamentada, desde que respeitadas às compatibilidades de horários e a prevalência da atividade militar.

Quanto ao limite ao teto constitucional remuneratório, o Supremo Tribunal Federal[5] assentou entendimento de que o teto remuneratório será individualmente analisado em cada cargo, e não sobre o somatório do que é recebido.

Por outro lado, não havendo compatibilidade de horários, o militar estadual ou do Distrito Federal em atividade que tomar posse em cargo ou emprego público civil permanente, será transferido para a reserva, nos termos da lei.

No mesmo sentido, não havendo compatibilidade de horários, o militar estadual ou do Distrito Federal da ativa que, de acordo com a lei, tomar posse em cargo, emprego ou função pública civil temporária, não eletiva, ainda que da administração indireta, ficará agregado ao respectivo quadro e enquanto permanecer nessa situação, somente poderá ser promovido por antiguidade, sendo contado o tempo de serviço apenas para aquela promoção e transferência para a reserva, sendo, nos termos da lei, transferido para a reserva, depois de dois anos de afastamento, contínuos ou não.

Aos militares estaduais e do Distrito Federal são proibidas a sindicalização e greve, e, enquanto estiverem em serviço ativo é proibida a filiação a partidos políticos.

Somente perderá o posto e a patente o oficial que for julgado indigno do oficialato ou com ele incompatível, por decisão de tribunal militar de caráter permanente, em tempo de paz, ou de tribunal especial, em tempo de guerra.

Oportuno mencionar que a lei disporá sobre o ingresso nas Polícias Militares e Corpos de Bombeiros Militares dos Estados e do Distrito Federal, estabelecendo os limites de idade, a estabilidade e outras condições de transferência do militar estadual para a inatividade, os direitos, os deveres, a remuneração, as prerrogativas e outras situações especiais dos militares estaduais, consideradas as peculiaridades de suas atividades, inclusive aquelas cumpridas por força de compromissos internacionais e de guerra.

3. PRESTAÇÃO VOLUNTÁRIA DE SERVIÇOS ADMINISTRATIVOS E DE SERVIÇOS AUXILIARES DE SAÚDE E DE DEFESA CIVIL NAS POLÍCIAS MILITARES E NOS CORPOS DE BOMBEIROS MILITARES – LEI N. 10.029/2000

Necessário se faz mencionar as normas gerais estabelecidas pela Lei n. 10.029, de 20 de outubro de 2000, a qual permite aos Estados e o Distrito Federal

5. RE 612975/MT - MATO GROSSO.

instituir a prestação voluntária de serviços administrativos e de serviços auxiliares de saúde e de defesa civil nas Polícias Militares e nos Corpos de Bombeiros Militares, desde que observadas as disposições desta lei.

Nesta toada, conforme disposições estabelecidas pela Lei n. 10.029, de 20 de outubro de 2000, a prestação voluntária dos serviços não gera vínculo empregatício, nem obrigação de natureza trabalhista, previdenciária ou afim, tendo duração de um ano, podendo ser prorrogado por, no máximo, igual período a critério do Poder Executivo, ouvido o Comandante Geral da respectiva Polícia Militar ou Corpo de Bombeiros Militar.

A prestação voluntária do serviço poderá ser inferior a um ano em virtude de solicitação do interessado, quando o voluntário apresentar conduta incompatível com os serviços prestados, ou em razão da natureza do serviço prestado (art. 2º, parágrafo único, da Lei n. 10.029/2000).

Os homens maiores de 18 (dezoito) anos que excederem às necessidades de incorporação das Forças Armadas e as mulheres na mesma faixa etária poderão ser admitidos como voluntários à prestação dos serviços (art. 3º, I, da Lei). Cumpre informar que, na ADI 4173, o plenário do Supremo Tribunal Federal declarou a inconstitucionalidade da expressão "e menores de vinte e três anos".

Os Estados e o Distrito Federal estabelecerão o número de voluntários aos serviços, que não poderá exceder a proporção de um voluntário para cada cinco integrantes do efetivo determinado em lei para a respectiva Polícia Militar ou Corpo de Bombeiros Militar; os requisitos necessários para o desempenho das atividades ínsitas aos serviços a serem prestados; e o critério de admissão dos voluntários aos serviços (art. 4º da Lei).

Os voluntários admitidos fazem jus ao recebimento de auxílio mensal não superior a dois salários mínimos, de natureza jurídica indenizatória, a ser fixado pelos Estados e pelo Distrito Federal, destinado ao custeio das despesas necessárias à execução dos serviços, sendo vedados a esses prestadores, sob qualquer hipótese, nas vias públicas, o porte ou o uso de armas de fogo e o exercício do poder de polícia (arts. 5º e 6º da Lei).

Reforçamos o entendimento de inconstitucionalidade das leis estaduais que versam sobre a prestação voluntária de serviços administrativos e de serviços auxiliares de saúde e de defesa civil nas Polícias Militares e nos Corpos de Bombeiros Militares que contrariem as normas gerais estabelecidas pela Lei n. 10.029/ 2000.

4. ALISTAMENTO E ELEGIBILIDADE DOS MILITARES ESTADUAIS

Atendidas as condições, são alistáveis e elegíveis os militares dos Estados e do Distrito Federal, entretanto, se contarem menos de 10 (dez) anos de serviço, deverão se afastar da atividade, se contarem mais de 10 (dez) anos serão agregados pela autoridade superior e, se eleito, passarão automaticamente para inatividade, no ato da diplomação.

▸ **Posição do STJ**[6]

Destaca-se, ainda, como bem apontado pelo Parquet Federal, o entendimento do Supremo Tribunal Federal no mesmo sentido, proferido por ocasião do julgamento do RE 279.469/RS. Confira-se: SERVIDOR PÚBLICO. Militar alistável. Elegibilidade. Policial da Brigada Militar do Rio Grande do Sul, com menos de 10 (dez) anos de serviço. Candidatura a mandato eletivo. Demissão oficial por conveniência do serviço. Necessidade de afastamento definitivo, ou exclusão do serviço ativo. Pretensão de reintegração no posto de que foi exonerado. Inadmissibilidade. Situação diversa daquela ostentada por militar com mais de 10 (dez) anos de efetivo exercício. Mandado de segurança indeferido. Recurso extraordinário provido para esse fim. Interpretação das disposições do art. 14, § 8Q, incs. I e II, da CE Voto vencido. **Diversamente do que sucede ao militar com mais de dez anos de serviço, deve afastar-se definitivamente da atividade, o servidor militar que, contando menos de dez anos de serviço, pretenda candidatar-se a cargo eletivo.** (RE 279.469/RS, Rel. Ministro MAURÍCIO CORRÊA, PLENÁRIO, DJe de 20/06/2011), grifos nossos.

5. PERDA DO POSTO E PATENTE DOS OFICIAIS E DA GRADUAÇÃO DAS PRAÇAS

As patentes dos oficiais são conferidas pelos respectivos Governadores, competindo à Justiça Militar estadual decidir sobre a perda do posto e da patente dos oficiais e da graduação das praças. Neste sentido, a Súmula 673, do STF, aduz que "o art. 125, § 4º, da CF/88, não impede a perda da graduação de militar mediante procedimento administrativo".

A jurisprudência pacífica do Superior Tribunal de Justiça é no sentido de que não há nenhuma ilegalidade na fundamentação concreta e adequada que decreta o efeito extrapenal de perda do cargo público para militar estadual, haja vista a prática de ato incompatível do militar com o cargo ocupado.

Deste modo, **a orientação do Superior Tribunal de Justiça, é a de que a competência para decidir sobre a perda do posto ou da patente dos oficiais ou da graduação das praças somente será do Tribunal de Justiça ou Militar, conforme o caso, nos casos de perda da função como pena acessória do crime que à Justiça Militar couber decidir**, não se aplicando à hipótese de perda por sanção administrativa decorrente da prática de ato incompatível com a função de Policial ou Bombeiro Militar[7], grifos nossos.

6. RECURSO EM MANDADO DE SEGURANÇA Nº 46.944 - MA (2014/0298003-1).
7. AgInt nos EDcl no AGRAVO EM RECURSO ESPECIAL Nº 1442965 - RN (2019/0028531-4).

Para o Supremo Tribunal Federal[8], o art. 102 do Código Penal Militar (Decreto-Lei 1.001, de 21 de outubro de 1969) estabelece que a condenação da praça à pena privativa de liberdade, por tempo superior a 2 (dois) anos, importa sua exclusão das Forças Armadas.

O art. 125, § 4º, da Constituição de 1988 dispõe que "compete à Justiça Militar estadual processar e julgar os militares dos Estados, nos crimes militares definidos em lei e as ações judiciais contra atos disciplinares militares, ressalvada a competência do júri quando a vítima for civil, cabendo ao tribunal competente decidir sobre a perda do posto e da patente dos oficiais e da graduação das praças".

O texto constitucional não recepcionou o art. 102 do Código Penal Militar em relação aos Policiais Militares, exigindo para esses, no campo judicial, a incidência do procedimento previsto pelo artigo 125, §4º da CF.

A Constituição Federal de 1988 estabeleceu a possibilidade de perda de graduação das praças das policias militares em virtude de decisão do Tribunal competente, mediante procedimento específico. A previsão constitucional dessa específica competência para os Tribunais não afastou as tradicionais competências administrativas no âmbito da própria corporação, inclusive a possibilidade de sanção de perda da graduação, aplicada após procedimento administrativo, garantindo-se o contraditório e a ampla defesa.

Em relação à questão constitucional com repercussão geral reconhecida, a Constituição não conferiu aos Tribunais competência para dispor sobre outras penas arroladas no Código Penal Militar, ou sobre questões administrativas e previdenciárias, que seguem sendo afeitas ao âmbito da corporação, grifos nossos.

Assim sendo, nos parece razoável afirmar que a pena acessória da perda da função pública, conforme previsão no inciso I, do art. 92, do Código Penal e inciso V, do art. 98, do Código Penal Militar não se confunde com a perda da graduação de militar mediante processo administrativo especial, bem como, em relação aos policiais militares e bombeiros militares, o art. 102, do Código Penal Militar não foi recepcionado pela Constituição Federal, exigindo para esses militares estaduais, na seara judicial, o procedimento previsto no §4º, do art. 125, da CRFB/88.

---

8. RE 601146 / MS - MATO GROSSO DO SUL.

6. COMO O ASSUNTO FOI COBRADO EM PROVA

1- (2013/MPM/ 11º concurso para Promotor de Justiça Militar): Sobre o Habeas Corpus, assinale a alternativa correta:

a) Admite-se o manejo de habeas corpus contra sentença penal condenatória ainda que a pena pecuniária seja a única cominada, dado o risco de restrição ambulatória decorrente da conversão da pena não cumprida.

b) Não cabe habeas corpus contra a imposição da pena de exclusão de militar ou de perda de patente ou de função pública.

c) Admite-se o manejo de habeas corpus mesmo após a extinção da pena privativa de liberdade.

d) Não caberá habeas corpus em relação a punições disciplinares militares, ainda que a impetração se dirija apenas aos pressupostos de sua legalidade, excluindo a apreciação de questões referentes ao mérito.

2- (2006/Prova para exame de aptidão profissional p/ 1º e 3º SGT da PMMG): Assinale a única alternativa que contém informação CORRETA sobre texto da Constituição Estadual vigente.

a) ( ) o militar perderá o posto e a patente ou a graduação quando for condenado a pena privativa de liberdade, transitada em julgado, por mais de dois anos.

b) ( ) será transferido para a inatividade o militar da ativa que permanecer afastado por mais de dois anos, contínuos ou não, em razão de ter assumido cargo público temporário, não eletivo.

c) ( ) são proibidas ao militar da ativa, a sindicalização e a greve, podendo filiar-se a partido político e a se eleger, qualquer que seja seu tempo de serviço.

d) ( ) a Polícia Militar é órgão permanente, instituída com base na hierarquia e disciplina militares e será comandada exclusivamente por Coronel da Ativa.

3- (2005/MPM/10º Concurso para Promotor de Justiça Militar): Recebendo petição de *habeas corpus*, o Juiz Auditor concedeu a ordem para colocar em liberdade preso disciplinarmente. Ciente da decisão deverá o Promotor:

a) Interpor recurso ordinário em habeas corpus ao Superior Tribunal Militar.

b) Requerer correição parcial em face de error in judicando.

c) Representar ao Procurador-Geral para que este ingresse com reclamação perante o STM.

d) Entrar com recurso de embargos de nulidade da decisão.

Gabarito: 1- b; 2- b; 3- c.

Capítulo VI

Da Interceptação e do Abate de Aeronaves Hostis

JULIANA PAULA DE SOUZA

Referência legislativa: Lei nº 9.614/98; art. 303 da Lei nº 7.565/86 (CBA)
arts. 1º ao 6º, art. 8º e art. 10 do Decreto 5.144/04;
art. 142 da CF
itens 4.8, 6.1, 6.5 e anexo D da ICA 100-12 (Regras do Ar)
art. 38 e art. 42 Decreto-Lei nº 1.001/69 (CPM)

1. DA INTERCEPÇÃO E DO ABATE DE AERONAVES HOSTIS

A L. 9.614, de 05 de março de 1998, alterou o Código Brasileiro de Aeronáutica (CBA – Lei nº 7.565/86) para incluir a hipótese de destruição de aeronaves que forem classificadas como hostis.

Antes de adentrar, efetivamente, no tema, é imperioso ressaltar que é inadequada e não é técnica a denominação de Lei do "Abate", assim chamada pela imprensa e por muitos, visto que o objetivo não é o de abater ou de destruir a aeronave, mas fazê-la pousar para que sejam realizadas as medidas de controle de solo.

O termo técnico correto é Lei da Medida de Detenção, que consiste no tiro de detenção após serem realizadas uma série de medidas progressivas e obrigatórias (procedimentos coercitivos progressivos).

Falar sobre a Lei da Medida de Detenção de aeronaves hostis não é, apenas, analisar a constitucionalidade do ato por se tratar ou não de pena de morte. Isso porque **não se pode deixar de trazer à tona o motivo** pelo qual essa Lei existe e sua necessidade diante da realidade do Brasil. Seria preconceituoso taxá-la de inconstitucional, de pena capital, sem examinar as suas origens e o reflexo danoso do tráfico ilícito de entorpecentes.

É importante, quando se inicia o estudo de qualquer tema no Direito, questionar qual a importância dele para o mundo jurídico, ou seja, qual o bem jurídico tutelado. O art. 1º do Decreto 5.144/2004, que regulamenta os §§ 1º, 2º e 3º do art. 303 da Lei nº 7.565/86 (CBA) indica qual seria o bem jurídico tutelado pela L. 9.614/98, Lei da Medida de Detenção:

> *Art. 1º Este Decreto estabelece os procedimentos a serem seguidos com relação a aeronaves hostis ou suspeitas de tráfico de substâncias entorpecentes e drogas afins, levando em conta que estas podem apresentar ameaça à* ***segurança pública*** *(grifo da autora).*

A lei do tiro de detenção tem como objetivo assegurar a segurança pública combatendo o narcotráfico impondo, dessa forma, obstáculos à entrada de drogas ilícitas no território nacional. Para alguns, o que está em jogo, não é a soberania nacional, a segurança pública ou a honra de militares ou da corporação, mas, a saúde da coletividade ameaçada pelo narcotráfico.

Dessa maneira, pode-se dizer que o bem jurídico tutelado por essa Lei, além da segurança pública, seria a saúde da coletividade ameaçada pelo Narcotráfico.

Vale ressaltar que vivemos e convivemos num Estado Democrático de Direito e esse não se contenta, somente, com a eficiência dos meios de repressão. Deve haver a adequação entre a legislação que ampara o combate às atividades ilícitas de narcotráfico com os princípios constitucionais, dentre eles, o da dignidade da pessoa humana, da presunção de inocência, do devido processo legal e da justiça social.

A Lei da Medida de Detenção é um exemplo da referida adequação, pois, como será demonstrado, o tiro de detenção é a *ultima ratio* e só é empreendido após a realização de todas as medidas coercitivas progressivas e com a autorização do Comandante da Aeronáutica, por delegação, nos termos do art. 10 do Decreto 5.144/2004.

A razão de existência da Lei 9.614/98 é o monstruoso problema do narcotráfico que assombra a população brasileira de várias formas. Trata-se de um negócio bilionário ("o negócio do tráfico[1]") que tem sido uma das maiores fontes (ilícitas) de riqueza do planeta. O tráfico ilícito de entorpecentes é superado, apenas, pelo negócio do armamento (tráfico de armas) e eles se relacionam mutuamente.

Assim, pode-se dizer que os dois principais esteios das relações internacionais econômicas tem sido: armas e narcotráfico[2]. Há dados de que, inclusive, os

1. https://canalcienciascriminais.com.br/negocio-trafico/.

2. Revista do MPM nº 20: Aspectos jurídicos das Forças Armadas na interceptação e no abate de aeronaves: a Lei do Tiro de Destruição-Ricardo de Brito A. P. Freitas.

lucros auferidos com o tráfico de drogas superam aqueles oriundos da atividade petrolífera.

O narcotráfico é um inconveniente econômico e social, mas que produz lucros gigantescos, pois se gasta muito pouco na produção, transporte e distribuição. Apesar de ser uma atividade ilícita, tem importância econômica para os Países produtores e exportadores que, assim, movimentam internamente e internacionalmente suas economias.

Dessa maneira, há uma grande movimentação de dinheiro e, obviamente, os bancos lucram com isso através da "lavagem de dinheiro" e, por isso, as atividades policiais e militares de combate ao narcotráfico, na prática, acabam sendo um paliativo. Não possuem tanta efetividade quanto poderiam, apesar dos esforços dos agentes, devido a esse problema maior que, para alguns, poderia ser contornado com uma maior fiscalização do sistema financeiro mundial, o que, também, é um desafio num mundo globalizado, no qual há uma movimentação financeira quase ilimitada.

No Brasil, ainda existe mais um desafio: é um país integrado ao complexo sul-americano, que foi considerado mundial do comércio das drogas ilícitas. Tem como porta de entrada, principalmente da cocaína, a Amazônia através da sua grande bacia hidrográfica e, ainda, das vias terrestres e aéreas por meio de pistas de aterrissagem precárias construídas em povoados, fazendas.

Num estudo realizado pela Universidade Federal de São Paulo (Unifesp), o Brasil foi apontado como o segundo maior consumidor de cocaína (e derivados) no mundo[3]. Desse modo, não se pode fechar os olhos para as consequências danosas dessa realidade: crianças, jovens que se tornam "farrapos humanos" entregues à própria sorte ao se tornarem viciados; desintegração das famílias e diversos outros problemas sociais advindos desse consumo desenfreado.

É com base nessa realidade, para não se fazer afirmações radicais, apressadas, que deve ser analisada a Lei do Tiro de Detenção e o Decreto que a regulamenta.

O art. 303 da Lei 7.565/86 (CBA) foi modificado pela Lei 9.614/98. Esse artigo trata das hipóteses de detenção, interdição e apreensão de aeronave por autoridade aeronáutica. A modificação foi a introdução do §2º:

> *§ 2° Esgotados os meios coercitivos legalmente previstos, a aeronave será classificada como hostil,* ***ficando sujeita à medida de destruição****, nos casos dos incisos do caput deste artigo e após autorização do Presidente da*

3. https://www.terra.com.br/noticias/brasil/estudo-aponta-brasil-como-segundo-maior--consumidor-de-cocaina-no-mundo,48b1dc840foda310VgnCLD200000bbcceboaRCRD.html.

> *República ou autoridade por ele delegada. (Incluído pela Lei nº 9.614, de 1998) (grifo da autora)*

O Decreto 5.144/04, que regulamentou o policiamento do espaço aéreo brasileiro, é a base da legislação, e regulamenta os parágrafos do art. 303 da Lei 7.565/86 predeterminando os procedimentos a serem seguidos com relação às aeronaves hostis ou suspeitas de tráfico ilícito de drogas (art. 1º do Decreto).

> *Art. 1º Este Decreto estabelece os procedimentos a serem seguidos com relação a **aeronaves hostis ou suspeitas de tráfico de substâncias entorpecentes e drogas afins**, levando em conta que estas podem apresentar ameaça à segurança pública. (grifo da autora)*

Observe que o Decreto menciona aeronaves "hostis ou suspeitas de tráfico de substâncias entorpecentes e drogas afins". Faz-se necessário, portanto, analisar do que advém essa suspeição e hostilidade. Nos termos do Decreto, a **suspeição** decorre:

1- Do fato da aeronave adentrar no território nacional sem plano de voo, desde que, advinda de regiões reconhecidamente fontes de produção ou distribuição de drogas ilícitas (art. 2º, I, do Decreto);

OU

2- Da omissão, por parte dos integrantes daquela aeronave, aos órgãos de controle do tráfego aéreo, de informações necessárias para que ela seja identificada ou de não cumprir determinações desses órgãos, caso estejam em uma rota presumivelmente utilizada para distribuição de drogas ilícitas (art. 2º, II, do Decreto).

> *Art. 2º Para fins deste Decreto, é considerada aeronave suspeita de tráfico de substâncias entorpecentes e drogas afins aquela que se enquadre em uma das seguintes situações:*
>
> *I - adentrar o território nacional, sem Plano de Voo aprovado, oriunda de regiões reconhecidamente fontes de produção ou distribuição de drogas ilícitas; ou*
>
> *II - omitir aos órgãos de controle de tráfego aéreo informações necessárias à sua identificação, ou não cumprir determinações destes mesmos órgãos, se estiver cumprindo rota presumivelmente utilizada para distribuição de drogas ilícitas.*

E, do que decorre a **hostilidade?** Nos termos do art. 4º do Decreto, a hostilidade é determinada pela **recusa** da **aeronave** considerada como **suspeita em atender** aos procedimentos coercitivos progressivos realizados pelos aviões de interceptação:

> *Art. 4º A aeronave suspeita de tráfico de substâncias entorpecentes e drogas afins que não atenda aos procedimentos coercitivos descritos no art. 3º será classificada como aeronave **hostil** e estará sujeita à medida de destruição. (grifo da autora)*

O que são **procedimentos coercitivos progressivos?** São as medidas de averiguação, de intervenção e de persuasão indicadas no art. 3º do Decreto nº 5.144/04:

> *Art. 3º As aeronaves enquadradas no art. 2º estarão sujeitas às medidas coercitivas de averiguação, intervenção e persuasão, de forma progressiva e sempre que a medida anterior não obtiver êxito, executadas por aeronaves de interceptação, com o objetivo de compelir a aeronave suspeita a efetuar o pouso em aeródromo que lhe for indicado e ser submetida a medidas de controle no solo pelas autoridades policiais federais ou estaduais.*

As **medidas de averiguação** objetivam determinar ou confirmar a identidade de uma aeronave suspeita ou, também, observar ou vigiar o seu comportamento. Como são empreendidas, na prática, as medidas de **averiguação?**

1º) **Reconhecimento à distância**: pilotos da aeronave de interceptação, discretamente, fotografam a aeronave a ser interceptada e colhem informações de matrícula, tipo de aeronave, nível de voo, proa e características marcantes;

2º) **Confirmação da matrícula**: acontece quando as informações são transmitidas para a Autoridade de Defesa Aeroespacial que checará no sistema de informações da aviação civil tudo sobre aquela aeronave e sua tripulação de costume a fim de conferir se a matrícula corresponde ao tipo de aeronave e se essa está em situação regular e, assim estando, será realizado apenas o acompanhamento;

3º) **Interrogação na frequência prevista para a área:** que é de conhecimento obrigatório de todo aeronavegante e é a primeira tentativa de comunicação bilateral entre a aeronave interceptadora e a interceptada. Não havendo resposta, passa-se ao procedimento seguinte;

4º) **Interrogação na frequência internacional de emergência**: 121.5 ou 243 MHz. Inicia-se pela VHF 121.5MHz que é mostrada através de uma placa, pelo piloto da aeronave interceptadora, após ter estabelecido contato visual próximo à aeronave interceptada;

5º) **Realização de sinais visuais**: de acordo com as regras internacionais e de conhecimento obrigatório de todo aeronavegante.

As **medidas de intervenção** são empreendidas no caso de o piloto da aeronave **suspeita** não atender as medidas anteriormente enumeradas (medidas de averiguação). Aí, passa-se a esse 2º nível de medias coercitivas progressivas (medida de intervenção) que consiste na execução de 2 procedimentos:

1- **Mudança de rota**: determinada pelo piloto da aeronave de interceptação, tanto pelo rádio (em todas as frequências disponíveis), quanto por sinais visuais previstos nas normas internacionais de aviação de conhecimento obrigatório;

2- **Pouso obrigatório**: determinado pelo piloto da aeronave interceptadora e de forma semelhante ao item 1.

As **medidas de persuasão** são o 3º nível das medidas previstas que só serão executadas se o piloto da aeronave suspeita não atender a nenhuma das duas medidas anteriores (mudança de rota e ou pouso obrigatório). As medidas de persuasão constituem em disparos de tiros de advertência (munição traçante), lateralmente à aeronave suspeita, de forma visível e sem atingi-la.

A **medida de "destruição"** será empreendida no caso todas as medidas anteriores não forem suficientes, eficazes (art. 4º do Decreto). Então, é empreendida a medida extrema de "destruição" que consiste no disparo de tiros realizados pela aeronave de interceptação com a finalidade de provocar danos e impedir o prosseguimento do voo da aeronave hostil.

Observe que o próprio Decreto nº 5.144/04, impropriamente, chama de medida de "destruição". Impropriamente, pois, ele mesmo, no art.5º, afirma que a finalidade dessa medida é provocar danos e impedir o prosseguimento do voo. Veja:

> *Art. 5º A medida de **destruição** consiste no disparo de tiros, feitos pela aeronave de interceptação, com a **finalidade de provocar danos e impedir o prosseguimento do voo** da aeronave hostil e somente poderá ser utilizada como último recurso e após o cumprimento de todos os procedimentos que previnam a perda de vidas inocentes, no ar ou em terra. (grifos da autora).*

Se a finalidade dessa medida é provocar danos, não deveriam tê-la denominado de medida de destruição, mas de medida de detenção, visto que, como já afirmado, inicialmente, o objetivo não é o de abater ou de destruir a aeronave, mas fazê-la pousar para que sejam realizadas as medidas de controle de solo (pela Polícia Federal com o apoio da Polícia Militar e ou Polícia Civil a depender do caso).

Obviamente, se o objetivo fosse destruir a aeronave hostil, a medida seria um fim em si mesmo, pois, como seriam realizadas as medidas de controle de solo, a apreensão da droga se a aeronave fosse destruída? É certo que existe o risco de avaria, entretanto, até o momento, não há notícias de mortes em decorrência da medida de detenção, visto que as aeronaves interceptadas, mesmo tendo sofrido danos estruturais, conseguiram pousar. Inclusive, há vídeos de aeronaves hostis pousando e do piloto fugindo.

Esse fato, por si só, comprova que, apesar da nomenclatura do Decreto, o objetivo da medida de detenção é forçar o pouso para serem empreendidas as medidas de controle de solo e que há como forçar o pouso de uma aeronave sem destruí-la realizando disparos, com armamentos específicos e em locais (partes da aeronave) determinados.

A NOSDA (normas operacionais do sistema de defesa aérea), publicação de acesso restrito, delimita, de forma pormenorizada, tudo isso e estabelece protocolos extremamente rígidos a serem seguidos pelo piloto na interceptação de uma aeronave. Essa norma, inclusive, modificou o nome dado pelo Decreto no art. 5º (de medida de destruição para medida de detenção), possivelmente, para não causar interpretações errôneas pela leitura fria desse Decreto e para ser fiel ao que ocorre na prática.

Segundo a NOSDA, para empreender o tiro de detenção (última medida, o último recurso das medidas do policiamento do espaço aéreo), o piloto **não** deve **mirar na cabine** e só pode disparar duas rajadas curtas de 1s. E, o armamento utilizado, apesar de possuir um poder de fogo alto, não é um míssil (como parece ter sido interpretado por alguns que chama essa medida de lei do abate) e não tem o potencial, por si só, de explodir a aeronave.

Vale ressaltar que os pilotos são extremamente preparados para realizar essas medidas. Também, têm em mente que o **piloto** da **aeronave** que se tornou **hostil** e precisará ser detida em espaço aéreo nacional **não** é um **inimigo** como num estado de beligerância, visto que se trata de **policiamento do espaço aéreo** realizado pela Força Aérea. Uma das missões principais da Fab é manter a Soberania do espaço aéreo brasileiro e, para isso, possui a prerrogativa de controlar, de averiguar todos os movimentos aeronáuticos que estejam dentro do espaço aéreo nacional.

E, se essa aeronave não coopera, não responde ao policiamento do espaço aéreo brasileiro, ela se torna hostil e isso é uma ameaça à Soberania Nacional, à coletividade, afinal, não se sabe o que existe a bordo. Nesse caso, é dever da Fab cumprir a sua atribuição constitucional prevista no art. 142 da CF: defesa da Pátria (defesa do espaço aéreo, da Soberania Nacional).

Observe que, até o momento, foram descritos nove procedimentos (1. Reconhecimento à distância; 2. Confirmação da matrícula; 3. Interrogação na frequência da área; 4. Interrogação na frequência internacional de emergência; 5. Sinais visuais; 6. Mudança de rota; 7. Pouso obrigatório; 8. Tiro de aviso; 9. Tiro de detenção) a serem seguidos pelas autoridades de defesa aérea, no policiamento do espaço aéreo brasileiro, sem falar dos rígidos protocolos previstos na NOSDA e na ICA 100-12. Só após serem descumpridos os oito procedimentos iniciais, que se considerará a aeronave hostil e a sujeitará à medida de detenção.

A **ICA 100-12** de 2016, que passou pela 2ª modificação em 2018, dispõe sobre as **Regras do Ar** e possui um item específico sobre a interceptação (4.8) e um anexo, anexo D, que prescreve os procedimentos que devem ser cumpridos pela aeronave que estiver sendo interceptada e os métodos de interceptação. Nos Termos da ICA, "a interceptação de aeronaves civis será evitada e somente será utilizada como último recurso".

Ainda, com relação aos métodos de interceptação previstos na ICA 100-12, provavelmente desconhecidos por aqueles que, apressadamente, tratam a Lei da Medida de Detenção como pena de morte, o primeiro método a ser observado pela aeronave que fará a interceptação (item 6.1) é estabelecer um método padrão de manobra a fim de evitar qualquer perigo para a aeronave civil interceptada, assim, levando em conta as limitações de performance dessa aeronave civil. Observe:

> *6.1. Deve ser estabelecido um método padrão para a manobra de aeronave que intercepta uma aeronave civil, a fim de evitar qualquer perigo para a aeronave interceptada. Tal método deve levar em conta as limitações de performance da aeronave civil e que seja evitado voar tão próximo da aeronave interceptada, que possa ser criado um perigo de colisão. Deve-se ainda evitar o cruzamento da trajetória de voo da aeronave interceptada ou executar manobras desnecessárias, que possam gerar esteira de turbulência à frente da aeronave interceptada, especialmente se a mesma for uma aeronave leve.*

A ICA continua descrevendo outros métodos a serem seguidos pela aeronave interceptadora de forma a prevenir qualquer tipo de acidente, além da necessidade de tomar precauções para evitar sobressaltar a tripulação ou passageiros da aeronave interceptada. Inclusive, caso o piloto da aeronave a ser interceptada não perceba os sinais visuais realizados, após repetidas tentativas, é que poderão ser utilizados outros métodos de sinalização, por exemplo, o efeito visual da pós-combustão, todavia, como último recurso, desde que, nenhum perigo seja criado para a aeronave interceptada (item 6.5).

Vale ressaltar que, a **aeronave interceptada** contará com todo **suporte** para **realizar, em segurança**, o **pouso** no **aeródromo indicado**, inclusive, esse deve ser adequado para o pouso seguro levando-se em consideração o tipo de aeronave. Somente em caso excepcional, será exigido que a aeronave civil interceptada pouse em território povoado. Ainda, deve-se ter o cuidado de que essa aeronave disponha de combustível suficiente para isso. E, de que o aeródromo indicado possua condições adequadas para suportar esse pouso.

Diante de todos esses procedimentos predeterminados pelas "Regras do AR", que são ou deveriam ser de conhecimento obrigatório de todos os aeronavegantes civis, e realizados de maneira progressiva e proporcional, fica difícil taxar de pena capital uma medida extrema de detenção de uma aeronave classificada como hostil e que ameaça a Soberania do espaço aéreo brasileiro e, via de consequência, a sua coletividade.

A Lei 9.614/98, regulamentada pelo Decreto 5.144/04, conseguiu dar mais efetividade à proteção das fronteiras brasileiras, do espaço aéreo e, como consequência, tornar mais eficaz a manutenção da segurança pública e a proteção da saúde da coletividade ameaçada pelo narcotráfico.

Isso porque, antes dela, como os traficantes sabiam que a Força Aérea não poderia efetivar a medida de detenção da aeronave hostil, eles ignoravam os protocolos, debochavam dos pilotos, inclusive, fazendo gestos obscenos. Além disso, após a vigência da referida Lei, o fluxo de aeronaves nas rotas do tráfico diminuiu drasticamente.

Caso haja a necessidade de empreender a medida extrema (de detenção), que só poderá ocorrer após a realização de todas as medidas coercitivas progressivas, o piloto só poderá executá-la com a autorização do Comandante da Aeronáutica (art. 10 do Decreto) e com a observância de todas essas normas (Decreto nº 5.144/04, ICA 100-12 de 2016, NOSDA). Além disso, deve haver o registro gravado das comunicações ou imagens da realização dos procedimentos (art. 6º, II, do Decreto).

O piloto não tem liberdade de ação como parece, inclusive, a própria fraseologia, por ele, utilizada, na medida de persuasão, está prevista na NOSDA. Ele é, portanto, dentro da estrutura de defesa aérea, apenas, uma autoridade executiva do que é decidido pelas autoridades em solo (Autoridade de Defesa Aeroespacial).

Além disso, não se pode esquecer que é um piloto militar da Força Aérea, sujeito a uma série de regulamentos, inclusive, ***às previsões do Código Penal Militar (CPM)*** que visam reprimir ofensas mais graves à hierarquia e disciplina. Portanto, esse **piloto militar** que detém aeronave, em conformidade com os ditames da Lei do Tiro de Detenção e seu regulamento, atua ao abrigo da **obediência hierárquica** (art. 38, *b*, do CPM), uma vez que, está cumprindo ordem direta de superior hierárquico em matéria de serviço. Não se trata de estrito cumprimento do dever legal (art. 42, III, do CPM), visto que o piloto não tem liberdade de ação para atuar. Ele é mero executor das ordens da Autoridade de Defesa Aeroespacial.

Além disso, para não desvirtuar o objetivo da Lei da Medida de Detenção (que é a defesa da soberania nacional, através da proteção do espaço aéreo brasileiro e da segurança pública, impedindo a entrada de drogas ilícitas no território nacional), no momento em que for ordenado para empreender a medida extrema, o piloto não pode ter um espírito emulatório, ou seja, não pode demonstrar empolgação ou exacerbação de ânimo (art. 303, § 3º, do CBA). Se esse piloto ou as autoridades de defesa aeroespacial agirem em excesso ou com abuso de poder, nos termos do art. 8º do Decreto cc art. 303 do CBA, responderão por isso nos limites das suas atribuições.

No dia 02 de agosto de 2021, foi empreendida uma medida de detenção, no espaço aéreo brasileiro (Operação Ostium). Foram interceptadas duas aeronaves, apreendidas mais de uma tonelada de cocaína e os pilotos foram presos em flagrante pela Polícia Federal, o que demostra a efetividade da Lei da Medida de Detenção, de todo o Sistema de Defesa Aeroespacial (SISDABRA), inclusive, na realização de operações simultâneas de defesa aérea e, como já afirmado, que não se trata de pena de morte[4].

---

4. https://www.fab.mil.br/noticias/mostra/36111/.

No dia 08 de abril de 2021, a Fab interceptou uma aeronave com mais de meia tonelada de cocaína. Depois de ser classificada como suspeita, a referida aeronave, localizada no Amazonas, passou pelas medidas coercitivas progressivas de averiguação, intervenção e de persuasão onde os pilotos receberam ordens para pousar em Porto Velho. Após o pouso, eles fugiram, todavia, a Polícia Federal efetuou a prisão em flagrante de um deles. Foi mais um sucesso da Operação Ostium que, no policiamento do espaço aéreo, coíbe ilícitos transfronteiriços[5].

E, no dia 20 de março de 2022, em plena madrugada, a FAB, por meio da ação permanente da Operação Ostium (que reprime ilícitos no espaço aéreo brasileiro em cumprimento ao Decreto 5.144/04), demonstrou agilidade e operacionalidade no policiamento do espaço aéreo brasileiro ao interceptar uma aeronave com 465 quilos de drogas no Mato Grosso do Sul.[6]

A quantidade de medidas progressivas anteriores à medida última de detenção e os rigorosos protocolos previstos na NOSDA, na ICA 100-12 e no Decreto que regulamenta a Lei da Medida de Detenção visa preservar e garantir os direitos fundamentais previstos na CF/88 e evitar abusos e arbitrariedades, assim, estando em consonância com o que dispõe a Carga Magna. E, dessa maneira, protegendo a soberania nacional e a segurança e a saúde de toda uma coletividade, sendo, portanto, uma medida constitucional.

2. COMO O ASSUNTO PODE SER COBRADO EM PROVAS

1- O bem jurídico tutelado pela L.9.614/98 é:

a) A honra dos militares;

b) A honra da corporação;

c) Somente a segurança pública;

d) A segurança pública e a saúde da coletividade ameaçada pelo Narcotráfico.

2- Com relação ao Decreto 5.144/04, pode-se afirmar que:

a) Regulamentou o policiamento das fronteiras brasileiras;

b) Estabelece procedimentos a serem seguidos com relação a qualquer aeronave estrangeira;

5. https://www.fab.mil.br/noticias/mostra/37170/OPERA%C3%87%C3%83O.

6. https://www.fab.mil.br/noticias/mostra/38771/INTERCEPTA%C3%87%C3%83O%20-%20FAB%20intercepta%20aeronave%20carregada%20com%20465%20quilos%20de%20drogas%20no%20Mato%20Grosso%20do%20Sul.

c) Prevê procedimentos a serem seguidos no que se refere a aeronaves hostis ou suspeitas de tráfico de armas;

d) Determina os procedimentos a serem seguidos no que diz respeito a aeronaves hostis ou suspeitas de tráfico de substâncias entorpecentes e drogas afins.

3- A L.9.614/98 alterou a L.7.565/86 para incluir a hipótese de:

a) Apreensão de aeronave;

b) Apreensão de armas;

c) "Destruição" de aeronave;

d) Apreensão de drogas em aeronaves estrangeiras.

4- No que diz respeito à suspeição e à hostilidade, pode-se afirmar que:

a) Considera-se suspeita qualquer aeronave que adentra no território nacional sem plano de voo;

b) Será suspeita a aeronave que adentrar no território nacional advinda de regiões reconhecidamente fontes de produção ou distribuição de drogas ilícitas mesmo que tenha plano de voo;

c) O que determina a hostilidade é a recusa, por parte da aeronave que já foi considerada suspeita, em atender aos procedimentos coercitivos progressivos realizados pelos aviões de interceptação;

d) Qualquer aeronave que adentrar no espaço aéreo brasileiro, sem plano de voo, será considerada hostil.

5- Com relação ao piloto da aeronave interceptadora, que é aquela que realiza o policiamento do espaço aéreo, pode-se afirmar que:

a) Tem total liberdade para decidir, sozinho, se empreenderá ou não o tiro de detenção na aeronave considerada hostil;

b) É militar da Força Aérea Brasileira e, ao realizar o tiro de detenção em conformidade com os ditames da Lei 9.614/98 e seu regulamento, atua ao abrigo da obediência hierárquica (art. 38, b, do CPM), uma vez que, está cumprindo ordem direta de superior hierárquico em matéria de serviço;

c) É militar da Força Aérea Brasileira e, ao realizar o tiro de detenção em conformidade com os ditames da Lei 9.614/98 e seu regulamento, atua ao abrigo do estrito cumprimento do dever legal (art. 42, III, do CPM), visto que, possui total liberdade de ação para atuar;

d) No momento em que for ordenado para empreender a medida extrema, o piloto pode ter um espírito emulatório e demonstrar empolgação ou exacerbação de ânimo, uma vez que, isso é autorizado pelo Código Brasileiro de Aeronáutica.

Gabarito: 1-d; 2-d; 3-c; 4-c; 5-b.

Capítulo **VII**

Lei do Serviço Militar

ATALIBA RAMOS

Referência legislativa: arts. 14, § 2º e art. 143 da CF; Lei n. 4.375/64 (Lei do Serviço Militar); Decreto n. 57.654/66 (Regulamento da Lei do Serviço Militar); Leis n. 5.292/67 e n. 5.399/20.03.68 (Decreto 63.704/68) (Dispõe sobre a prestação do serviço militar por estudantes e profissionais da área de saúde -medicina, odontologia, farmácia e veterinária).

1. NOÇÕES GERAIS

A **Lei 4.375, de 17 de agosto de 1964 (Lei do Serviço Militar - LSM)** trata do serviço militar no Brasil e foi regulamentada pelo **Decreto 57.656, de 20 de janeiro de 1966** (Regulamento da Lei do Serviço Militar - RLSM).

Por sua vez, a **Lei 5.292, de 8 de junho de 1967** dispõe sobre a prestação do Serviço Militar pelos estudantes de Medicina, Farmácia, Odontologia e Veterinária e pelos Médicos, Farmacêuticos, Dentistas e Veterinários em decorrência de dispositivos da Lei do Serviço Militar e foi regulamentada pelo **Decreto 63.704, de 29 de novembro de 1968.**

Como se percebe, as normas são antigas, mas as leis, e em consequência seus respectivos decretos, foram **recepcionados** pela Constituição Federal de 1988.

Diante desse cenário, devemos nos esforçar para entender alguns comandos, às vezes de difícil compreensão para aqueles não familiarizados com o Direito Administrativo Militar, em especial com algumas expressões da "caserna".

Para auxiliar nessa tarefa, deve-se ter em mente o contexto histórico da época em que as normas foram elaboradas, bem como a ciência de que algumas nomenclaturas, em especial de órgãos da estrutura das Forças Armadas, estão desatualizadas, o que demanda, por parte do intérprete, a aplicação de **interpretação progressiva** e de **interpretação autêntica posterior.**

Veja, por exemplo, o artigo 19 da lei Complementar 97, de 9 de junho de 1999, que dispõe sobre as normas gerais para a organização, o preparo e o emprego das Forças Armadas:

> *Art. 19. Até que se proceda à revisão dos atos normativos pertinentes, as referências legais a Ministério ou a Ministro de Estado da Marinha, do Exército e da Aeronáutica passam a ser entendidas como a* ***Comando ou a Comandante dessas Forças****, respectivamente, desde que não colidam com atribuições do Ministério ou Ministro de Estado da Defesa.* (grifei)

Feitas essas considerações iniciais, prossigamos no estudo do tema.

1.1. Breve histórico do serviço militar no Brasil

O Serviço Militar Obrigatório no Brasil remonta ao período das Capitanias Hereditárias, quando a **Câmara de São Vicente promulgou um "Termo"**, datado de 9 de setembro de 1542, organizando uma milícia, formada por colonos e índios, para a defesa contra os inimigos estrangeiros e índios rebeldes. Esse termo é considerado o embrião do serviço militar, por ser o primeiro registro de atividade organizada de defesa territorial.

Em 1574, foi editada a **"Provisão sobre as Ordenanças"**, que marcou o **início da regulamentação do Serviço Militar obrigatório**, ao estabelecer que todo o cidadão, entre 14 e 60 anos, era obrigado a servir nas Companhias de Ordenanças.

Com a proclamação da independência, foi outorgada a nossa primeira Carta Magna, a Constituição Política do Império do "Brazil" de 1824, que no seu artigo 145 estabelecia que *"Todos os Brazileiros são obrigados a pegar em armas, para sustentar a Independência, e integridade do Império, e defendê-lo dos seus inimigos externos, ou internos."*

Desse modo, **desde a primeira constituição imperial brasileira de 1824, o serviço militar é obrigatório em nosso país**, sendo certo que **tal previsão foi mantida em todas as Cartas Republicanas** que se seguiram, inclusive na atual, por força do artigo 143 caput da CF/88: *"O serviço militar é* ***obrigatório*** *nos termos da lei."*

Cabe ressaltar que **Olavo Bilac**, o "Príncipe dos Poetas", é figura de destaque quando o assunto é serviço militar, pois, nos anos de 1915 e 1916, liderou uma verdadeira campanha cívica no Brasil, conscientizando a população acerca da necessidade e importância da prestação do serviço militar como dever de todos os cidadãos brasileiros. Destarte, recebeu o título de **"Patrono do Serviço Militar Brasileiro"**, razão pela qual, no dia 16 de dezembro, sua data natalícia, é comemorado o **Dia do Reservista**.

Pois bem. É sabido que o serviço militar nos moldes atuais é regulado pela Lei n. 4.375/64 (Lei do Serviço Militar – LSM) regulamentada pelo Decreto n. 57.654/66 (Regulamento da Lei do Serviço Militar – RLSM), bem como pela Lei n. 5.292/67, que dispõe sobre a prestação do serviço militar por estudantes e profissionais da área de saúde (medicina, odontologia, farmácia e veterinária) regulamentada pelo Decreto n. 63.704/68. Ambas as leis, como já dito, foram recepcionadas pela nossa atual ordem constitucional.

A atual Carta Magna reconhece, ainda, a denominada **escusa de consciência** no artigo 5º, inciso VIII, que desobriga o alistado ao serviço militar obrigatório, desde que cumpra **prestação alternativa**.

1.2. Formas de recrutamento para o serviço militar

De modo geral, podemos dizer que as forças armadas de um país recrutam seus membros por um dos seguintes sistemas, considerados de forma isolada ou combinados:

a) **Conscrição (serviço militar obrigatório – SMO):** que obriga a todos a prestação do serviço militar, ainda que muitos não venham a ser incorporados porque a quantidade de conscritos excede a capacidade de absorção das forças armadas ou porque há casos de isenção legal;

b) **Profissional (serviço militar voluntário – SMV):** nacionais de um país são contratados, recebendo incentivo financeiro, para incorporação às suas forças armadas; e

c) **Mercenários** – que, pela remuneração, emprestam seus serviços a qualquer governo.

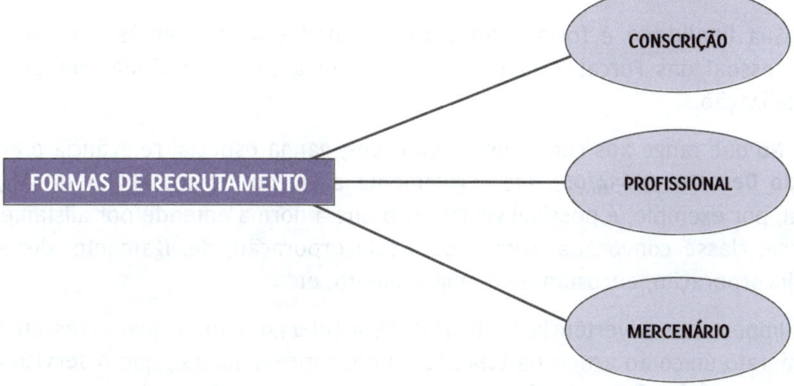

Nicolau Maquiavel, tratando dos diferentes tipos de milícias e de tropas mercenárias, já destacava que a fidelidade dos exércitos nacionais era crucial para as cidades-Estados. Nesse sentido, o capítulo XII de O Príncipe:

> 1. *(...) Pois a base principal de todos os Estados, sejam novos, antigos ou mistos, são boas leis e bons exércitos. E como não pode haver boas leis onde não há bons soldados, devendo haver boas leis quando os soldados são bons, não discutirei aqui as leis, mas sim as forças armadas.*

> 2. ***As tropas com que um príncipe defende seus domínios podem ser próprias, mercenárias, auxiliares ou mistas.*** *As mercenárias e auxiliares são prejudiciais e perigosas; o príncipe que defenda seus domínios com o apoio de mercenários nunca terá uma posição firme ou segura, pois são soldados desunidos, ambiciosos, sem disciplina e infiéis, ousados entre amigos, covardes frente aos inimigos; não temem a Deus nem são leais aos homens.*
>
> *(...) 7. Quanto aos venezianos, considerando seu progresso, ver-se-á que agiram com segurança e gloriosamente, enquanto atuaram com forças próprias; antes da expansão dos seus domínios em terra firme, seus cavalheiros e cidadãos armados lutavam com bravura. (grifei)*

Cabe apontar que o Brasil adota o sistema por **conscrição** como base essencial do seu serviço militar, mas, como forma de melhor aproveitar o seu efetivo nas tropas, admite o ingresso de **voluntários** através de **concurso público** (militar de carreira) ou por **convocação** (militares temporários).

2. DO SERVIÇO MILITAR

2.1. Natureza, obrigatoriedade e duração do serviço militar

1. Tratando da **natureza do serviço militar**, o artigo 1º da LSM o define como o exercício de atividades específicas desempenhadas nas Forças Armadas – Exército, Marinha e Aeronáutica – e compreenderá, na mobilização, todos os encargos relacionados com a defesa nacional.

Sua **finalidade** é formar reservas destinadas a atender às necessidades de pessoal das Forças Armadas, viabilizando a defesa nacional em caso de mobilização.

No que tange aos conceitos e definições, ganha especial relevância o **artigo 3º do Decreto 57.654/66**, que regulamenta a Lei do Serviço Militar (RLSM), no qual, por exemplo, é possível visualizar o que a norma entende por alistamento, classe, classe convocada, conscritos, desincorporação, desligamento, dispensa de incorporação, encostamento, engajamento, etc.

Importante advertência foi trazida pela Lei 13.954/19, a qual acrescentou o parágrafo único ao art. 1º da LSM, dispondo, expressamente, que **o serviço militar temporário não se destina ao ingresso na carreira militar**, já que é por prazo determinado e **os militares temporários não adquirem estabilidade**, passando a compor a reserva não remunerada das Forças Armadas após serem desligados do serviço ativo.

A intenção era reforçar a ideia de que os militares temporários não estabilizam, pois ingressam nas Forças Armadas com base na Lei do Serviço Militar, e não por concurso público. É dizer: considerando que o serviço militar é exercido por militares de carreira ou temporários, não se pode confundir o serviço militar temporário como sendo um dos caminhos de se ingressar na carreira militar (artigo 3º, § 1º, alínea "a", do Estatuto dos Militares).

O Serviço prestado nas Polícias Militares, Corpos de Bombeiros e outras corporações encarregadas da segurança pública será considerado **de interesse militar**.

Posto isso, devemos lembrar que, no ordenamento jurídico pátrio, há três formas de prestação de serviço militar:

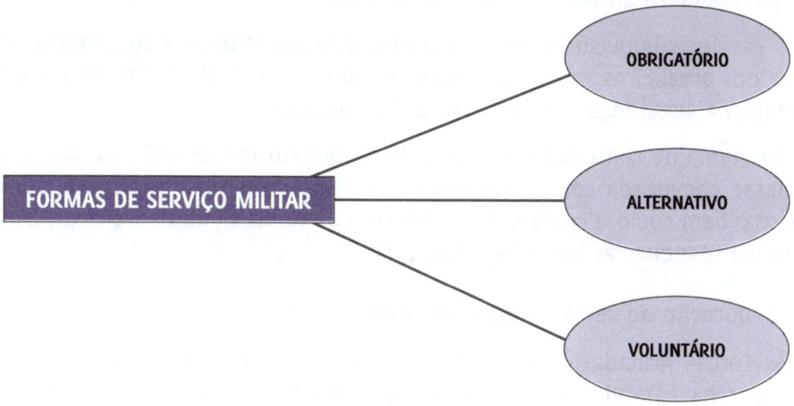

Passemos a tratar de cada um deles.

2.2. Formas de serviço militar SMO, SMA e SMV

2.2.1. *Do serviço militar obrigatório (SMO)*

O dever de defender a pátria e prestar o serviço militar constitui um dever cívico-político, tal como o dever de votar, sendo certo que o *caput* do art. 143 da CF/88 adota o **"princípio da nação em armas"**, difundido pela Revolução Francesa.

Acerca desse princípio, destaca Kildare Gonçalves apud Cirelene Assis[1]:

> *Notório que o Brasil adotou ao longo dos anos em suas diversas Constituições o princípio da nação em armas, o qual atribui a defesa do Estado e das instituições democráticas às Forças Armadas, adotando para tal desiderato a corresponsabilidade do cidadão, mediante a prestação do serviço militar obrigatório. Porquanto, esse postulado alberga o tributo para que todo nacional*

1. ASSIS, Cirelene Maria da Silva Rondon. Natureza jurídica da condição de militar no processamento, em tempo de paz, do crime de deserção de praça sem estabilidade/Cirelene Maria da Silva Rondon de Assis – Curitiba: CRV, 2020, p. 17.

> *possa ser chamado para ser incorporado às Forças Armadas, em tempo de paz, para receber treinamento básico, passando, a seguir, para a reserva mobilizável; podendo assim, em tempo de guerra, esses reservistas serem convocados a pegar em armas.* (CARVALHO, 2011)

Desse modo, todos os brasileiros são obrigados à prestação do serviço militar (art. 2º da LSM), um verdadeiro ***munus* público**, e serão incorporados em Organizações Militares da Ativa ou matriculados em Órgãos de Formação de Reserva, **salvo** as **mulheres** e os **eclesiásticos**, que ficam sujeitos, porém, a outros encargos que a lei lhes atribuir (art. 2º, § 2º, da LSM).

O caráter compulsório do serviço militar tem por **base** a cooperação consciente dos brasileiros, sob os aspectos **espiritual**, **moral**, **físico**, **intelectual** e **profissional**, na segurança nacional (art. 4º, §1º, do RLSM).

O sistema de conscrição (serviço militar obrigatório) possibilita a composição da classe convocada com maior representatividade geográfica, étnica, social e religiosa; bem como o contato do jovem com os valores morais e cívicos, estimulando-o a respeitar às leis e às instituições.

a) **Duração do serviço militar obrigatório (SMO)**

Às Forças Armadas, como Instituição Nacional permanente e regular, cabe participar na garantia da soberania nacional. Para tanto, é indispensável que sejam selecionados e incorporados os melhores jovens de cada classe, pois eles constituirão a **reserva mobilizável** das Forças Armadas.

A unificação do recrutamento para as Forças Armadas foi implantada em todo o território nacional e se encontra em pleno funcionamento desde 2003. Atualmente, o Ministério da Defesa (MD) utiliza, para o recrutamento militar nas Forças Armadas, o sistema informatizado denominado Sistema Eletrônico de Recrutamento Militar e Mobilização (SERMILMOB) do Exército Brasileiro.

Assim, a **obrigação** para com o serviço militar obrigatório, em tempo de paz, **começa no 1º dia de janeiro do ano em que o cidadão completar 18 (dezoito) anos de idade e subsistirá até 31 de dezembro do ano em que completar 45 (quarenta e cinco) anos** (art. 5º, *caput*, da LSM), sendo permitida a prestação do Serviço Militar como **voluntário, a partir dos 17 (dezessete) anos de idade** (art. 5º, § 2º). Em tempo de guerra, esse período poderá ser ampliado, de acordo com os interesses da defesa nacional (art. 5º, § 1º).

O Serviço Militar inicial será o **prestado** por **classes** constituídas de brasileiros nascidos entre 1º de janeiro e 31 de dezembro, no ano em que completarem **19 (dezenove) anos de idade** (art. 3º, *caput*). A classe será designada pelo ano de nascimento dos cidadãos que a constituem (art. 3º, § 1º).

Assim, tomando como exemplo o ano de 2021, a **classe de 2002** presta o serviço militar e a **classe de 2003** tem a obrigação de se apresentar para alistamento.

▸ **ATENÇÃO: não confunda a regra da idade de obrigação para com o serviço militar (18 anos) com a idade de prestação do serviço militar (19 anos). Isso é muito explorado em concursos públicos!**

O **Serviço Militar Inicial (SMI)** dos incorporados será de 12 (doze) meses, podendo tal período ser reduzido em até 2 (dois) meses ou dilatado até 6 (seis) meses pelos Comandantes das Forças (art. 6º, *caput*, e § 1º).

Mediante autorização do Presidente da República, a duração do tempo do Serviço Militar inicial poderá ser dilatada por prazo superior a 18 (dezoito) meses, em caso de interesse nacional ou ser reduzida de período superior a 2 (dois) meses desde que solicitada, justificadamente, pelo Comando Militar interessado (art. 6º § 2º).

Em todos os casos, durante o período de dilação, as praças por ela abrangidas serão consideradas engajadas (art. 6º, § 3º).

▸ **ATENÇÃO: A contagem de tempo de Serviço Militar terá início no dia da incorporação, sendo que não será computado como tempo de serviço o período que o incorporado levar no cumprimento de sentença passada em julgado.**

O Serviço Militar dos **matriculados em Órgãos de Formação de Reserva** terá a duração prevista nos respectivos regulamentos (art. 7º).

b) **Brasileiros naturalizados ou por opção**

São obrigados ao serviço militar a partir da data em que receberem o certificado de naturalização ou da assinatura do termo de opção (art. 2º, § 1º,, da LSM e art. 5º, § 4º, do RLSM).

c) **Mulheres e eclesiásticos**

Ficam isentos do Serviço Militar obrigatório em tempo de paz, mas ficam sujeitos a outros encargos que a lei lhes atribuir (artigo 143, § 2º, da CF/88 e art. 5° da Lei 8.239/91).

As **mulheres**, em casos de mobilização, ficarão, de acordo com as suas aptidões, sujeitas aos encargos de interesse dela. Nesse sentido, poderão prestar as seguintes atividades:

i. Serviços decorrentes das necessidades militares, correspondentes aos encargos de mobilização, e

ii. Serviços em organizações civis que interessem à defesa nacional.

É, ainda, permitida a prestação do Serviço Militar pelas mulheres que forem **voluntárias**.

2.2.2. Do serviço militar alternativo

A Constituição Federal (art. 143, § 1º) prevê que às Forças Armadas compete, na forma da lei, atribuir **serviço alternativo** aos que, em tempo de paz, após alistados, alegarem imperativo de consciência, entendendo-se como tal o decorrente de crença religiosa e de convicção filosófica ou política, para se eximirem de atividades de caráter essencialmente militar.

Nesse sentido, a **Lei 8.239/91**, em seu art. 3º, §§ 2º e 3º, regulamentou o **serviço alternativo**, definindo-o como o exercício de atividades de caráter **administrativo**, **assistencial**, **filantrópico** ou mesmo **produtivo**, em substituição às atividades de caráter essencialmente militar, que será prestado em organizações militares da ativa e em órgãos de formação de reservas das Forças Armadas ou em órgãos subordinados aos Ministérios Civis, mediante convênios entre estes e os Ministérios Militares, desde que haja interesse recíproco e, também, sejam atendidas as aptidões do convocado.

O Serviço Alternativo incluirá o treinamento para atuação em áreas atingidas por desastre, em situação de emergência e estado de calamidade, executado de forma integrada com o órgão federal responsável pela implantação das ações de proteção e defesa civil (art. 3º, § 4º, da Lei nº 8.239/91). No final de sua duração, será conferido **Certificado de Prestação Alternativa ao Serviço Militar Obrigatório**, com os mesmos efeitos jurídicos do **Certificado de Reservista** (art. 4º da Lei).

2.2.3. Do serviço militar voluntário

Será permitida a **prestação** do Serviço Militar como voluntário, a partir dos **17 (dezessete) anos** de idade. Portanto, tais voluntários poderão se **apresentar** para o alistamento a partir da data em que completarem 16 (dezesseis) anos de idade (art. 41 do RLSM). Não devemos confundir os momentos.

O **voluntário** pode ser definido como o brasileiro que se apresenta, por vontade própria, para a prestação do Serviço Militar, seja inicial, seja sob outra forma ou fase. A sua aceitação e as condições a que fica obrigado são fixadas pelos Comandantes de cada Força Armada (Marinha, Exército e Aeronáutica).

O serviço militar voluntário é também regulado pelo **artigo 27 da LSM** que sofreu importantes alterações e inclusões pela Lei 13.959/2019. Inicialmente, vale trazer alguns breves comentários acerca dos motivos que levaram à alteração da Lei do Serviço Militar especificamente nesse ponto.

O inciso X, do parágrafo 3º, do art. 142 da Constituição Federal, determina que **a lei** disporá sobre o ingresso nas Forças Armadas e, dentre outros temas elencados, ali também se encontram os limites de idade.

Ocorre que, até então, não havia previsão legal tratando de limites de idade, limite de altura e outros requisitos importantes para o ingresso de candidatos ao **serviço militar temporário voluntário** nas Forças Armadas, razão pela qual o Poder Judiciário, em diversos precedentes, suspendia os avisos de convocação de processos seletivos e determinava que não fossem exigidos tais requisitos enquanto não houvesse lei específica regulamentadora dessa matéria.

Desse modo, com a alteração no artigo 27 da Lei do Serviço Militar, as Forças Armadas buscam nele amparo legal para exigir requisitos de ingresso nos seus processos seletivos, evitando, assim, discussões no âmbito judicial. Isso posto, passemos a tratar da atual redação.

Nos termos da lei, os Comandantes das Forças Armadas poderão, **em qualquer época do ano**, autorizar a aceitação para o serviço militar temporário de voluntários, reservistas ou não (art. 27, *caput*, da LSM).

O serviço temporário terá o **prazo** determinado de 12 (doze) meses, prorrogável a critério da Administração Militar, e não poderá ultrapassar 96 (noventa e seis) meses, contínuos ou não, como militar, em qualquer Força Armada (art. 27, § 3º, da LSM).

Como se vê, clara é a intenção da norma em não conceder ao militar temporário a possibilidade de alcançar estabilidade ou vitaliciedade.

Com efeito, a principal consequência da temporariedade se refere à forma de colocação na reserva das Forças Armadas, uma vez que o militar que não seja de carreira, quando do licenciamento, não receberá proventos dos cofres públicos, em que pese permanecer no efetivo convocável e mobilizável.

Nesse sentido dispôs expressamente o novo § 3º do art. 3º do Estatuto dos Militares, inserido pela Lei 13.954/2019, a fim de pacificar a impossibilidade de aquisição de estabilidade (ou de vitaliciedade) a tais militares, que chegou a ser objeto de diversas ações judiciais ajuizadas ao longo das últimas décadas[2].

À guisa de exemplo, veja-se o seguinte precedente do E. STJ, tratando de aquisição de estabilidade para militar temporário levando em conta o tempo de serviço militar prestado antes da vigência da Lei 13.954/2019:

> *ADMINISTRATIVO. **MILITAR TEMPORÁRIO.** LICENCIAMENTO. **TEMPO DE SERVIÇO PRESTADO DE MODO PARCELADO. SOMATÓRIO. DECÊNIO LEGAL ALCANÇADO. ESTABILIDADE.** 1.(...). 2. De acordo com a Lei n. 6.880/80, o militar temporário que completa 10 (dez) ou mais anos de tempo de efetivo exercício faz jus à estabilidade (art. 50, IV, "a"). 3. Os militares começam a contar tempo de serviço nas Forças Armadas "a partir da data de seu ingresso em qualquer organização militar*

2. Coordenador: Jorge Cesar de Assis, Estatuto dos Militares Comentado, 2ª Edição - Revista e Atualizada, Juruá Editora, 2020, p. 50.

> *da Marinha, do Exército ou da Aeronáutica" (art. 134). 4. Tempo de efetivo serviço é o "espaço de tempo computado dia a dia entre a data de ingresso e a data-limite estabelecida para a contagem ou a data do desligamento em consequência da exclusão do serviço ativo, mesmo que tal espaço de tempo seja parcelado" (art. 136, caput). 5. Hipótese em que é incontroverso que a autora, ora recorrente, ingressou na Marinha, no Curso de Formação para Candidatas ao Quadro Feminino Auxiliar de Praças (QAFP), em 10/03/1986, na graduação de cabo, e lá permaneceu por 8 (oito) anos e 16 (dezesseis) dias, e que, em seguida, ingressou na Aeronáutica, na Escola Preparatória de Cadetes do Ar (EPCAR), em 15/06/1998, até ser licenciada em 13/06/2006, servindo por 8 (oito) anos. 6. **Somado todo o efetivo tempo de atividade castrense prestado em períodos parcelados, como autoriza o art. 136 da Lei 6.880/80, constata-se que a postulante atingiu a estabilidade decenal prevista na legislação de regência e, por essa razão, não poderia ter sido licenciada da Aeronáutica.** 7. Recurso especial provido. (RESP 1369583/RJ, Relator Ministro Gurgel de Faria, Primeira Turma, julgado em 18/02/2020, DJe 09/03/2020) (grifei)*

Prosseguindo, a LSM prevê que, na prestação do serviço militar temporário, há, conforme o cargo pleiteado (**praça, oficial subalterno** ou **oficial superior**), requisitos diferenciados de:

a) Forma de ingresso,

b) Idade, e

c) Grau de formação.

Assim, para os cargos de **oficial subalterno ou praça temporário,** os voluntários serão submetidos a processo seletivo simplificado para incorporação no serviço ativo, devendo-se observar a **idade máxima para o ingresso** de 40 (quarenta) anos e a **idade-limite para permanência** de 45 (quarenta e cinco) anos (art. 27, § 1º, da LSM). Quanto ao grau de formação, deve-se observar o art. 27, § 4º, incisos I a IV da LSM.

Para os cargos de **oficial superior temporário,** os voluntários deverão ser cidadãos de reconhecida competência técnico-profissional ou notório saber científico, os quais serão nomeados oficiais, nos termos do Estatuto dos Militares, conforme estabelecido em ato do Poder Executivo federal para cada Força Armada, devendo-se observar a **idade máxima para o ingresso de** 62 (sessenta e dois) anos e a **idade-limite para permanência de** 63 (sessenta e três) anos (art. 27, § 2º, da LSM). Quanto ao grau de formação, deve-se observar o art. 27, § 4º, inciso V da LSM.

Vale lembrar que a Lei nº 6.880/80 (Estatuto dos Militares), nos § 1º e § 2º do art. 10, preconiza que, quando houver conveniência para o serviço de qualquer das Forças Armadas, o brasileiro possuidor de reconhecida competência técnico-profissional ou de notória cultura científica poderá, mediante sua aquiescência e proposta do Comandante da Força interessada, ser incluído nos Quadros ou

Corpos da Reserva e convocado para o serviço na ativa em caráter transitório. A inclusão será feita em grau hierárquico compatível com sua idade, atividades civis e responsabilidades que lhe serão atribuídas, nas condições reguladas pelo Poder Executivo.

Destaque-se, ainda, que os Decretos 9.455/2018 e 9.530/2018 – o primeiro para o Exército e o segundo para a Marinha – regulamentaram tal previsão do Estatuto dos Militares, dispondo sobre a convocação e a incorporação de brasileiros com reconhecida competência técnico-profissional ou com notória cultura científica no serviço ativo, em caráter voluntário e temporário.

> ▸ **ATENÇÃO:** os médicos, dentistas, farmacêuticos e veterinários, que ingressarem no serviço militar como **oficial superior temporário**, não serão regidos pelas disposições da Lei nº 5.292, de 8 de junho de 1967.

Os demais requisitos a serem atendidos pelos voluntários para ingresso no serviço militar temporário são aqueles previstos para o ingresso na carreira militar, observados os **requisitos específicos** do § 4º do artigo 27 da LSM (grau de formação e não ter sido considerado isento do serviço militar por licenciamento ou exclusão a bem da disciplina ou por incapacidade física ou mental definitiva).

Por fim, cabe ressaltar que, por ocasião do licenciamento do militar temporário das Forças Armadas, o tempo de atividade e as contribuições recolhidas para a pensão militar serão transferidos ao **Regime Geral de Previdência Social**, para fins de contagem de tempo de contribuição, na forma estabelecida em regulamento a ser editado pelo Poder Executivo federal (art. 27-A da LSM).

3. DIVISÃO TERRITORIAL E ÓRGÃOS DO SERVIÇO MILITAR – ART. 9º A 11 DA LEI Nº 4.375/64

3.1. Divisão territorial para fins de serviço militar

O território nacional, **para efeito do serviço militar**, compreende (art. 9º da LSM):

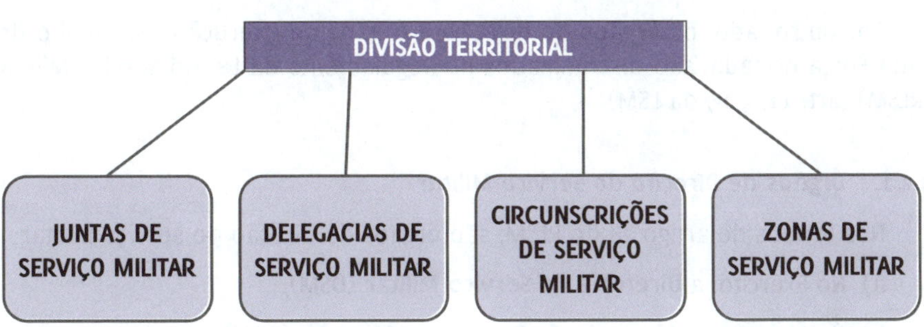

a) **Juntas de Serviço Militar (JSM)**, correspondentes aos Municípios Administrativos;

b) **Delegacias de Serviço Militar (DelSM)**, abrangendo uma ou mais Juntas de Serviço Militar;

c) **Circunscrições de Serviço Militar (CSM)**, abrangendo diversas Delegacias de Serviço Militar, situadas, tanto quanto possível, no mesmo Estado;

d) **Zonas de Serviço Militar (ZSM)**, abrangendo duas ou mais Circunscrições do Serviço Militar.

Para fins de aplicação da Lei de Serviço Militar, o Distrito Federal é equiparado a Estado, e as suas divisões administrativas, assim como a ilha de Fernando de Noronha, a Municípios (art. 9º, § 1º).

Os Municípios serão considerados **tributários** ou **não tributários**, conforme sejam ou não designados pelo **Plano Geral de Convocação** anual como contribuintes à convocação para o serviço militar inicial (art. 9º, § 2º). Aqueles, dentro das suas possibilidades e localização, poderão contribuir para as organizações militares da ativa de uma ou mais Forças singulares, para os órgãos de formação de reserva ou para ambos, simultaneamente.

3.2. Órgãos de Direção Geral do Serviço Militar

Segundo o art. 10 da LSM, ao Estado Maior das Forças Armadas, cabe a direção geral do serviço militar, e os órgãos de direção e execução devem ser regulamentados por cada Força.

Todavia, com a extinção do EMFA, atualmente a direção geral do serviço militar compete ao **Ministério da Defesa**, com o assessoramento do Estado Maior Conjunto das Forças Armadas.

Veja, por exemplo, que atualmente cabe ao Ministério da Defesa a confecção do Plano Geral de Convocação (competência delegada pelo Presidente da República por meio do Decreto 3.702, de 27 de dezembro de 2000, que tem amparo no artigo 87, parágrafo único, inciso II da CF/88 e no artigo 27, inciso XVIII, da Lei nº 13.844, de 18 de junho de 2019).

Por outro lado, os **órgãos de direção** e **órgãos de execução**, no âmbito de cada Força Armada, são discriminados no Regulamento da Lei do Serviço Militar (RLSM) (art. 11, § 1º, da LSM).

3.2.1. *Órgãos de Direção do Serviço Militar*

Nos termos do artigo 28 do RLSM, são órgãos de direção do serviço militar:

a) No Exército: a **Diretoria do Serviço Militar (DSM)**;

b) Na Marinha: a **Diretoria do Pessoal da Marinha (DPM)**;

c) Na Aeronáutica: a **Diretoria do Pessoal da Aeronáutica (DPAer)**.

Cada Diretoria possui seu regulamento próprio.

3.2.2. *Órgãos de Execução do Serviço Militar*

Nos termos do RLSM, são órgãos de execução do serviço militar:

a) No Exército: as Regiões Militares (RM) - art. 29 do RLSM;

b) Na Marinha: a Diretoria do Pessoal da Marinha (DPM) - art. 30 do RLSM;

c) Na Aeronáutica: as Zonas Aéreas (zaé)* - art. 31 do RLSM.

O leitor deve ficar atento ao fato de que a Lei do Serviço Militar é de 1964 e seu regulamento é de 1966, razão pela qual algumas nomenclaturas estão desatualizadas. Esse é o caso das Zonas Aéreas (ZAé), já extintas.

Após diversas reestruturações da Força Aérea Brasileira ao longo dos anos, a execução do serviço militar, atualmente, é realizada pelo **Serviço de Recrutamento e Preparo de Pessoal da Aeronáutica (SEREP)**, que conta com a Seção de Mobilização e Recrutamento (SERMOB).

4. JUNTAS DE SERVIÇO MILITAR

Nos Municípios Administrativos, as **Juntas de Serviço Militar (J.S.M)**, são órgãos de execução e são presididas, em regra, pelos **prefeitos**, tendo como secretários um funcionário municipal ou agente estatístico local, um e outro, de reconhecida idoneidade moral.

Quando razões imperiosas, devidamente justificadas, impedirem o Prefeito Municipal de exercer as funções de Presidente da JSM, poderá ele designar seu representante, que deve ser um funcionário municipal de reconhecida capacidade e idoneidade moral.

Nos **Municípios onde houver Tiro-de-Guerra**, os prefeitos ficam dispensados da presidência das J.S.M. que, neste caso, caberá ao **Diretor do TG**, tendo como secretário instrutor, designado na forma do RLSM, ou seja, o **instrutor mais antigo** (art. 11, § 2º, da LSM e art. 29, § 7º, do RLSM).

A responsabilidade de instalação e manutenção das J.S.M., em qualquer caso, é da alçada do Município Administrativo.

5. DO SERVIÇO MILITAR PRESTADO POR ESTUDANTES E PROFISSIONAIS DA ÁREA DA SAÚDE

5.1. Natureza e obrigatoriedade - art. 3º e 4º da Lei nº 5.292/67

Os brasileiros natos, MFDV diplomados por instituto de ensino (IE), oficial ou reconhecido, prestarão o serviço militar normalmente nos Serviços de Saúde ou Veterinária das Forças Armadas, por meio das seguintes modalidades:

a) **Estágio de Adaptação e Serviço (EAS):** constitui o modo pelo qual os MFDV que terminarem seus cursos prestarão o Serviço Militar inicial a que são obrigados. É detalhado nos artigos 24/27 da Lei.

b) **Estágio de Instrução e Serviço (EIS):** é modalidade de convocação posterior e de prorrogação de tempo de serviço de quem já fez o EAS. É detalhado nos artigos 30/33, bem como 39/40 da Lei.

A lei menciona o brasileiro nato, porque o MFDV poderá galgar o posto de oficial, ainda que temporário, das Forças Armadas. Nessa toada, é importante lembrar que tal cargo é privativo de brasileiros natos (art. 12, § 3º,, da CF/88).

Os concluintes dos cursos nos institutos de ensino destinados à formação de MFDV que não tenham prestado o serviço militar inicial obrigatório no momento da convocação de sua classe, por adiamento ou dispensa de incorporação, deverão prestar o serviço militar inicial obrigatório no ano seguinte ao da conclusão do respectivo curso ou após a realização de programa de residência médica ou pós-graduação, por meio do **Estágio de Adaptação e Serviço (EAS)** obedecidas as demais condições fixadas na Lei 5.292/67 e em sua regulamentação (art. 4º da Lei).

Neste ponto temos uma discussão jurídica interessante.

Diante da **antiga redação** do artigo 4º caput da Lei, o Superior Tribunal de Justiça entendia que o cidadão brasileiro, com **dispensa de incorporação** por excesso de contingente ou pelo fato do município não ser contribuinte para a prestação do serviço militar obrigatório (município não tributário), não poderia ser convocado posteriormente para a prestação do serviço militar como MFDV, já que essa obrigação era imposta somente aos estudantes MFDV que obtiveram o **adiamento de incorporação.**

Todavia, com a alteração do referido artigo levada a efeito pela Lei 12.336/10, que estipulou expressamente a obrigatoriedade do serviço militar de MFDV que não tenham prestado o serviço militar inicial obrigatório no momento da convocação de sua classe, por **adiamento ou dispensa de incorporação**, o E. STJ, modificou seu entendimento, firmando a seguinte orientação:

i. Dispensa de incorporação por excesso de contingente: o MFDV **deve prestar** o serviço militar obrigatório posteriormente à conclusão do seu curso, se a colação de grau e a convocação for posterior à edição da Lei n. 12.336/10 (ED no RESP 1186513/RS).

ii. Dispensa de incorporação por residir em município não tributário: o MFDV **fica dispensado** do serviço militar obrigatório posteriormente à conclusão do seu curso, mesmo se a convocação for posterior à edição da Lei n. 12.336/10.

Vejamos a seguinte jurisprudência em tese do STJ:

> **Os estudantes de Medicina, Farmácia, Odontologia e Veterinária, dispensados por excesso de contingente, por adiamento ou dispensa de incorporação, estão sujeitos à prestação do serviço militar obrigatório posteriormente à conclusão desses cursos, se ocorrida esta após a edição da Lei n. 12.336/10. (Tese julgada sob o rito do art. 543-C do CPC/73 - TEMAS 417 e 418)**

Nesse mesmo sentido:

> *PROCESSUAL CIVIL E ADMINISTRATIVO.* ***SERVIÇO MILITAR OBRIGATÓRIO. DISPENSA POR EXCESSO DE CONTINGENTE. PROFISSIONAL DA ÁREA DE SAÚDE. CONVOCAÇÃO POSTERIOR. POSSIBILIDADE. TEMA DECIDIDO PELO STJ EM RECURSO REPETITIVO.*** *IMPROCEDÊNCIA MANIFESTA. MULTA.*
>
> *1.* ***O Superior Tribunal de Justiça, em julgamento realizado sob a sistemática dos recursos repetitivos, firmou o entendimento de que as alterações promovidas pela Lei n. 12.336/2010 passam a viger a partir de 26 de outubro de 2010 e se aplicam aos concluintes dos cursos de institutos de ensino destinados à formação de médicos, farmacêuticos, dentistas e veterinários, os quais foram dispensados da incorporação antes da apontada norma, mas convocados após a sua vigência, razão pela qual deverão prestar o serviço militar.***
>
> *(AgInt no REsp 1812004/SP, Rel. Ministro GURGEL DE FARIA, PRIMEIRA TURMA, julgado em 26/10/2020, DJe 26/11/2020)*

Noutro giro, quando da dispensa de incorporação pelo fato do Município não ser contribuinte para a prestação do serviço militar obrigatório (município não tributário):

> *AGRAVO INTERNO NO RECURSO ESPECIAL. SERVIÇO MILITAR OBRIGATÓRIO.* ***DISPENSA POR RESIDIR EM MUNICÍPIO NÃO TRIBUTÁRIO. CONCLUINTES DOS CURSOS DE MEDICINA, FARMÁCIA, ODONTOLOGIA E VETERINÁRIA. CONVOCAÇÃO POSTERIOR À VIGÊNCIA DA LEI 12.336/2010. IMPOSSIBILIDADE.*** *PROVIMENTO DO RECURSO ESPECIAL DO AUTOR. MANUTENÇÃO DO JULGADO. AGRAVO INTERNO NÃO PROVIDO.*
>
> *1.* ***Não se aplica ao presente caso o entendimento sedimentado no REsp 1.186.513/RS, julgado pela sistemática do art. 543-C, tendo em vista que trata somente da dispensa do militar por excesso de contingente, enquanto no caso em comento o cerne da controvérsia reside na possibilidade de haver convocação para o serviço militar obrigatório, após a conclusão de curso superior, quando o convocado já foi dispensado da incorporação pelo fato de residir em município não tributário*** *(AgRg no AREsp 258.791/PE, Rel. Ministro Benedito Gonçalves, Primeira Turma, DJe 19/4/2013).*
>
> *(AgInt no REsp 1849590/RJ, Rel. Ministro SÉRGIO KUKINA, PRIMEIRA TURMA, julgado em 31/08/2020, DJe 04/09/2020)*

Diante dessa celeuma, a questão referente à "convocação, após conclusão do curso, de estudante de medicina dispensado do serviço militar obrigatório por excesso de contingente" (Tema 449/STF) **foi submetida ao Plenário Virtual do Supremo Tribunal Federal**, nos autos do **RE 754.276/SC**.

Por sua vez, a Corte Suprema decidiu, por maioria, **não conhecer do recurso extraordinário**, por entender inexistente tema de envergadura constitucional e, consequentemente, **ausente a repercussão geral**, ao feitio do art. 1.035, *caput*, do CPC, nos termos do voto da Relatora Ministra Rosa Weber, vencidos os Ministros Alexandre de Moraes e Ricardo Lewandowski, que davam provimento ao recurso extraordinário para denegar a ordem de mandado de segurança.

Desse modo, a interpretação final acerca da controvérsia ficou mesmo a cargo do E. STJ, tendo em vista sua competência acerca da legislação infraconstitucional (artigo 105, III, da CF/88).

Mas não é só.

Vale também colacionar jurisprudência do STM, referente ao **crime militar de insubmissão**, que apurava a conduta na esfera penal:

> *APELAÇÃO. INSUBMISSÃO. ASPIRANTE-A-OFICIAL MÉDICO. PRELIMINAR. SOBRESTAMENTO DO PROCESSO. SENTENÇA CÍVEL DE IMPROCEDÊNCIA DO PEDIDO. REJEIÇÃO. MÉRITO. DISPENSA DO SERVIÇO MILITAR OBRIGATÓRIO POR EXCESSO DE CONTINGENTE. ADVENTO DA LEI Nº 12.336/10. CONVOCAÇÃO POSTERIOR. NOVA OBRIGAÇÃO MILITAR. IRRETROATIVIDADE DA LEI PENAL MAIS GRAVOSA. ABSOLVIÇÃO. PROVIMENTO DO APELO DEFENSIVO. Preliminar de sobrestamento da ação penal militar rejeitada, uma vez que ação cível ajuizada perante a Justiça Federal já obteve sentença de improcedência do pedido e não há fundamento plausível que justifique a paralisação do trâmite processual. Decisão unânime.* ***Tendo em vista que a Lei nº 12.336/2010 inovou no ordenamento jurídico ao impor aos concluintes do curso de Medicina uma nova obrigação de prestar o serviço militar obrigatório, ainda que portadores do Certificado de Dispensa de Incorporação, somente os casos posteriores à vigência da mencionada legislação serão por ela alcançados, observando-se o princípio da irretroatividade da lei penal mais gravosa. Apelo defensivo provido para reformar a sentença condenatória e absolver o acusado por atipicidade da conduta apurada.*** *Decisão unânime. (Superior Tribunal Militar. Apelação nº 0000019-49.2014.7.09.0009. Relator(a): Ministro(a) JOSÉ AMÉRICO DOS SANTOS. Data de Julgamento: 02/12/2014, Data de Publicação: 15/12/2014).*

A prestação do serviço militar por meio do **EAS** é devida até o dia 31 de dezembro do ano em que o brasileiro completar **38 (trinta e oito) anos de idade** (art. 4º, § 4º, da Lei nº 5.292/67). **E aqui vai um alerta: note que esse limite de idade é diferente do previsto no artigo 5º da Lei 4.375/64 (45 anos).**

5.1.1. Voluntariado – art. 4º, § 3º, *art. 5º, § 1º e art. 37, § 2º, da Lei*

É permitido aos MFDV (excetuados os oficiais da reserva de 1ª classe ou remunerada, independentemente do quadro ou corpo) que tenham terminado o curso, uma vez satisfeitas as exigências legais, prestar serviço militar (**EAS**) como **voluntários** (art. 4º, § 3º).

Os MFDV voluntários para prestação do EAS, uma vez satisfeitas as condições de seleção, terão prioridade de incorporação (art. 37, § 2º).

É também permitida aos MFDV que sejam oficiais da reserva de 2ª classe ou não remunerada, satisfeitas as necessárias condições, a prestação do **EIS**, como **voluntários** (art. 5º, § 1º).

5.2. Duração – art. 6º da Lei

Os EAS e o EIS terão a duração de 12 (doze) meses, sendo que o **EAS** pode ser reduzido de até 2 (dois) meses ou dilatado de até 6 (seis) meses, pelos Comandantes das Forças; e ser dilatado além de 18 (dezoito) meses, em caso de interesse nacional, mediante autorização do Presidente da República.

5.3. Prestação do serviço militar pelos MFDV – art. 9º a 23 da Lei

5.3.1. *Convocação*

Os MFDV de que tratam o artigo 4º, *caput*, e o § 3º da Lei são considerados **convocados** para a prestação do serviço militar no ano seguinte ao da conclusão do curso, pelo que, ainda como estudantes do último ano, deverão apresentar-se, obrigatoriamente, para fins de seleção (art. 9º).

Os MFDV que obtiverem bolsas de estudo, de caráter técnico-científico, relacionadas com o respectivo diploma, até o dia anterior ao marcado para a designação à incorporação, poderão obter, ainda, adiamento de incorporação, por prazo correspondente ao tempo de permanência no exterior. Ao regressar ao Brasil, estarão sujeitos à prestação do EAS (art. 9, § 4º).

5.3.2. *Seleção*

No segundo semestre do último ano do curso, os estudantes deverão se apresentar independentemente de editais, avisos ou notificações para fins de seleção, que será realizada dentro dos aspectos físico, psicológico e moral (art. 12, *caput*, e § 1º).

Os artigos 14, 15 e 16 da Lei definem as situações em que os estudantes serão considerados **refratários**, os quais não poderão prestar exames do último ano do curso, receber diploma ou registrá-lo e ficarão sujeitos à penalidade prevista na Lei.

5.3.3. *Incorporação*

Os MFDV convocados, após selecionados, serão incorporados nas Organizações designadas, na situação de aspirantes-a-oficial ou guardas-marinha, da reserva de 2ª classe ou não remunerada (art. 18).

Os **voluntários** oficiais da reserva de 2ª classe ou não remunerada (inclusive das Forças Auxiliares reservas do Exército) de qualquer Quadro ou Corpo serão incorporados no posto em que se encontram (art. 18, § 1º).

A incorporação será realizada, em princípio, na Força Armada e Organização Militar de preferência do convocado e, em caso de necessidade do serviço, em qualquer Força e Organização Militar (art. 18, § 2º).

A situação dos **excedentes** é tratada nos artigos 22 e 23 da Lei.

5.4. Do crime de insubmissão – art. 20 e 33 da Lei

O artigo 183 do atual Código Penal Militar (CPM) preceitua que, se o convocado deixar de se apresentar à incorporação, dentro do prazo que lhe foi marcado, ou, apresentando-se, ausentar-se antes do ato oficial de incorporação, cometerá o crime de **insubmissão.**

O MFDV convocado selecionado e designado para incorporação que não se apresentar à Organização Militar que lhe for designada dentro do prazo marcado ou que, tendo-o feito, se ausentar antes do ato oficial da incorporação, **será declarado insubmisso**, na situação militar em que se encontrava no ato da designação para a incorporação (art. 20).

Por sua vez, o oficial MFDV, convocado para a **prestação de EIS**, que não se apresentar à Organização Militar, que lhe tenha sido designada, dentro do prazo marcado ou que, tendo-o feito, se ausente antes do ato oficial da inclusão, também será considerado insubmisso (art. 33).

5.5. Prorrogação do tempo de serviço do MFDV – art. 39 a 41 da Lei

Os MFDV que terminam o EAS poderão ter seu tempo de serviço prorrogado pelos Comandantes das Forças, o que se faz sob a forma de EIS, mediante requerimento do interessado aos Comandantes dos órgãos competentes de cada Força Singular (art. 39).

Aos MFDV que hajam terminado o EIS para o qual hajam sido designados, poderá ser concedida prorrogação do tempo de serviço (art. 40).

Para concessão das prorrogações, deverá ser levado em conta que o tempo total de Serviço Militar prestado pelos MFDV, sob qualquer aspecto e em qualquer época, **não poderá atingir o prazo total de 10 (dez) anos de Serviço Militar**, contínuos ou interrompidos, computados, para esse efeito, todos os tempos de Serviço Militar (art. 41).

6. DO RECRUTAMENTO, DO ALISTAMENTO, DA SELEÇÃO, DA INCORPORAÇÃO E DA MATRÍCULA – LEI Nº 4.375/64

6.1. Recrutamento – art. 12 da Lei

O **recrutamento** para o Serviço Militar compreende (art. 12 da Lei):

a) **Seleção;**

b) **Convocação;**

c) **Incorporação ou matrícula nos órgãos de formação de reserva; e**

d) **Voluntariado.**

6.1.1. Alistamento

É ato prévio à seleção. Compreende o preenchimento da Ficha de Alistamento Militar (FAM) e do Certificado de Alistamento Militar (CAM).

Mas perceba um detalhe: **o alistamento não faz parte do recrutamento**. Todos os brasileiros do sexo masculino devem se alistar, independente de posterior recrutamento ou não.

Para fins de ilustração do tema, imaginemos um deficiente físico, portador de incapacidade definitiva para o serviço militar: ele deverá se apresentar para o alistamento, a fim de obter um documento comprobatório de sua situação militar (nesse caso, o Certificado de Isenção nos termos do artigo 28, "a", da LSM), mas não fará parte do **recrutamento**.

Desse modo, o **alistamento** constitui o ato prévio e obrigatório à seleção e ocorrerá, em regra, **dentro dos primeiros seis meses do ano em que o brasileiro completar 18 (dezoito) anos de idade**, independentemente de Editais, Avisos ou Notificações, em local e época que forem fixados. Falamos "em regra" porque os **voluntários** poderão se **alistar** a partir da data em que completarem **16 (dezesseis) anos de idade**.

Tomando como exemplo a regra e o ano de 2021: os brasileiros do sexo masculino nascidos em 2003 (classe 2003) devem efetivar o seu alistamento até 30 de junho de 2021.

Diante da pandemia do coronavírus, o alistamento militar nos anos de 2020 e 2021, por exemplo, ocorreu exclusivamente pela internet, no site www.alistamento.eb.mil.br. Embora o site seja da Força Terrestre, o jovem concorre à seleção nos quartéis da Marinha, Exército ou Aeronáutica espalhados pelo Brasil.

Os **brasileiros naturalizados ou por opção** deverão se apresentar para alistamento dentro do prazo de 30 (trinta) dias, a contar da data em que receberem o certificado de naturalização ou da assinatura do termo de opção.

Os **que estiverem no exterior** poderão se alistar nos Consulados do Brasil. Se estiverem próximo à localidade brasileira, é facultada a apresentação, por conta própria, para o alistamento, ao órgão alistador da referida localidade.

Ao ser alistado, todo o brasileiro receberá imediata e gratuitamente, do órgão alistador, o Certificado de Alistamento Militar (CAM).

Para os brasileiros residentes nos **municípios não tributários**, o recrutamento ficará limitado ao alistamento.

6.2. Seleção - art. 13 a 15 da Lei

A seleção dos brasileiros da classe a ser convocada, residentes em municípios tributários, será realizada dentro do **segundo semestre do ano em que completarem 18 (dezoito) anos de idade**, independentemente de Editais, Avisos e Notificações em locais e prazos fixados previamente. Também ficam obrigados a essa apresentação os brasileiros vinculados à classe a ser convocada (artigo 48 do RLSM). Desse modo, serão submetidos à seleção os conscritos, os voluntários e os pertencentes a classes anteriores, ainda em débito com o Serviço Militar (artigo 48, § 2º, do RLSM).

Os brasileiros que se apresentarem para a seleção, sem terem realizado o alistamento, deverão, previamente, ser alistados, no órgão alistador competente.

Aqueles que não se apresentarem para a seleção durante o período determinado para a sua classe ou que, tendo-o feito, se ausentarem sem a ter completado, serão considerados **refratários** (art. 24 da LSM e art. 3º, item 35 do RLSM).

Outro ponto curioso: o brasileiro que falta ao **alistamento**, mas se apresenta para a seleção **não será considerado refratário**, mas deverá, previamente, ser alistado no órgão alistador competente (art. 3º, item 35, e art. 48, § 3º, ambos do RLSM).

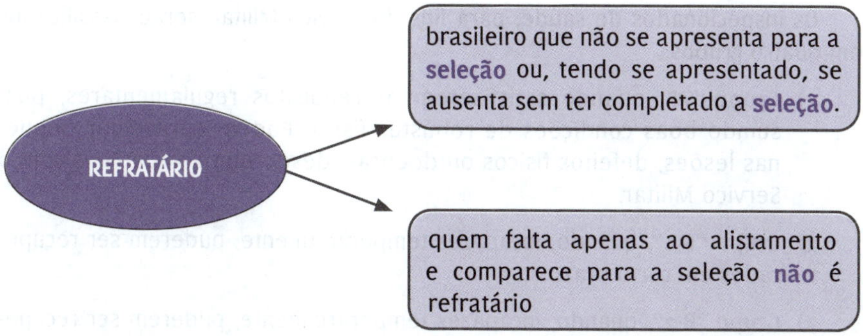

A **seleção**, quer da classe a ser convocada, quer dos voluntários, será realizada dentro dos aspectos **físico**, **cultural**, **psicológico** e **moral** (art. 13 da LSM), de forma a permitir que os brasileiros sejam aproveitados para incorporação ou matrícula, de acordo com as suas aptidões e as necessidades das Forças Armadas.

A seleção será realizada por **Comissões de Seleção (CS)**, que serão constituídas por militares da ativa ou da reserva e, se necessário, completadas por civis devidamente qualificados (art. 14 da LSM).

As Comissões de Seleção, que poderão ser **fixas ou rolantes**, funcionarão, em princípio, nas sedes dos municípios tributários e **serão constituídas**, no mínimo, de três oficiais, inclusive de um médico e do Delegado do Serviço Militar no território da respectiva Delegacia. Também integrarão as CS praças auxiliares necessárias e os Secretários de Juntas de Serviço Militar, nas sedes dos seus municípios.

As **Comissões de Seleção para matrícula nos Tiros-de-Guerra** poderão ser constituídas pelo **Diretor do Tiro**, pelo **Delegado do Serviço Militar** ou pelo **Instrutor do Tiro-de-Guerra** e por um **médico local**, designado pelo **Comandante da Região Militar**, de acordo com a legislação vigente.

Aos brasileiros que **residirem ou se encontrarem no exterior**, próximo a localidade brasileira onde funcionar Comissão de Seleção, é facultado que ali se apresentem, por conta própria, para a seleção.

A seleção compreenderá além do alistamento:

a) Inspeção de saúde e, a critério dos Comandos Militares, outras provas físicas;

b) Testes de seleção;

c) Entrevista; e

d) Apreciação de outros elementos disponíveis.

Os inspecionados de saúde, para fins do Serviço Militar, serão classificados em quatro grupos:

1) **Grupo "A"**, quando satisfizerem os requisitos regulamentares, possuindo boas condições de robustez física. Podem apresentar pequenas lesões, defeitos físicos ou doenças, desde que compatíveis com o Serviço Militar.

2) **Grupo "B-1"**, quando, incapazes temporariamente, puderem ser recuperados em curto prazo.

3) **Grupo "B-2"**, quando, incapazes temporariamente, puderem ser recuperados, porém sua recuperação exija um prazo longo e as lesões, defeitos ou doenças, de que foram ou sejam portadores, desaconselhem sua incorporação ou matrícula.

4) **Grupo "C"**, quando forem incapazes definitivamente (irrecuperáveis), por apresentarem lesão, doença ou defeito físico considerados incuráveis e incompatíveis com o Serviço Militar.

Os artigos 53 a 58 do RLSM trazem regramentos para os conscritos enquadrados em cada um desses grupos.

6.3. Convocação – art. 16 a 19 da Lei

É o ato pelo qual os brasileiros são chamados para a prestação do Serviço Militar, quer inicial, quer sob outra forma ou fase.

Desse modo, a convocação à incorporação ou matrícula (designação) é o ato pelo qual os brasileiros, após julgados aptos em seleção, são designados para incorporação ou matrícula, a fim de prestar o Serviço Militar, quer inicial, quer sob outra forma ou fase (art. 3º, 6 e 7 do RLSM).

6.3.1. *Plano Geral de Convocação para o Serviço Militar*

Compete ao **Ministro de Estado da Defesa**, vedada a subdelegação, aprovar os Planos de Convocação para o Serviço Militar Inicial nas Forças Armadas. Tal competência lhe foi delegada pelo Presidente da República por meio do Decreto 3.702, de 27 de dezembro de 2000, que tem amparo no artigo 87, parágrafo único, inciso II da CF/88 e no artigo 27, inciso XVIII, da Lei nº 13.844, de 18 de junho de 2019).

A título de exemplo, a Portaria nº 3673/GM-MD, de 10 de novembro de 2020, aprovou o Plano Geral de Convocação para o Serviço Militar Inicial nas Forças Armadas em 2022.

Logo, o artigo 18 da LSM deve ser interpretado à luz da Lei Complementar nº 97, de 9 de junho de 1999, que extinguiu os Ministérios Militares singulares e o

Estado-Maior das Forças Armadas (EMFA), sendo instituído o Ministério da Defesa que perdura até os dias atuais.

A propósito, o Ministro de Estado da Defesa exerce a direção superior das Forças Armadas, assessorado pelo Conselho Militar de Defesa, órgão permanente de assessoramento, pelo Estado-Maior Conjunto das Forças Armadas e pelos demais órgãos, conforme definido em lei (art. 9º da LC 97/99).

6.3.2. *Convocados*

Os brasileiros pertencentes a uma única classe serão convocados, anualmente, para prestar o Serviço Militar inicial nas Forças Armadas (art. 16 LSM). Ocorre que o RLSM também inclui nesse grupo os **brasileiros em débito com o serviço militar**, já que ficarão sujeitos às obrigações impostas aos da classe que estiver sendo selecionada (art. 65 e art. 111, parágrafo único, ambos do RLSM).

O primeiro grupo, ou seja, a **classe convocada**, é constituído dos brasileiros que completarem **19 (dezenove) anos** de idade entre 1º de janeiro e 31 de dezembro do ano em que deverão ser incorporados em Organização Militar da Ativa ou matriculados em Órgãos de Formação de Reserva (art. 17 da LSM).

Por sua vez, os brasileiros das classes anteriores ainda em débito com o serviço militar, bem como os médicos, farmacêuticos, dentistas e veterinários (MFDV) possuidores de Certificado de Dispensa de Incorporação, sujeitam-se às mesmas obrigações impostas aos da classe convocada, sem prejuízo das sanções que lhes forem aplicáveis na forma da Lei do Serviço Militar e seu regulamento (art. 17, § 1º, da LSM).

6.3.3. *Convocação de emergência*

No art. 19, a lei prevê ainda a possibilidade de **convocação de emergência**, uma vez que os brasileiros, **que tenham ou não prestado o Serviço Militar**, poderão, em qualquer época, ser convocados emergencialmente, em condições determinadas pelo **Presidente da República**, para:

a) Evitar a perturbação da ordem;

b) Manter a ordem; ou

c) Em caso de calamidade pública.

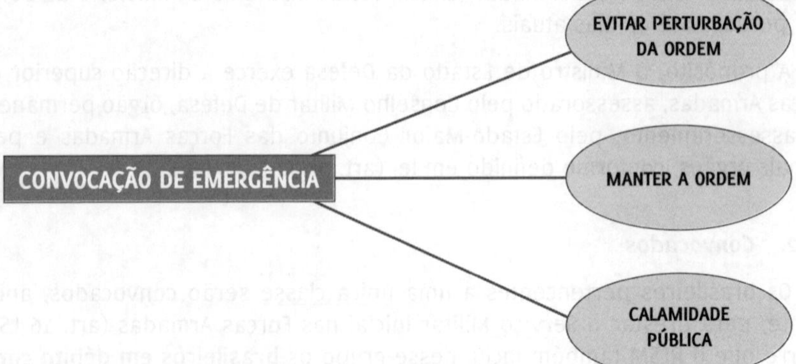

Vale destacar que os **Comandantes da Marinha, do Exército e da Aeronáutica** poderão convocar **pessoal da reserva** para participação em exercícios, manobras e aperfeiçoamento de conhecimentos militares (art. 19, parágrafo único, da LSM).

6.4. Incorporação – art. 20 e 21 da Lei

É o ato de inclusão do convocado ou voluntário em uma Organização Militar da Ativa das Forças Armadas, e poderá ser feita em mais de uma época (art. 20 da LSM).

Pela aplicação do **"princípio da proximidade da residência"**[3], os convocados, tanto quanto possível, serão incorporados em Organização Militar da Ativa, localizada no Município de sua residência (art. 21 da LSM). Somente nos casos de absoluta impossibilidade de preencher os seus próprios claros, será permitida a transferência de convocados de uma para outra Zona de Serviço Militar (art. 21, parágrafo único, da LSM).

Os **"claros"** podem ser definidos como as vagas existentes para a especialidade de determinado militar em uma Organização Militar. No Exército Brasileiro, por exemplo, compete ao Chefe da Secretaria, chamado de S1, apresentar sugestões referentes a transferências, designações, preenchimento de claros, qualificação e requalificação de pessoal (art. 26, XV do Regulamento Interno e dos Serviços Gerais – RISG).

Ademais, as Organizações Militares da Ativa poderão complementar a seleção dos convocados que lhes forem destinados, visando a selecionar aqueles

3. ABREU, Jorge Luiz Nogueira de. Direito Administrativo Militar - Rio de Janeiro: Forense, São Paulo: Método, 2010, p. 191.

que serão incorporados. Os que excederem às necessidades da Organização serão incluídos no excesso do contingente.

Comete **crime militar de insubmissão**, previsto no art. 183 do CPM, aquele que, convocado, deixa de se apresentar à incorporação dentro do prazo que lhe foi marcado ou, apresentando-se, se ausenta antes do ato oficial de incorporação.

6.4.1. *Da prioridade de incorporação*

Terão **prioridade para incorporação** nas Organizações Militares da Ativa:

1) Os convocados que, tendo recebido destino de incorporação ou de matrícula em uma RM, DN ou zaé (leia-se ALA), venham a transferir sua residência para o território de outra RM, DN ou zaé (leia-se ALA);

2) Os conscritos, das classes anteriores, que obtiverem adiamento de incorporação para se candidatar à matrícula em Escolas, Centros ou Cursos de Oficiais da Reserva, bem como em Institutos de Ensino, oficiais ou reconhecidos, destinados à formação de médicos, dentistas, farmacêuticos ou veterinários, e não satisfizerem as condições exigidas para a matrícula ou não se apresentarem findos os prazos concedidos;

3) Os que, tendo obtido adiamento de incorporação por estarem matriculados em Cursos de Formação de Oficiais das Polícias Militares e Corpos de Bombeiros, interromperem os cursos antes de um ano, sem direito à rematrícula e os que interromperem em qualquer tempo, os cursos dos Institutos de Ensino destinados à formação de médicos, dentistas, farmacêuticos ou veterinários, desde que não tenha sido possível a matrícula em Órgãos de Formação de Reserva;

4) Os brasileiros naturalizados e os por opção, estes desde que tenham sido educados no exterior; e

5) Os que apresentarem melhores resultados na seleção.

Em igualdade de condições de seleção, **terão prioridade para incorporação**:

1) Os refratários;

2) Os demais brasileiros, pertencentes a classes anteriores, ainda em débito com o serviço militar;

3) Os brasileiros por opção, desde que educados no Brasil; e

4) Os preferenciados (que são os brasileiros com destino preferencial para uma das forças armadas, na distribuição anual do contingente, por exercerem atividades normais de grande interesse da respectiva força, e

que ficarão vinculados à mesma, quanto à prestação do serviço militar e quanto à mobilização. Determinados preferenciados têm os mesmos deveres dos reservistas).

6.5. Matrícula - art. 22 e 23 da Lei

É o ato de admissão do convocado ou voluntário em Órgão de Formação de Reserva, bem como em **certas Organizações Militares da Ativa** - Escola, Centro ou Curso de Formação de militar da ativa (art. 22 da LSM).

O artigo 3º, 25 do RLSM traz importantes detalhes acerca da matrícula:

1) Toda a vez que o convocado ou voluntário for designado para matrícula em um Órgão de Formação de Reserva, ao qual fique vinculado para prestação de serviço, em períodos descontínuos, em horários limitados ou com encargos limitados apenas àqueles necessários à sua formação, será incluído no referido Órgão e matriculado, sem contudo ser incorporado.

2) Quando o convocado ou voluntário for matriculado em uma Escola, Centro ou Curso de Formação de militar da ativa, ou Órgão de Formação de Reserva, ao qual fique **vinculado de modo permanente**, independente de horário, e com os encargos inerentes às organizações Militares da Ativa, **será incluído e incorporado** à referida Escola, Centro, Curso ou Órgão.

Os convocados à incorporação ou matrícula que, por qualquer motivo, não forem incorporados nas Organizações Militares da Ativa ou matriculados nos Órgãos de Formação de Reserva constituirão o **excesso do contingente**.

7. DAS ISENÇÕES, ADIAMENTOS E DISPENSAS - ART. 28 A 30 DA LEI Nº 4.375/64

No tocante à situação do brasileiro que presta o serviço militar pode haver:

a) **Isenção do Serviço Militar**

b) **Adiamento de Incorporação**

c) **Dispensa de Incorporação**

> ▸ **ATENÇÃO: Não confunda as hipóteses de isenção, adiamento e dispensa. Isso é muito cobrado em concursos públicos!**

Note-se que essa ordem prevista nos artigos 28 a 30 da Lei do Serviço Militar não é seguida pelo seu regulamento, que detalha, em seus artigos 96 a 110, primeiramente o adiamento, depois a dispensa e, por fim, a isenção.

Passemos a ver cada uma dessas situações seguindo a ordem da LSM.

7.1. Isenção do serviço militar – art. 28 da Lei

Isentos do Serviço Militar são os brasileiros que, devido às suas condições **físicas, mentais ou morais**, ficam dispensados das obrigações para com o Serviço Militar, em caráter permanente, ou enquanto persistirem essas condições.

São isentos do Serviço Militar (art. 28 da LSM):

1) **Em qualquer tempo**, os que forem julgados inaptos em seleção ou inspeção de saúde e considerados irrecuperáveis para o Serviço Militar nas Forças Armadas por incapacidade **física ou mental** definitiva.

   Serão considerados irrecuperáveis para o Serviço Militar os portadores de lesões, doenças ou defeitos físicos, que os tornem incompatíveis para o Serviço Militar nas Forças Armadas e que só possam ser sanados ou removidos com o desenvolvimento da ciência.

   Note-se que essa regra se aplica tanto ao tempo de paz quanto ao tempo de guerra, pois, mesmo diante da necessidade de se completar o contingente da tropa brasileira em uma situação real de conflito armado, ainda assim não poderia tal brasileiro fazê-lo, ante a sua incapacidade física ou mental definitiva.

2) **Em tempo de paz**, por **incapacidade moral**, os convocados que estiverem cumprindo sentença por **crime doloso**, ou que, quando da seleção, apresentarem indícios de incompatibilidade que, comprovados em exame ou sindicância, revelem incapacidade moral para integrarem as Forças Armadas, bem como os que, depois de incorporados, forem expulsos das fileiras.

Note-se que não se aplicam as isenções por incapacidade moral em tempo de guerra, prevalecendo, pois, a tutela da defesa da pátria (art. 142 da CF/88), o que permite à nação contar com esse brasileiro nas fileiras das Forças Armadas no período excepcional, ainda que seja ele moralmente incapaz.

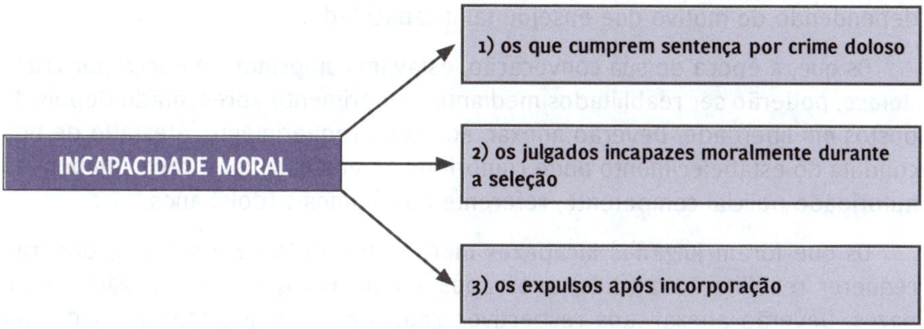

Fato curioso é que, pela redação da LSM e seu regulamento, um brasileiro que tenha contra si uma condenação penal transitada em julgado, mas com o benefício da suspensão condicional da pena (*sursis*), poderá, em tese, ser convocado para a prestação do serviço militar. Não é isento porque não "cumpre sentença por crime doloso". Mas ele poderá ser isento? Sim, caso seja julgado incapaz moralmente durante a seleção.

7.1.1. *Reabilitação*

A **reabilitação** dos incapazes poderá ser feita ex officio ou a requerimento do interessado (art. 28, parágrafo único, da LSM).

Em caso de **incapacidade física ou mental**, a reabilitação se dá da seguinte forma:

Aqueles que, em consequência de tratamento e do progresso da ciência, se julguem comprovadamente recuperados, podem requerer a sua reabilitação. Fato contínuo, serão submetidos a uma inspeção de saúde, podendo haver os seguintes resultados:

Parecer	Providências a serem tomadas
APTO A	deverão ser apresentados à seleção da primeira classe a ser incorporada;
INCAPAZ B-1	farão jus, desde logo, ao Certificado de Dispensa de Incorporação, com a inclusão prévia no excesso do contingente
INCAPAZ B-2	farão jus, desde logo, ao Certificado de Dispensa de Incorporação, com a inclusão prévia no excesso do contingente
INCAPAZ C	continuarão isentos do serviço militar por incapacidade física ou mental

Veja o significado desses quatros grupos para fins do Serviço Militar no artigo 52 do RLSM.

Em caso de **incapacidade moral**, a reabilitação se dá de formas distintas, dependendo do motivo que ensejou tal incapacidade.

Os que, à época de sua convocação, estavam **cumprindo sentença por crime doloso**, poderão ser reabilitados mediante requerimento apresentado depois de postos em liberdade. Deverão anexar, ao citado requerimento, atestado de boa conduta do estabelecimento onde cumpriram a pena e, se for o caso, também da autoridade policial competente, referente aos últimos 2 (dois) anos.

Os que foram **julgados incapazes moralmente durante a seleção**, poderão requerer reabilitação 2 (dois) anos após a data em que forem julgados incapazes. Deverão anexar, aos respectivos **requerimentos**, atestado passado por autoridade policial competente sobre a sua conduta, referente aos últimos 2 (dois) anos.

Note que, nos termos do artigo 110, § 4º, do RLSM, o atestado da autoridade policial é considerado essencial quando se trata de incapacidade moral julgada durante a seleção. O mesmo não ocorre no caso do parágrafo anterior (cumprindo sentença por crime doloso).

Nestes dois casos de isenção por incapacidade moral, o incapaz que for reabilitado antes de completar 30 (trinta) anos de idade deverá concorrer à seleção com a primeira classe a ser incorporada e, nessa triagem, submeter-se a exames psicotécnicos. Aquele que tiver mais de 30 (trinta) anos de idade será dispensado de incorporação, com inclusão prévia no excesso do contingente.

A reabilitação dos **expulsos das organizações militares da ativa ou dos órgãos de formação de reserva** só poderá ser efetivada após dois anos da data da expulsão. Uma vez reabilitados, farão jus à substituição de seu certificado pelo de dispensa de incorporação ou de reservista, conforme o grau de instrução alcançado.

7.2. Adiamento de incorporação – art. 29 da Lei

O adiamento de incorporação e de matrícula constitui o ato de transferência de um conscrito de uma classe para prestar o Serviço Militar com outra **classe posterior à sua** (art. 96 do RLSM).

Note que o RLSM menciona a possibilidade de adiamento não só da incorporação, mas também da matrícula, muito embora tanto o seu título (art. 96), quanto o da LSM (art. 29) mencionem apenas a expressão "adiamento de incorporação".

Feita essa observação, passemos a algumas regras desse instituto.

Os conscritos julgados "Incapaz B-1" terão adiamento de incorporação por um ano e concorrerão a nova seleção com a classe seguinte. Nos Certificados de Alistamento Militar (CAM) respectivos serão devidamente anotados o Grupo em que foram classificados, o número do diagnóstico, a data e o local em que deverão apresentar-se para nova inspeção de saúde (artigos 55 e 97 do RLSM)

O artigo 98 do RLSM traz maiores detalhes acerca de outras hipóteses de adiamento (mais completo do que o artigo 29 da LSM).

Destarte, poderão ter a incorporação adiada, por 1 (um) ano ou 2 (dois) anos: a) os candidatos à matrícula nas Escolas de Formação de Oficiais da Ativa, desde que satisfaçam, na época da seleção, ou venham a satisfazer dentro do prazo do adiamento, as condições de escolaridade exigidas para o ingresso nas referidas Escolas; b) os candidatos à matrícula nas Escolas, Centros ou Cursos de Formação de Oficiais da Reserva, nas mesmas condições fixadas na letra a, anterior; e c) os que se candidatarem à matrícula em Institutos de Ensino, oficiais ou reconhecidos, destinados à formação de médicos, dentistas, farmacêuticos ou veterinários, desde que aprovados no 2º ano do Ciclo Colegial de Ensino Médio, à época da seleção da sua classe.

Poderão ter a incorporação adiada, **por tempo igual ao da duração dos cursos ou até a sua interrupção**, os que estiverem matriculados: a) em Institutos de Ensino, devidamente registrados, destinados à formação de sacerdotes e ministros de qualquer religião ou de membros de ordens religiosas regulares; b) em Cursos de Formação de Oficiais das Polícias Militares e Corpos de Bombeiros; c) em Institutos de Ensino, oficiais ou reconhecidos, destinados à formação de médicos, dentistas, farmacêuticos ou veterinários.

Além desses, poderão ter a incorporação adiada **pelo tempo de permanência no exterior**: a) os que se encontrarem no exterior, inclusive frequentando cursos e que o comprovem, nos termos dos parágrafos 4º e 5º do art. 96 do RLSM; e b) os que obtiverem bolsas de estudo no exterior, de caráter técnico, científico ou artístico, até data anterior à que lhe for marcada para incorporação ou matrícula, na forma dos parágrafos 4º e 5º do art. 96 do RLSM.

7.3. Dispensa de incorporação – art. 30 da Lei

É o ato pelo qual os brasileiros são dispensados de incorporação em Organizações Militares da Ativa, tendo em vista as suas situações peculiares ou por excederem às possibilidades de incorporação nessas Organizações.

São dispensados de incorporação os brasileiros da classe convocada elencados no artigo 30 da LSM (com maiores detalhamentos no artigo 105 do RLSM). Vale a leitura e memorização.

> *Art. 30. São dispensados de incorporação os brasileiros da classe convocada;*
>
> *a) residentes há mais de um ano, referido à data de início da época de seleção, em Município não-tributário ou em zona rural de Município somente tributário de órgão de Formação de Reserva;*
>
> *b) residentes em Municípios tributários, excedentes às necessidades das Fôrças Armadas;*
>
> *c) matriculados em Órgão de Formação de Reserva;*
>
> *d) matriculados em Estabelecimentos de Ensino Militares, na forma estabelecida pela regulamentação desta Lei;*
>
> *e) operários, funcionários ou empregados de estabelecimentos ou emprêsas industriais de interêsse militar, de transporte e de comunicações, que forem, anualmente, declarados diretamente relacionados com a Segurança Nacional pelo Estado-Maior das Fôrças Armadas (EMFA);*
>
> *f) arrimos de família, enquanto durar essa situação;*

Dentre as hipóteses, chamamos atenção para a figura do **arrimo de família**, muito frequente na prática, sendo passível de cobrança em concursos públicos.

8. DAS INTERRUPÇÕES E PRORROGAÇÕES DO TEMPO DE SERVIÇO MILITAR – ART. 31 A 33 DA LEI Nº 4.375/64

Aqui, mais uma vez, chamamos atenção para o fato de que os temas são tratados em ordem diversa na LSM e seu regulamento. Seguiremos a ordem da LSM.

8.1. Interrupção do tempo de serviço militar – art. 31 a 32 da Lei

São casos de **interrupção** do serviço ativo das Forças Armadas:

a) **A anulação da incorporação;**

b) **A desincorporação;**

c) **A expulsão;**

d) **A deserção.**

8.1.1. *Anulação da incorporação*

A **anulação da incorporação** ocorrerá, em qualquer época, nos casos em que tenham sido verificadas **irregularidades no recrutamento**, inclusive relacionadas com a seleção.

8.1.2. *Desincorporação*

A **desincorporação** é o ato de exclusão da praça do serviço ativo de uma Força Armada. As hipóteses que a ensejam estão elencadas no artigo 31, § 2º, da LSM, sendo certo que o artigo 140 do RLSM acrescenta ainda mais duas hipóteses.

Desse modo, a desincorporação ocorrerá:

1) Por moléstia, em consequência da qual o incorporado venha a faltar ao serviço **durante 90 (noventa) dias**, consecutivos ou não, durante a prestação do Serviço Militar inicial;

2) Por moléstia ou acidente que torne o incorporado definitivamente incapaz para o Serviço Militar;

3) Por aquisição das condições de arrimo após a incorporação;

4) Por condenação irrecorrível, resultante da prática de crime comum de caráter **culposo;**

5) Por ter sido insubmisso ou desertor e encontrar-se em determinadas situações, quais sejam: adquirir a condição de arrimo após a insubmissão ou deserção, permanecendo nesta condição depois de absolvido ou do cumprimento da pena, ou tenha mais de 30 (trinta) anos de idade e desde que haja sido absolvido, quando será desincorporado e excluído do serviço ativo;

6) Por moléstia ou acidente, que torne o incorporado temporariamente incapaz para o Serviço Militar, só podendo ser recuperado a longo prazo.

As hipóteses 5 e 6 só estão previstas no RLSM.

8.1.3. *Expulsão*

A **expulsão** ocorrerá:

a) Por condenação irrecorrível resultante da prática de crime comum ou militar, de caráter **doloso**;

b) Pela prática de ato contra a moral pública, pundonor militar ou falta grave que, na forma da lei ou de regulamentos militares, caracterize seu autor como indigno de pertencer às forças armadas;

c) Pelo **ingresso no mau comportamento contumaz**, de forma a tornar-se inconveniente à disciplina e à permanência nas fileiras.

8.1.4. *Deserção*

A **deserção** consiste em crime militar, previsto no capítulo dos crimes contra o dever e o serviço militar, sendo que a interrupção do tempo de serviço pela prática desse delito é regulada em legislação específica (art. 145 RLSM).

8.1.5. *Encostamento*

A Lei 13.954/2019 incluiu no texto da LSM a figura do **"encostado"**.

O **encostamento** é o ato de manutenção do convocado, voluntário, reservista, desincorporado, insubmisso ou desertor na organização militar, para fins específicos declarados no ato e sem percepção de remuneração (art. 31, § 8º, da LSM).

Esse é o status administrativo, por exemplo, dos insubmissos e desertores (praças sem estabilidade) que se apresentam voluntariamente ou são capturados. É dizer: ficam encostados antes de serem submetidos à inspeção de saúde para fins de inclusão/reinclusão (art. 3º, item 14, do RLSM).

Também ficam na situação de encostados, os militares temporários licenciados por término de tempo de serviço ou desincorporados que estejam na condição de incapazes temporariamente para o serviço militar em decorrência de moléstia ou acidente (art. 31, § 6º, da LSM), o que permite às Forças Armadas garantir tratamento médico ao militar excluído, sem a necessidade de fornecer remuneração, evitando discussões judiciais e risco de reintegrações indevidas.

Não se aplica a regra acima aos militares incapazes temporariamente em decorrência das hipóteses previstas nos incisos I e II do caput do art. 108 da Lei nº 6.880/80 (Estatuto dos Militares), ou que estejam temporariamente impossibilitados de exercer qualquer atividade laboral, pública ou privada (art. 31, § 7º, da LSM).

8.2. Prorrogação do tempo de serviço militar – art. 33 da Lei

Os incorporados que concluírem o tempo de serviço a que estiverem obrigados poderão requerer a prorrogação desse tempo, uma ou mais vezes, de acordo com a conveniência da Força Armada interessada (art. 33 da LSM).

Desse modo, a prorrogação, que depende de requerimento do interessado, é **ato discricionário** da Administração Militar, razão pela qual não há direito subjetivo à prorrogação ao final de cada período.

A prorrogação do tempo de serviço militar poderá ser concedida, uma ou mais vezes, como engajados ou reengajados, segundo as conveniências da Força Armada interessada aos incorporados que concluírem o tempo de serviço a que estiverem obrigados, desde que o requeiram.

Para a concessão do engajamento e reengajamento devem ser realizadas as exigências seguintes:

1) Incluírem-se os mesmos nas percentagens fixadas, periodicamente, pelos Comandantes das Forças;
2) Haver conveniência para o Comando de Força interessado;
3) Satisfazerem os requerentes as seguintes condições: a) boa formação moral; b) robustez física; c) comprovada capacidade de trabalho; d) boa conduta civil e militar; e) estabelecidas pela Força Armada competente para a respectiva qualificação, ou especialidade, ou classificação, bem como, quando for o caso, graduação.

9. REFRATÁRIOS E INSUBMISSOS – ART. 24 A 26 DA LEI Nº 4.375/64

9.1. Refratário

Refratário é o brasileiro que não se apresenta para a seleção de sua classe na época determinada ou que, tendo-o feito, ausentar-se sem a haver completado (art. 24 da LSM). Será penalizado com uma multa mínima, cujo valor é irrisório (artigo 46, "b", da LSM), mas terá contra si as restrições do artigo 74 da LSM.

> **ATENÇÃO: Não confunda o refratário com o insubmisso (artigo 3º, 22 do RLSM). Essa distinção é muito cobrada em concursos públicos!**

Não será considerado refratário o que faltar, apenas, ao alistamento, ato prévio à seleção, bem como o residente em município não tributário, há mais de um ano, referido à data de início da época da seleção da sua classe.

Curioso é o fato de que o refratário, em igualdade de condições de seleção, terá prioridade para incorporação (art. 83 do RLSM).

9.2. Insubmisso

O ingresso nas Forças Armadas pode se dar de 3 formas: **incorporação, matrícula** e **nomeação** (art. 10, *caput*, da Lei 6.880/80 – Estatuto dos Militares).

Nos termos da Lei do Serviço Militar e seu regulamento, o **insubmisso** é aquele que, convocado, selecionado e designado para incorporação ou matrícula, não se apresenta à Organização Militar que lhe tiver sido designada, dentro do prazo marcado ou que, tendo-o feito, ausentar-se antes do ato oficial de incorporação ou matrícula (art. 25 da LSM e art. 3º, 22, do RLSM).

Quanto ao status administrativo, o insubmisso, enquanto não submetido à inspeção de saúde, ficará na situação de **encostado (ou em depósito)** à Organização Militar, para fins de justiça, mantendo a condição de civil (art. 3º, item 14, do RLSM).

É fundamental que a convocação tenha sido nítida e clara, não gerando qualquer dúvida ao jovem chamado ao serviço militar. Nesse sentido, a **Súmula 7 do Superior Tribunal Militar:**

> *"O crime de insubmissão, capitulado no art. 183 do CPM, caracteriza-se quando provado de maneira inconteste o conhecimento pelo conscrito da data e local de sua apresentação para incorporação, através de documento hábil constante dos autos. A confissão do indigitado insubmisso deverá ser considerada no quadro do conjunto probatório".*

Ocorre que o artigo 183 do CPM, ao tipificar o crime de insubmissão, prevê:

> *"Art. 183. Deixar de apresentar-se o convocado à* ***incorporação,*** *dentro do prazo que lhe foi marcado, ou, apresentando-se, ausentar-se antes do ato oficial de incorporação:" (grifei)*

Como se percebe, o atual CPM tão somente mencionou a incorporação, razão pela qual, com base no princípio da legalidade, tem prevalecido na doutrina e jurisprudência do STF que **tal delito não abrange os convocados à matrícula** (exemplo: atirador do Tiro-de-Guerra).

Nesse sentido, veja-se: STF RHC 77290, Relator: Min. MARCO AURÉLIO, Segunda Turma, julgado em 06/10/1998 e STF RHC 77272, Relator: Min. SEPÚLVEDA PERTENCE, Primeira Turma, julgado em 22/09/1998.

Não vamos nos aprofundar no tema porque ele é mais afeto ao Direito Penal Militar.

10. EXCLUSÃO DO SERVIÇO MILITAR – LEI Nº 4.375/64 E LEI Nº 6.880/80

> *Art. 94. A exclusão do serviço ativo das Forças Armadas e o conseqüente desligamento da organização a que estiver vinculado o militar decorrem dos seguintes motivos:*
>
> *I - transferência para a reserva remunerada;*
>
> *II - reforma;*
>
> *III - demissão;*
>
> *IV - perda de posto e patente;*
>
> *V - licenciamento;*
>
> *VI - anulação de incorporação;*
>
> *VII - desincorporação;*
>
> *VIII - a bem da disciplina;*
>
> *IX - deserção;*
>
> *X - falecimento; e*
>
> *XI - extravio.*

10.1. Licenciamento – art. 34 e 34-A da Lei nº 4.375/65

Abordando o instituto sob o prisma da Lei do Serviço Militar (e não do Estatuto dos Militares), podemos definir o licenciamento como o ato de exclusão ***ex officio*** da praça do serviço ativo de uma Força Armada, após o término do tempo de **serviço militar inicial**, com a sua inclusão na reserva. Poderá ser concedido, também, **a pedido** da praça engajada ou reengajada que conte com mais da metade do tempo de serviço a que estiver obrigada, desde que não haja prejuízo para o serviço militar.

O licenciamento das praças que integram o contingente anual será processado de acordo com as normas estabelecidas pelos Comandos da Marinha, do Exército e da Aeronáutica em seus planos de licenciamento (art. 34 da LSM).

Os licenciados que cumprirem apenas o serviço militar obrigatório terão direito, dentro do prazo de 30 (trinta) dias após o licenciamento, ao transporte e à alimentação custeados pela União até o lugar, dentro do País, onde tinham sua residência ao serem convocados (art. 34, parágrafo único, da LSM).

A Lei 13.954/2019, incluiu o artigo 34-A na LSM, que prevê:

> *34-A. Os militares temporários indiciados em inquérito policial comum ou militar ou que forem réus em ações penais de igual natureza, inclusive por crime de deserção, serão licenciados ao término do tempo de serviço, com a comunicação à autoridade policial ou judiciária competente e a indicação dos seus domicílios declarados.*

Ora, não se desconhece o antigo debate na doutrina castrense e jurisprudência do STM e STF acerca da necessidade de manutenção do status de militar da ativa no crime de deserção, seja no transcurso do processo de conhecimento ou até mesmo na fase de execução. Ocorre que, agora, existe autorização expressa na LSM para que a administração militar licencie o acusado desertor do serviço ativo da Força, ao final do tempo de serviço que estaria obrigado a cumprir.

Vale salientar que a atual jurisprudência do E. STM é firme no sentido de que o processo de deserção deve prosseguir ainda que o réu (ou executado) tenha perdido o status de militar da ativa. No STF, alguns Ministros já adotam essa posição; outros, todavia, ainda aplicam a posição mais antiga (com a perda do status de militar, entendem pela extinção do processo de deserção ainda que em fase de execução).

O tema é mais afeto ao Direito penal e Processual Penal Militar, razão pela qual não nos aprofundaremos no presente trabalho.

10.2. Transferência para reserva – art. 35 e 36 da Lei nº 4.375/65

A Reserva das Forças Armadas compõe-se dos oficiais, aspirantes a oficial ou guardas-marinha e das praças incluídas na reserva de acordo com a legislação própria (art. 155 do RLSM).

O artigo 35 da LSM preceitua que a reserva, no que concerne às praças, será constituída pelos **reservistas de 1ª e 2ª categorias:**

a) **1.ª categoria**, quando atingem um grau de instrução que os habilite ao desempenho de funções militares **qualificadas** ou **especializadas** no âmbito da Marinha, do Exército ou da Aeronáutica. Serão incluídos nessa categoria aqueles que se enquadrarem nas hipóteses do artigo 156, parágrafo único, do RLSM:

   1) As praças;
   2) Os alunos das escolas de formação de oficiais para a ativa, que tenham completado com aproveitamento, no mínimo, um ano do respectivo curso. Se forem desligados antes, deverão ser apresentados à seleção da primeira classe e terão prioridade para a incorporação; e
   3) Os alunos das escolas de formação de graduados para a ativa, bem como as praças ou alunos dos órgãos de formação de reservistas de 1ª categoria (graduados e soldados), que tenham completado um ano de curso.

b) **2.ª categoria**, quando recebem, no mínimo, a instrução militar suficiente para o exercício de função geral básica de caráter militar. Serão incluídos nessa categoria aqueles que se enquadrarem nas hipóteses do artigo 157, parágrafo único, do RLSM:

1) As praças;

2) Os alunos dos Órgãos de Formação de reservistas de 2ª categoria, inclusive dos Tiros-de-Guerra e Centros de Formação de Reservistas da Marinha, que terminarem toda a instrução militar, com aproveitamento;

3) Os alunos das Escolas Preparatórias de Cadetes do Exército e da Aeronáutica, do Colégio Naval, das Escolas de Aprendizes de Marinheiros, das Escolas de Marinha Mercante e dos centros de Formação de Marítimos, que tiverem completado, no mínimo, um ano de curso com aproveitamento, desde que satisfeitas as condições de idade mínima para a prestação do Serviço Militar inicial, prevista no art. 20 do RLSM;

4) Os alunos dos Colégios Militares que tenham concluído a instrução militar com aproveitamento e satisfeito as condições de idade mínima, de que trata o número 3, ou seja, a idade prevista no art. 20 do RLSM; e

5) As praças das Polícias Militares e Corpos de Bombeiros, que tenham completado um ano de serviço, bem como os alunos das Escolas de Formação de Oficiais dessas Corporações, que tiverem completado um ano de curso, satisfeitas as condições de idade mínima, de que trata o número 3, ou seja, a idade prevista no art. 20 do RLSM.

Segundo Abreu[4], reservistas são as praças componentes da reserva das Forças Armadas, nela incluída ao serem licenciadas, desincorporadas ou desligadas, nos termos da Lei do Serviço Militar, permanecendo na disponibilidade, vinculadas à organização militar na qual prestaram o serviço militar inicial ou à outra que lhes tiver sido indicada, durante o prazo fixado pelos Comandantes da Marinha, do Exército e da Aeronáutica, de acordo com as necessidades de mobilização.

Vale destacar que os **alunos dos Cursos de Formação de Oficiais para a reserva das Forças Armadas**, que não terminarem o respectivo curso, **não serão incluídos na reserva** e deverão ser apresentados à seleção com a primeira turma a ser incorporada, com prioridade para incorporação, **qualquer que tenha sido o seu tempo de instrução** (art. 158 do RLSM).

Por sua vez, os artigos 96 ao 103 do Estatuto dos Militares regulam a transferência para a reserva remunerada, que pode se dar a pedido e *ex officio*.

---

4. ABREU, Jorge Luiz Nogueira de. Direito Administrativo Militar, p. 197.

Todavia, deixamos de tecer maiores comentários tendo em vista não ser o escopo da presente obra.

10.3. Reforma - art. 104 a 114 da Lei nº 6.880/80

Nos termos do artigo 104 da Lei 6.880 (Estatuto dos militares), a **reforma** é efetuada **de ofício** e consiste na passagem do militar à situação de inatividade remunerada, caracterizada pela **dispensa definitiva** da prestação de serviço na ativa, em virtude de[5]:

a) Ter atingido a idade limite de tempo de permanência na reserva remunerada; (veja art. 106 da Lei 6.880/80)
b) Se de carreira, for julgado incapaz, definitivamente, para o serviço ativo das Forças Armadas;
c) Se temporário, for julgado inválido ou julgado incapaz, definitivamente, para o serviço ativo das Forças Armadas, quando enquadrado no disposto nos incisos I e II do caput do art. 108 do Estatuto dos Militares;
d) Estiver **agregado por mais de 2 (dois) anos** por ter sido julgado incapaz, temporariamente, mediante homologação de Junta Superior de Saúde, ainda que se trate de moléstia curável;
e) Condenado à pena de reforma prevista no Código Penal Militar, por sentença transitada em julgado;
f) Em consequência de Conselho de Justificação ou de Disciplina.

10.4. Demissão - art. 115 a 117 da Lei nº 6.880/80

A demissão das Forças Armadas é aplicada exclusivamente aos **oficiais** (art. 115 da LSM). Com efeito, a Praça com estabilidade assegurada é excluída do serviço ativo e a sem estabilidade, licenciada.

A **demissão** poderá ocorrer **a pedido** ou ***ex officio*** (art. 115 e 116 da Lei 6.880/80). Ao contrário do que muitos imaginam, não constitui penalidade imposta ao militar. O art. 50, IV, "p", da Lei 6.880/80 (Estatuto dos Militares), por exemplo, preconiza que demissão e licenciamento voluntários são direitos dos militares.

Na obra "Estatuto dos Militares Comentado", coordenada por Jorge César de Assis, leciona-se que a demissão é tão somente aplicada aos **oficiais de carreira**, senão, vejamos[6]:

---

5. Veja artigo 106 da Lei 6.880/80 (Estatuto dos Militares).

6. Coordenador: Jorge Cesar de Assis, Estatuto dos Militares Comentado, 2ª Edição - Revista e Atualizada, Juruá Editora, 2020, p. 398.

> *Demissão. A demissão das Forças Armadas,* ***aplicada tão somente aos Oficiais de carreira****, poderá ocorrer a pedido (art. 116) ou ex officio, e, ao contrário do que muitos imaginam, não constitui penalidade imposta ao militar.* ***Os Oficiais de carreira, exclusivamente, são demitidos,*** *já os Oficiais temporários, Guarda-Marinha, Aspirante a Oficial e demais Praças são licenciados do serviço ativo. (grifei)*

Por sua vez, o parágrafo único do art. 14 da Lei 6.923/1981 (que dispõe sobre o Serviço de Assistência Religiosa nas Forças Armadas), prevê a **demissão *ex officio* de capelão militar.**

11. CERTIFICADOS E DOCUMENTOS ATESTATÓRIOS DA SITUAÇÃO MILITAR – ART. 37 A 43 DA LEI Nº 4.375/64

De acordo com a Lei do Serviço Militar (art. 37 ao 43), serão fornecidos aos brasileiros os seguintes certificados:

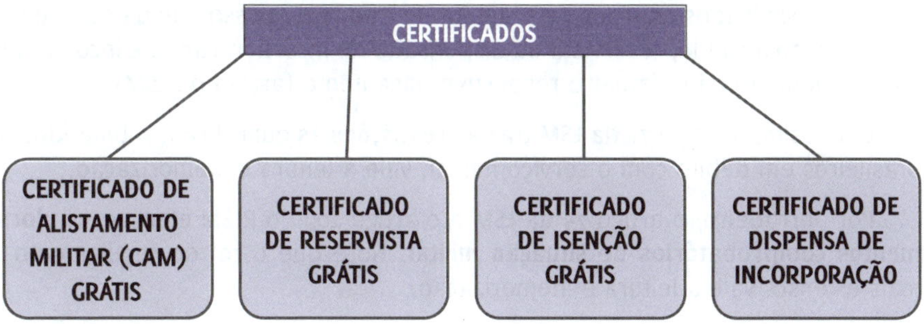

a) **Certificado de alistamento militar (CAM):** é o documento comprovante da apresentação para a prestação do serviço militar inicial. **É gratuito** (art. 37 da LSM).

b) **Certificado de reservista:** é o documento comprovante de inclusão do cidadão na reserva da Marinha, do Exército ou da Aeronáutica, sendo de formato único para as três Forças Armadas. Nele será incluída a categoria a que pertence o reservista. Para que o reservista esteja em dia com suas obrigações militares, durante o período em que permanecer em disponibilidade, seu certificado deverá receber, anualmente, anotação de apresentação. **É gratuito** (art. 38 da LSM).

c) **Certificado de isenção:** é o comprovante de que o brasileiro está isento do serviço militar em razão dos motivos descritos na legislação. **É gratuito** (art. 39 da LSM).

d) **Certificado de dispensa de incorporação:** é fornecido, mediante pagamento da **taxa militar** correspondente, aos dispensados de incorporação (art. 40 da LSM).

Em caso de alteração, inutilização ou extravio de qualquer Certificado Militar, o interessado deverá requerer uma **2ª Via**, anexando o comprovante do pagamento da **multa** cabível (art. 171 do RLSM).

Vale ressaltar que o Certificado de Isenção e o Certificado de Dispensa de Incorporação dos brasileiros concluintes dos cursos de **Medicina, Farmácia, Odontologia e Veterinária** terão validade até a diplomação e deverão ser revalidados pela Região Militar competente para ratificar a dispensa ou recolhidos, no caso de incorporação, a depender da necessidade das Forças Armadas (art. 40-A da LSM).

Os Certificados de Isenção devem ser entregues logo que possível, sendo que os das **praças expulsas** será entregue **no ato da expulsão** (art. 41 da LSM e art. 165, § 5°, do RLSM).

É vedado, a quem quer que seja, reter certificados de alistamento, de reservista, de isenção ou de dispensa de incorporação ou incluí-los em processo burocráticos, ressalvados os casos de suspeita de fraude de pessoa ou da coisa e nas hipóteses do alistado, reservista ou dispensado de incorporação que incorrer em multa, enquanto não efetuar o respectivo pagamento (art. 42 da LSM).

Outrossim, o artigo 74 da LSM traz as **restrições** às quais ficam submetidos os brasileiros em débito com o serviço militar. Vale a leitura e memorização.

Por derradeiro, o artigo 75 da LSM e o artigo 209 do RLSM elencam os **documentos comprobatórios de situação militar**. Note que o rol do regulamento é mais extenso. Vale a leitura e memorização.

12. COMO OS ASSUNTOS FORAM COBRADOS EM PROVA

1 - Ano: 2020 Banca: Aeronáutica Órgão: CIAAR Prova: Aeronáutica - 2020 - CIAAR - Primeiro Tenente - Serviços Jurídicos

Incorporação é o ato de inclusão do convocado ou voluntário em uma Organização Militar da Ativa das Forças Armadas, de acordo com o disposto na Lei do Serviço Militar, que também relaciona casos de isenção do serviço militar e dispensa de incorporação.

Considerando as assertivas abaixo, qual das hipóteses indica condição para dispensa de incorporação dos brasileiros da classe convocada à prestação do serviço militar?

a) A incapacidade física ou mental definitiva do convocado, em qualquer tempo.

b) A incapacidade moral dos convocados que estiverem cumprindo sentença por crime doloso, em tempo de paz.

c) O julgamento de inaptidão dos convocados em seleção ou inspeção e consideração de irrecuperabilidade para o Serviço Militar nas Forças Armadas.

d) O convocado estar entre operários, funcionários ou empregados de estabelecimentos ou empresas industriais de interesse militar, de transporte e de comunicações, que forem, anualmente, declarados diretamente relacionados com a Segurança Nacional pelo Estado-Maior das Forças Armadas.

2 - Ano: 2020 Banca: Aeronáutica Órgão: CIAAR Prova: Aeronáutica - 2020 - CIAAR - Primeiro Tenente - Serviços Jurídicos

O Serviço Militar consiste no exercício de atividades específicas desempenhadas nas Forças Armadas - Exército, Marinha e Aeronáutica - e compreenderá, na mobilização, todos os encargos relacionados com a defesa nacional. O Serviço Militar inicial dos incorporados terá a duração normal de 12 (doze) meses.

Mediante autorização do Presidente da República, conforme especificado na Lei do Serviço Militar, a duração do tempo do Serviço Militar inicial poderá ser

a) dilatada por prazo superior a 18 (dezoito) meses, em caso de interesse nacional.

b) dilatada por prazo superior a 24 (vinte e quatro) meses, em caso de interesse nacional.

c) reduzida de período superior a 6 (seis) meses desde que solicitada, justificadamente, pelo Ministério Militar interessado.

d) reduzida de período superior a 4 (quatro) meses desde que solicitada, justificadamente, pelo Ministério Militar interessado.

3 - Ano: 2019 Banca: Marinha Órgão: Quadro Técnico Prova: Marinha - 2019 - Quadro Técnico - Primeiro Tenente - Direito

Sobre a Lei 4.375/1964, que disciplina o Serviço Militar obrigatório, assinale a opção correta.

a) A obrigação para com o Serviço Militar, em tempo de paz, começa no 10 dia de janeiro do ano em que o cidadão completar 18 (dezoito) anos de idade e subsistirá até 31 de dezembro do ano em que completar 45 (quarenta e cinco) anos.

b) Em qualquer época, poderão somente os brasileiros que tenham prestado Serviço Militar obrigatório ser objeto de convocação de emergência, em condições determinadas pelo Presidente da República, para evitar a perturbação da ordem ou para sua manutenção ou, ainda, em caso de calamidade pública.

c) Será permitida a prestação do Serviço Militar como voluntário, a partir dos 16 (dezesseis) anos de idade, para os homens.

d) As mulheres ficam isentas do Serviço Militar em tempo de guerra e, de acordo com suas aptidões, sujeitas aos encargos do interesse da mobilização.

e) A contagem de tempo de Serviço Militar terá início no dia da convocação.

4 - Ano: 2018 Banca: Marinha Órgão: Quadro Técnico Prova: Marinha - 2018 - Quadro Técnico - Primeiro Tenente - Direito

Considerando o previsto na lei nº 4.375/1964, Lei do Serviço Militar, assinale a opção correta.

a) Será considerado insubmisso o brasileiro que não se apresentar para a seleção durante a época de seleção do contingente de sua classe ou que, tendo-o feito, se ausentar sem a ter completado.

b) São dispensados de incorporação os brasileiros da classe convocada matriculados em Cursos de Formação de Oficiais das Polícias Militares e Corpos de Bombeiros, até o término ou interrupção do curso.

c) O Certificado de Dispensa de incorporação será fornecido gratuitamente pela autoridade militar competente aos brasileiros isentos do Serviço Militar.

d) A obrigação para com o serviço militar, em tempo de paz, começa no 1º dia de janeiro do ano em que o cidadão completar 18 (dezoito) anos e subsistirá até 31 de dezembro do ano em que completar 45 (quarenta e cinco) anos.

e) O serviço militar inicial será prestado por classes constituídas de brasileiros nascidos entre 1º de janeiro e 31 de dezembro, no ano em que completarem 18 (dezoito) anos de idade.

5 - Ano: 2014 Banca: Marinha Órgão: Quadro Técnico Prova: Marinha - 2014 - Quadro Técnico - Primeiro Tenente - Direito

De acordo com o disposto na Lei do Serviço Militar (Lei nº 4.375/64}, é correto afirmar que:

a) o Serviço Militar inicial será prestado por classes constituídas de brasileiros nascidos entre 1º de janeiro a 31 de dezembro, no ano em que completarem 18 (dezoito) anos de idade.

b) os critérios para a seleção serão fixados pelo Ministério da Defesa, de acordo com os requisitos apresentados pelas Forças Armadas, de per si.

c) o brasileiro que não se apresentar para a seleção durante a época de seleção do contingente de sua classe ou que, tendo-o feito, se ausentar sem a ter completado, será considerado insubmisso.

d) a matrícula é o ato de admissão do convocado ou voluntário em qualquer Escola, Centro, Curso de Formação de Militar da Ativa, ou Órgão de Formação de Reserva.

e) os convocados que forem condenados ao pagamento de multa, e não possuírem recursos para atendê-lo, poderão ser dispensados da mesma, desde que comprovem ser arrimos de família.

6 - Ano: 2014 Banca: CESPE / CEBRASPE Órgão: Câmara dos Deputados Prova: CESPE - 2014 - Câmara dos Deputados - Analista Legislativo - Consultor Legislativo Área XVII

Com referência ao serviço militar, julgue o seguinte item.

A lei faculta aos alistados no serviço militar obrigatório exercer atividades de caráter assistencial ou filantrópico em razão de crença religiosa ou de convicção filosófica, o que caracteriza o serviço alternativo ao serviço militar obrigatório.

7 - Ano: 2014 Banca: CESPE / CEBRASPE Órgão: Câmara dos Deputados Prova: CESPE - 2014 - Câmara dos Deputados - Analista Legislativo - Consultor Legislativo Área XVII

Com referência ao serviço militar, julgue o seguinte item.

A incorporação da pessoa nas Forças Armadas poderá ser adiada, caso essa esteja matriculada em cursos de formação de oficiais das polícias militares e dos corpos de bombeiros.

8 - Ano: 2013 Banca: MPM Órgão: MPM Prova: MPM - 2013 - MPM - Promotor de Justiça Militar

Relativamente ao serviço militar, assinale a alternativa incorreta:

a) A matrícula é o alistamento em qualquer escola, centro, curso de formação de militar da ativa, ou órgão de formação da reserva.

b) Incorporação é o ato de inclusão do convocado ou voluntário em uma Organização Militar da ativa das Forças Armadas.

c) Conscritos são os brasileiros que compõem a classe chamada para a seleção, tendo em vista a prestação do Serviço Militar inicial.

d) O incorporado que responder a processo na Justiça Militar permanecerá na sua unidade, mesmo como excedente.

9 - (2013/STM/CESPE/Juiz Auditor Substituto)

Em relação ao disposto na Lei do Serviço Militar e em seu regulamento, assinale a opção correta.

a) Admite-se a interrupção do serviço ativo das Forças Armadas, com a expulsão do incorporado, quando este vier a ser condenado, por sentença irrecorrível, resultante de prática de crime comum, ainda que em caráter culposo.

b) Apenas aos funcionários públicos federais, estaduais ou municipais convocados para o serviço militar é assegurado o direito de retorno ao cargo ou emprego respectivo, no período de trinta dias após o licenciamento, sem prejuízo da correspondente remuneração, vencimento ou salário que têm direito a perceber dos órgãos a que estejam vinculados.

c) Não será computado para efeito de aposentadoria o tempo de serviço ativo prestado nas Forças Armadas pelos incorporados ou matriculados em órgão de formação de reserva, por motivo de convocação para a prestação do serviço militar inicial.

d) A regularização da situação militar dos brasileiros que tiverem prestado serviço militar, ou de caráter militar, nas Forças Armadas de países amigos cabe ao órgão de direção do serviço militar da respectiva Força, respeitados os acordos existentes.

e) São isentos do serviço militar os arrimos de família, enquanto estiverem em tal situação.

10 - (2013/STM/CESPE/Juiz Auditor Substituto)

Assinale a alternativa correta sobre o Serviço Militar:

a) O Serviço Militar inicial será o prestado por classes constituídas de brasileiros nascidos entre 1º de janeiro e 31 de dezembro, no ano em que completarem 19 (dezenove) anos de idade.

b) A obrigação para com o Serviço Militar, em tempo de paz, começa no 1º dia de janeiro do ano em que o brasileiro completar 19 (dezenove) anos de idade e subsistirá até 31 de dezembro do ano em que completar 45 (quarenta e cinco) anos.

c) Será permitida aos brasileiros a prestação do Serviço Militar como voluntário, a partir do ano em que completarem 17 (dezessete) anos.

d) Não será computado como tempo de Serviço Militar o período que o incorporado levar no cumprimento de sentença judicial recorrível.

11 - Ano: 2012 Banca: Marinha Órgão: Quadro Técnico Prova: Marinha - 2012 - Quadro Técnico - Primeiro Tenente - Direito

De acordo com a Lei nº 4.375/84, que dispõe sobre o Serviço Militar, são dispensados de incorporação os brasileiros da classe convocada, EXCETO:

a) residentes há mais de 1 (um) ano, referido à data de início da época de seleção, em Município não-tributado.

b) residentes há mais de 1 (um) ano, referido à data de início da época de seleção, em Zona Rural de Município somente tributário de órgão de Formação da Reserva.

c) residentes em Municípios tributários, excedentes às necessidades das Forças Armadas.

d) os que se encontrarem no exterior e o comprovarem ao regressarem ao Brasil.

e) os matriculados em Órgãos de Formação da Reserva.

12 - (STM – Juiz-Auditor 2005)

A obrigação para com o serviço militar, em tempo de paz, começa no dia 1.º de janeiro do ano em que o cidadão completar 18 (dezoito) anos de idade e subsistirá até 31 de dezembro do ano em que completar 45 (quarenta e cinco) anos. O cidadão que, regularmente alistado para o serviço militar, não comparecer na ocasião e no local marcados para a seleção, ou que, tendo-o feito, se ausentar sem a ter completado, será considerado:

a) refratário.

b) desertor.

c) incapaz.

d) insubmisso.

13 - (STM – Juiz-Auditor 2005)

Incorporação é o ato de inclusão do convocado ou voluntário para o serviço militar em uma organização militar das Forças Armadas. A Lei do Serviço Militar (Lei 4.375, de 17 de agosto de 1964) estabelece que o convocado poderá ter sua incorporação adiada:

a) se estiver matriculado ou for candidato à matrícula em estabelecimentos de ensino destinados à formação de médicos, dentistas, farmacêuticos e veterinários.

b) se estiver matriculado em Órgão de Formação de Reserva.

c) se for arrimo de família.

d) se for julgado incapaz definitivamente para o serviço militar.

14 - (MPM – Promotor 2005)

A prorrogação voluntária do tempo de serviço do incorporado denomina-se:

a) Engajamento.

b) Reincorporação.

c) Dilação do tempo de serviço.

d) Adição.

15 - (MPM – Promotor 1999)

Quanto ao status administrativo, qual a situação do insubmisso e do desertor capturados, enquanto não submetidos à inspeção de saúde:

a) Serão encostados (ou em depósito) a Organização Militar, para fins de justiça, mantendo a condição de civis.

b) Serão imediatamente incorporados à Unidade, anulando-se o ato caso sejam declarados incapazes no exame de saúde.

c) Serão incluídos e imediatamente classificados em disponibilidade, aguardando o resultado da inspeção de médica.

d) Serão agregados, não perdendo a condição de civis até a definição da Junta de Inspeção de Saúde, sendo considerados assemelhados.

16 - (MPM – Promotor 1999)

No tema das interrupções do serviço militar, podemos definir os conceitos de anulação da incorporação, desincorporação e expulsão, respectivamente, como:

a) Declaração de nulidade do ato de incorporação e seu efeito real; sendo expulsão a baixa desonrosa das Forças Armadas.

b) Desfazimento do ato administrativo de incorporação; exclusão por motivo específico adquirido; e baixa desonrosa por motivo disciplinar ou penal;

c) Nulidade da convocação e afastamento do corpo de tropa por movimentação; sendo a expulsão o licenciamento ex officio por motivo disciplinar, ideológico ou político.

d) Desfazimento da incorporação por irregularidade na seleção; afastamento definitivo por motivo de saúde; não vigorando a expulsão na vigência da atual Constituição.

17 - (STM – Juiz-Auditor 1996)

A Lei 4.375, de 17 de agosto de 1964, Lei do Serviço Militar, relaciona os Órgão de Direção e Execução do Serviço Militar. Nos Municípios brasileiros, as Juntas de Serviço Militar, como Órgão de Execução, são presididas pelo:

a) Comandante da respectiva Região Militar.

b) Prefeito Municipal.

c) Estado Maior das Forças Armadas.

d) Chefe ou Comandante da Organização Militar da cidade.

18 - (STM – Juiz-Auditor 1996)

O documento comprovante de inclusão de brasileiro na Reserva da Marinha, do Exército ou da Aeronáutica é:

a) Certificado de Reservista.

b) Certificado de Apresentação.

c) Certificado de Incorporação.

d) Certificado de Alistamento Militar.

Gabarito – Questões de Concursos (Lei do Serviço Militar)

1 – D	2 – A	3 – A	4 - D	5 - D	6 - C	7 - C	8 – A	9 – D
10 – A	11 – D	12 – A	13 – A	14 – A	15 – A	16 – B	17 – B	18 – A

Capítulo VIII

Hierarquia e Disciplina

MARIANA AQUINO

Referência legislativa: art. 14 a 19 do Estatuto dos Militares e Anexo I – Círculos e escala hierárquica nas Forças Armadas.

1. HIERARQUIA E DISCIPLINA COMO BASE INSTITUCIONAL DAS FORÇAS ARMADAS

A hierarquia e a disciplina consistem na base institucional das Forças Armadas, cujo reflexo imediato é o de que a autoridade e a disciplina aumentam com o grau hierárquico.

Nesse sentido, a hierarquia militar é a ordenação da autoridade, em níveis diferentes, dentro da estrutura das Forças Armadas. A ordenação se faz por postos ou graduações; dentro de um mesmo posto ou graduação se faz pela antiguidade no posto ou na graduação.

O respeito à hierarquia é consubstanciado no espírito de acatamento à sequência de autoridade.

A hierarquia decorre do escalonamento vertical da autoridade, em níveis diferentes, por meio dos postos e graduações que compõem a escala hierárquica das Forças Armadas. Exemplificando: um capitão possui grau hierárquico superior ao do primeiro-tenente, do segundo-tenente, do aspirante a oficial, do suboficial, do primeiro-sargento. Em contrapartida, possui grau hierárquico inferior ao do major, do capitão de corveta, do tenente-coronel, do coronel[1].

Por sua vez, a disciplina é a rigorosa observância e o acatamento integral das leis, regulamentos, normas e disposições que fundamentam o organismo militar e coordenam seu funcionamento regular e harmônico, traduzindo-se pelo perfeito

---

1. ABREU, Jorge Luiz Nogueira de. Direito Administrativo Militar. Rio de Janeiro: Forense, pág. 304.

cumprimento do dever por parte de todos e de cada um dos componentes desse organismo.

A disciplina e o respeito à hierarquia devem ser mantidos em todas as circunstâncias da vida entre militares da ativa, da reserva remunerada e reformados.

Em que pese os conceitos de hierarquia e disciplina estejam positivados no Estatuto dos Militares, não se pode olvidar que possuem guarda constitucional e são reconhecidos como princípios.

Nesses termos, a hierarquia e a disciplina militar apresentam-se como verdadeiros princípios jurídicos a orientar toda a organização, funcionamento e emprego das instituições militares. (CARVALHO, 2005).[2]

Esses princípios são tão caros às Forças Armadas que seu descumprimento pode acarretar transgressões disciplinares e até mesmo condutas criminosas, tipificadas no Título II da Parte Especial do Código Penal Militar, que trata dos crimes contra a hierarquia e disciplina militares, tais como o motim, revolta, insubordinação, violência contra superior e inferior, dentre outros.

Antônio Pereira Duarte apud COSTA et al, 20048, no tocante a relevância da hierarquia e disciplina no funcionamento dos órgãos militares, ensina:

> *A ordenação da convivência entre os diferentes níveis hierárquicos exige o rigor da disciplina e a obediência irrestrita às ordens superiores. O respeito a tais princípios é a base de sustentação das instituições militares. A relação de subordinação hierárquica não reduz o subordinado à condição meramente servil, mas conduz à ordem e disciplina, não impedindo, contudo, que o militar, que se sinta humilhado ou ofendido em sua dignidade, possa recorrer ao comando imediatamente superior para que seja solucionada a questão.*[3]

1.1. Círculos militares e escala hierárquica

Como desdobramento da hierarquia e da disciplina, os círculos hierárquicos são âmbitos de convivência entre os militares da mesma categoria e têm a finalidade de desenvolver o espírito de camaradagem, em ambiente de estima e confiança, sem prejuízo do respeito mútuo.

De acordo com o Anexo I previsto no Estatuto dos Militares (EM), que trata dos "círculos e escala hierárquica nas Forças Armadas", há três círculos hierárquicos: dos oficiais, das praças e das praças especiais.

2. Estatuto dos Militares Comentado: Lei 6880, de 09 de dezembro de 1980/coordenação de Jorge César de Assis- Curitiba: Juruá, 2019, p. 62.

3. Estatuto dos Militares Comentado: Lei 6880, de 09 de dezembro de 1980/coordenação de Jorge César de Assis- Curitiba: Juruá, 2019, p. 63.

CÍRCULOS E ESCALA HIERÁRQUICA NAS FORÇAS ARMADAS

(Redação dada pela Lei nº 13.954, de 2019)

<table>
<tr><th colspan="3">HIERARQUIZAÇÃO</th><th>MARINHA</th><th>EXÉRCITO</th><th>AERONÁUTICA</th></tr>
<tr><td rowspan="4">CÍRCULO DE OFICIAIS</td><td>Círculo de Oficiais-Generais</td><td rowspan="4">POSTO</td><td>Almirante
Almirante de Esquadra
Vice-Almirante
Contra-Almirante</td><td>Marechal
General de Exército
General de Divisão
General de Brigada</td><td>Marechal do Ar
Tenente-Brigadeiro
Major-Brigadeiro
Brigadeiro</td></tr>
<tr><td>Círculo de Oficiais Superiores</td><td>Capitão de Mar e Guerra
Capitão de Fragata
Capitão de Corveta</td><td>Coronel
Tenente-Coronel
Major</td><td>Coronel
Tenente-Coronel
Major</td></tr>
<tr><td>Círculo de Oficiais Intermediários</td><td>Capitão-Tenente</td><td>Capitão</td><td>Capitão</td></tr>
<tr><td>Círculo de Oficiais Subalternos</td><td>Primeiro-Tenente
Segundo-Tenente</td><td>Primeiro-Tenente
Segundo-Tenente</td><td>Primeiro-Tenente
Segundo-Tenente</td></tr>
<tr><td rowspan="3">CÍRCULO DE PRAÇAS</td><td>Círculo de Suboficiais, Subtenentes e Sargentos</td><td rowspan="3">GRADUAÇÃO</td><td>Suboficial
Primeiro-Sargento
Segundo-Sargento
Terceiro-Sargento</td><td>Subtenente
Primeiro-Sargento
Segundo-Sargento
Terceiro-Sargento</td><td>Suboficial
Primeiro-Sargento
Segundo-Sargento
Terceiro-Sargento</td></tr>
<tr><td rowspan="2">Círculo de Cabos e Soldados</td><td>Cabo</td><td>Cabo e Taifeiro-Mor</td><td>Cabo e Taifeiro-Mor</td></tr>
<tr><td>Marinheiro Especializado e Soldado Especializado
Marinheiro e Soldado
Marinheiro-Recruta e Recruta</td><td>Soldado e Taifeiro de Primeira Classe
Soldado-Recruta e Taifeiro de Segunda Classe</td><td>Soldado de Primeira Classe
Taifeiro de Primeira Classe
Soldado de Segunda Classe e Taifeiro de Segunda Classe</td></tr>
<tr><td rowspan="4">PRAÇAS ESPECIAIS</td><td colspan="2">Frequentam o círculo de Oficiais Subalternos</td><td>Guarda-Marinha</td><td>Aspirante a Oficial</td><td>Aspirante a Oficial</td></tr>
<tr><td colspan="2" rowspan="3">Excepcionalmente ou em reuniões sociais têm acesso aos círculos dos oficiais</td><td>Aspirante (Aluno da Escola Naval) e Aluno das instituições de graduação de Oficiais da Marinha</td><td>Cadete (Aluno da Academia Militar) e Aluno do Instituto Militar de Engenharia e Aluno das instituições de graduação de Oficiais do Exército</td><td>Cadete (Aluno da Academia da Força Aérea) e Aluno do Instituto Tecnológico de Aeronáutica</td></tr>
<tr><td>Aluno do Colégio Naval</td><td>Aluno da Escola Preparatória de Cadetes do Exército</td><td>Aluno da Escola Preparatória de Cadetes do Ar</td></tr>
<tr><td>Aluno de órgão de formação de Oficiais da Reserva</td><td>Aluno de órgão de formação de Oficiais da Reserva</td><td>Aluno de órgão de formação de Oficiais da Reserva</td></tr>
</table>

HIERARQUIZAÇÃO		MARINHA	EXÉRCITO	AERONÁUTICA
PRAÇAS ESPECIAIS	Excepcionalmente ou em reuniões sociais têm acesso ao círculo dos Suboficiais, Subtenentes e Sargentos	Aluno de escola ou centro de formação de Sargentos	Aluno de escola ou centro de formação de Sargentos	Aluno de escola ou centro de formação de Sargentos
	Frequentam o círculo de Cabos e Soldados	Aprendiz-Marinheiro, Grumete e Aluno de órgão de formação de Praças da Reserva	Aluno de órgão de formação de Praças da Reserva	

Escala hierárquica consiste no escalonamento entre os diversos postos e graduações e também dentro de um mesmo posto ou da mesma graduação, a fim de se estabelecer a antiguidade. Lembrando que os postos de Almirante, Marechal e Marechal do Ar apenas serão preenchidos em tempo de guerra (art. 16, § 2º, do EM).

1.1.1. Postos e graduações na Marinha, no Exército e na Aeronáutica

Posto é o grau hierárquico do oficial, conferido por ato do Presidente da República ou do Ministro de Força Singular e confirmado em Carta Patente (art. 16, § 1º, do EM), que é o documento oficial que indica o grau do oficial e os anteriores, com as respectivas datas de promoção.

A Constituição Federal, no art.142, § 3º, inciso I, prevê a garantia da patente aos oficiais dispor que "as patentes, com prerrogativas, direitos e deveres a elas inerentes, são conferidas pelo Presidente da República e asseguradas em plenitude aos oficiais da ativa, da reserva ou reformados, sendo-lhes privativos os títulos e postos militares e, juntamente com os demais membros, o uso dos uniformes das Forças Armadas".

Ainda, a Carta Magna dispõe que o oficial somente perderá o posto e a patente se for julgado indigno do oficialato ou com ele incompatível, por decisão de tribunal militar de caráter permanente, em tempo de paz, ou de tribunal especial, em tempo de guerra.

Já a graduação é o grau hierárquico da praça, conferido pela autoridade militar competente (art. 16, § 3º, do EM).

Os Guardas-Marinha, os Aspirantes-a-Oficial e os alunos de órgãos específicos de formação de militares são denominados praças especiais, e, como ainda não possuem carta-patente (pois ainda não são oficiais) podem ser submetidos a Conselho de Disciplina em caso de grave violação aos preceitos disciplinares.

Ainda, importante destacar que as praças especiais não podem compor os Conselhos de Justiça, uma vez que ainda não são oficiais, conforme prevê a Lei 8.457/92, que organiza a Justiça Militar da União.

QUADRO DE POSTOS E GRADUAÇÕES COM AS INSÍGNIAS

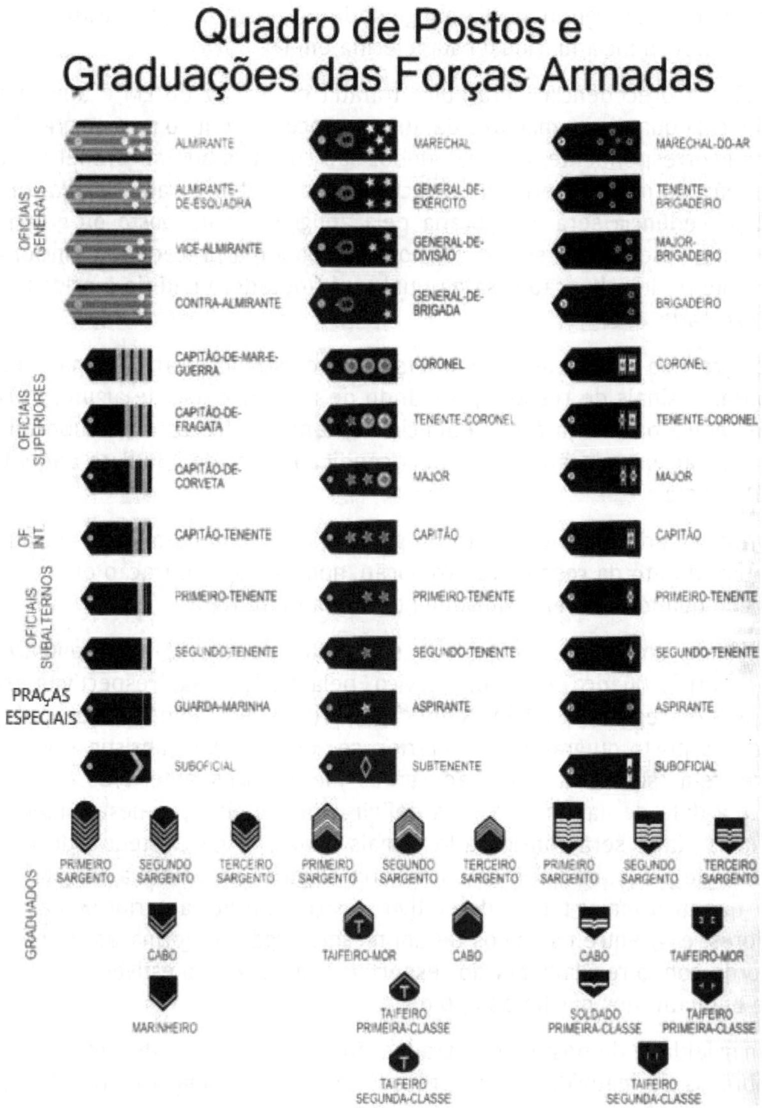

2. PRECEDÊNCIA E ANTIGUIDADE

A precedência entre militares da ativa do mesmo grau hierárquico, ou correspondente, é assegurada pela antiguidade no posto ou graduação, salvo nos casos de precedência funcional estabelecida em lei.

Assim, a precedência hierárquica tratada no art. 17 do EM é aquela a ser estabelecida quando os militares da ativa se encontrarem no mesmo grau hierárquico ou correspondente, ou seja, ambos são coronéis ou um coronel e o outro um capitão de mar e guerra. Nesses casos, como regra geral, o legislador fixou que a precedência será assegurada pela antiguidade no posto ou graduação. No entanto, esse critério será excepcionado quando a precedência funcional for decorrente de lei, situação essa na qual será adotado o critério funcional e não da antiguidade.

Tem reflexo em todos os momentos do cotidiano castrense, para os fins de honras e sinais de respeito, comando de frações e uso de algumas prerrogativas, entre outros. Já a precedência funcional é a relação de subordinação de um militar em relação a outro pela condição de chefe imediato daquele em relação a este.

A antiguidade em cada posto ou graduação é contada a partir da data da assinatura do ato da respectiva promoção, nomeação, declaração ou incorporação, salvo quando estiver taxativamente fixada outra data.[4]

Havendo empate, a antiguidade será estabelecida: a) entre militares do mesmo Corpo, Quadro, Arma ou Serviço, pela posição nas respectivas escalas numéricas ou registros existentes em cada Força; b) nos demais casos, pela antiguidade no posto ou graduação anterior; se, ainda assim, subsistir a igualdade, recorrer-se-á, sucessivamente, aos graus hierárquicos anteriores, à data de praça e à data de nascimento para definir a procedência, e, neste último caso, o de mais idade será considerado o mais antigo; c) na existência de mais de uma data de praça, inclusive de outra Força Singular, prevalece a antiguidade do militar que tiver maior tempo de efetivo serviço na praça anterior ou nas praças anteriores; e d) entre os alunos de um mesmo órgão de formação de militares, de acordo com o regulamento do respectivo órgão, se não estiverem especificamente enquadrados nas letras *a*, *b* e *c*.

Em igualdade de posto ou de graduação, os militares da ativa têm precedência sobre os da inatividade, e a precedência entre os militares de carreira na ativa e os da reserva remunerada ou não, que estejam convocados, é definida pelo tempo de efetivo serviço no posto ou graduação.

---

4. Estatuto dos Militares Comentado: Lei 6880, de 09 de dezembro de 1980/coordenação de Jorge César de Assis- Curitiba: Juruá, 2019, p. 70.

A precedência entre as praças especiais e as demais praças é assim regulada (art. 19 do EM):

I - os Guardas-Marinha e os Aspirantes-a-Oficial são hierarquicamente superiores às demais praças;

II - os Aspirantes da Escola Naval, os Cadetes da Academia Militar das Agulhas Negras e da Academia da Força Aérea e os alunos do Instituto Tecnológico de Aeronáutica, do Instituto Militar de Engenharia e das demais instituições de graduação de oficiais da Marinha e do Exército são hierarquicamente superiores aos Suboficiais e aos Subtenentes;

III - os alunos de Escola Preparatória de Cadetes e do Colégio Naval têm precedência sobre os Terceiros-Sargentos, aos quais são equiparados;

IV - os alunos dos órgãos de formação de oficiais da reserva, quando fardados, têm precedência sobre os Cabos, aos quais são equiparados; e

V - os Cabos têm precedência sobre os alunos das escolas ou dos centros de formação de sargentos, que a eles são equiparados, respeitada, no caso de militares, a antiguidade relativa.

A precedência entre militares e civis, em missões diplomáticas ou em comissão no País ou no estrangeiro, bem como nas solenidades oficiais, é regulamentada em legislação especial.

Com relação à precedência funcional e precedência hierárquica, Fernando Hugo Miranda Teles[5] destaca que:

> *"(...) pode-se imaginar uma Organização Militar (OM) com quatro Companhias (nome dado a uma determinada fração de pessoal no Exército): Alfa, Bravo, Charlie e Delta. Um Sargento pertencente à Companhia Alfa não poderia receber ordens de natureza funcional do Comandante da Companhia Bravo; o correto seria o Comandante da Companhia Bravo solicitar o apoio do Comandante da Companhia Alfa para ceder seu graduado a fim de cumprir certa tarefa.*
>
> *Todavia, se o Comandante da Companhia Bravo passar pelo Sargento da Companhia Alfa e este não lhe prestar a continência, poderá ser admoestado pelo Comandante da Companhia Bravo, eis que essa atitude não diz respeito à subordinação funcional, mas meramente hierárquica.*
>
> *Um outro exemplo de precedência funcional é o Comandante de cada Força Armada, que é um Oficial-General do mais alto posto e poderá ser mais moderno (menos "antigo") que os demais Oficiais-Generais do Alto Comando de cada Força (ex.: o Comandante do Exército pode ser, no ato da nomeação, mais moderno que todos os demais Generais de Exército que compõem o*

5. Estatuto dos Militares Comentado: Lei 6880, de 09 de dezembro de 1980/coordenação de Jorge César de Assis- Curitiba: Juruá, 2019, p. 71/72.

Alto Comando daquela Força). O Comandante é de escolha do Presidente da República, após indicação pelo Ministro de Estado da Defesa (art. 4º da Lei Complementar 97/99, com a redação dada pela Lei Complementar 136/2010), de modo que pode ser escolhido livremente dentre os Oficiais-Generais do último posto daquela Força e não há qualquer obrigatoriedade de ser seguida a ordem de antiguidade, malgrado em geral seja. Caso o Comandante escolhido não seja o mais antigo, terá, a partir do ato da posse, precedência sobre os demais Oficiais-Generais da respectiva Força Armada (art. 5º, § 1º da Lei Complementar 97/99).

Outra exceção: o Chefe do Estado-Maior Conjunto das Forças Armadas e os Comandantes de Força, se na ativa, ao assumirem a função serão passados para reserva (inativos), no entanto, em razão da função que exercem terão precedência entre os oficiais generais do último posto na ativa. (§ 1º do art. 3º-A e art. 5º todos da LC 97/1999)."

3. COMO O ASSUNTO FOI COBRADO EM PROVAS

1 - (2012/UEPA/PM-PA/Oficial) Acerca da hierarquia e disciplina policial militar é correto afirmar que:

I. A hierarquia e a disciplina são a base institucional da Polícia Militar, crescendo a autoridade e responsabilidade com a elevação do grau hierárquico.

II. A disciplina na Policial-Militar é a ordenação da autoridade, em níveis diferentes, dentro da estrutura da Polícia Militar, por postos ou graduações.

III. Dentro de um mesmo posto ou graduação, a ordenação faz-se pela antiguidade nestes, sendo o respeito à hierarquia consubstanciado no espírito de acatamento à sequência da autoridade.

IV. Hierarquia é a rigorosa observância e acatamento integral da legislação que fundamenta o organismo Policial-Militar e coordena seu funcionamento regular e harmônico, traduzindo-se pelo perfeito cumprimento do dever por parte de todos e de cada um dos componentes desse organismo.

De acordo com as afirmativas acima a alternativa correta é:

a) I e III.

b) I, II, III e IV.

c) I.

d) IV.

e) II.

2 - (2020/ESFECEX/Oficial) É correto afirmar sobre os Princípios Gerais da Hierarquia e da Disciplina no Exército, conforme determinado pelo Regulamento Disciplinar do Exército:

a) quando a ordem superior contrariar preceito regulamentar ou legal, o executante deverá ainda assim executá-la sem questionamentos, cumprindo à autoridade que emitiu a ordem responder por eventuais excessos do executante.

b) a disciplina e o respeito à hierarquia devem ser mantidos permanentemente pelos militares na ativa, sendo relativizados na inatividade.

c) são manifestações essenciais de disciplina (i) a correção de atitudes; (ii) a obediência pronta às ordens dos superiores hierárquicos; (iii) a dedicação integral ao serviço; e (iv) a colaboração espontânea para a disciplina coletiva e a eficiência das Forças Armadas.

d) a disciplina militar é a relativa observância e o acatamento integral das leis, regulamentos, normas e disposições, quando não contrariem o espírito cívico- -militar, traduzindo-se pelo perfeito cumprimento do dever por parte de todos.

e) a hierarquia militar é a ordenação da autoridade, em níveis diferentes, por pontos e premiações, sendo pedra angular da organização do Exército.

Gabarito: 1-A; 2-C.

Capítulo IX

Do Direito Disciplinar Militar

JULIANA PAULA DE SOUZA

Referência legislativa: arts. 20, 42, 43 e 47 da L. 6.880/80;

arts. 5º, XV, XXXV, LXI, LV, LXVIII, arts. 22, XXI, 42, 53, 59, 125, 133, 136, 142 e 144 da CF;

arts. 6º, 7º, n. 27, 8º, 9º, 14, 17, 19, 20, 27, 38, 39, 41 e 46 do Decreto nº 88.545/83;

arts. 6º, 10 ao 16, 18§ún., 19, 20, 21§ún., 22 ao 26, 34, §2º, II, 35, 37, 40§2º, 41, 42, 45, 46, 47, 52, 55, 58, 59, 61, 63, Anexo I, nºs. 4, 5, 88, 98, 99, 110 e Anexo IV do Decreto nº 4.346/2002;

arts. 6º, 8º, 9º, art. 10, nºs 78, 97, arts.11, 12, 14, 15, 16, art.19, nº 2, segunda parte, art.29, art. 34, nºs. 4 e 5, arts.35, art.37, art.37, nº 5, arts.41 ao 52, 62 e quadro de punições máximas do Decreto nº 76.322/75;

Súmulas 19, 55 e 56 do STF

art. 2º § 3º, 7º, XV da Lei 8.906/94;

arts. 38, b, arts.102, 125, 160, 163, 174, 198, 209§6º, 240§1º, 250, 254§ún. e 322 do Decreto-Lei nº 1.001/69 (CPM)

Capítulo 2 da DGPM 315 (Normas sobre Justiça e Disciplina na Marinha do Brasil);

art. 3º da Portaria 782/GC3 (aprova a regulamentação da sistemática de apuração de transgressão disciplinar e da aplicação da punição disciplinar);

art. 13 da LC 893/01 (RDPMSP);

arts. 30 ao 32 do Decreto 37.042/96 (RDPMAL);

Anexo I do Dec.43.245/04;

arts. 13 ao 15, 31 da Lei 14.310/2002;

art. 142, § 1º da Lei 8.112/90;

art. 13, II e art. 18 da Lei 5.836/72;

art. 13, II e art. 17 do Decreto 71.500/72;

art. 11, II da Lei 8.429/92;

SV nº 5;

Lei 13.967/19;

art. 18, VII do Decreto-lei 667/69;

art. 20 da LC 97/99.

ICA 111-6 de 2021.

1. DO DESCUMPRIMENTO DOS DEVERES E OBRIGAÇÕES MILITARES

O art. 42 do Estatuto dos Militares (EM - Lei nº 6.880/80) dispõe sobre as consequências da violação ou do descumprimento das obrigações e dos deveres militares (dispostos no Título II) que, por vezes, são utilizados pelo Estatuto como sinônimos, quer dizer, na prática, a violação tanto da obrigação quanto do dever militar pode gerar a mesma consequência a depender do caso concreto.

A não observância das obrigações ou dos deveres militares pode incidir em crime, em contravenção disciplinar ou transgressão disciplinar. A base constitucional dessa previsão está no art. 5º, LXI, parte final, da CF. Antes dela, já havia a previsão no art. 47 do EM. Esse dispositivo é a fonte geradora dos regulamentos disciplinares militares das Forças Armadas (FA).

Os regulamentos disciplinares das FA são: o Regulamento Disciplinar da Marinha (RDM - Decreto nº 88.545/83), Regulamento Disciplinar do Exército - (RDE - Decreto nº 4.346/2002) e o Regulamento Disciplinar da Aeronáutica - (RDAer - Decreto nº 76.322/75).

São, portanto, Decretos que regulamentam o art. 47 do EM classificando e especificando as transgressões ou contravenções disciplinares, inclusive, instituindo as normas atinentes à intensidade e à aplicação das punições e, também, prevendo os recursos cabíveis e classificando o comportamento do militar.

Contravenção disciplinar é o mesmo que transgressão. O RDE e o RDAer denominam de transgressão disciplinar. Já, o RDM trata como contravenção disciplinar. Mas, o que seria a contravenção ou a transgressão disciplinar?

É toda ação ou omissão voluntária e consciente, dolosa ou culposa, por parte do militar, que ofenda os valores mais caros para a Caserna ou Princípios norteadores da vida militar (ética, dever, obrigação militares, hierarquia e disciplina, honra pessoal, pundonor militar, decoro da classe, etc.) - independentemente de ser crime militar ou uma contravenção penal - (pois, pode existir o resíduo administrativo), além disso, desde que, não exista uma causa de justificação (art.18, parágrafo único, do RDE e art. 14 do RDAer).

Vale ressaltar que, segundo o RDE, art.14 cc art.15, o conceito de transgressão disciplinar engloba apenas a ação (conduta comissiva) contrária aos valores mencionados (apesar da previsão do Anexo I, n. 88 cc art. 34, §2º, II). Todavia, nos termos do RDM e RDAer, arts. 6º e 8º, respectivamente, tanto a ação quanto a omissão, aos princípios norteadores da vida militar, são transgressões disciplinares.

Com relação à responsabilidade administrativa, acerca da necessidade ou não de se comprovar dolo ou culpa, boa parte da doutrina, dentre elas, Jorge Luiz Nogueira de Abreu[1] destaca que a conduta precisa ser, necessariamente,

1. ABREU, Jorge Luiz Nogueira de. Manual de Direito Disciplinar Militar - 22ª edição, Curitiba: Juruá 2015, p. 101 a 102.

dolosa ou culposa, visto que, admitir a aplicação de punição disciplinar, independentemente da comprovação de dolo ou culpa, sem aferir o elemento subjetivo da conduta, seria aceitar a responsabilidade objetiva em matéria disciplinar militar, o que, vai de encontro ao ordenamento jurídico pátrio e em caminho oposto a uma tendência mundial.

Com base na classificação de transgressão disciplinar apresentada, fica claro que o militar da ativa está sujeito à punição disciplinar, mas, e o militar da reserva e o militar reformado? As súmulas 55 e 56 do STF tratam do tema:

> *Súmula 55 do STF: Militar da reserva está sujeito à pena disciplinar.*
>
> *Súmula 56 do STF: Militar reformado não está sujeito à pena disciplinar.*

Entretanto, é importante ressaltar que o militar da reserva ao exercer uma atividade não militar, que possui inviolabilidade por seus atos e manifestações, certamente, não poderá sofrer punição disciplinar, no exercício dessa profissão, mesmo que haja previsão desses atos, nos regulamentos disciplinares militares, como transgressão disciplinar.

Por exemplo: militar da reserva no exercício de mandato eletivo que, nos termos do art. 53 da CF, possui imunidade com relação a opiniões, votos e palavras a fim de exercer de maneira efetiva o mandato representando outros membros da Instituição Militar que, porventura, ele pertencia.

Da mesma maneira, o militar da reserva exercendo a advocacia que, segundo o art. 133 da CF, também, age sob o manto da imunidade delimitada no seu Estatuto (art. 2º § 3º, da Lei 8.906/94).

Todavia, o bom senso não pode ficar de lado: da mesma maneira que a hierarquia e a disciplina não podem ser usadas para restringir Direitos e Garantias Fundamentais não restringidos pela CF, o exercício desses Direitos, por militares, ainda que da reserva, não pode atentar contra esse binômio que, também, é protegido pela CF. Nota-se que não existe uma solução pronta: deve-se fazer uma ponderação de interesses, no caso concreto, tendo como norte o Princípio da Razoabilidade e a preservação máxima da base no princípio a ser, minimamente, renunciado.

Como já mencionado, os regulamentos disciplinares militares das FA são Decretos que regulamentam o Estatuto dos Militares. Diante disso, ressalta-se que, para que haja uma infração disciplinar militar, primeiramente, deve haver uma violação aos princípios norteadores da vida militar, dentre eles, obrigação e dever militar (art. 42 do EM).

Por isso, para se fazer a subsunção do fato à norma, é necessária a existência de uma correspondência coerente e razoável entre a transgressão disciplinar prevista no regulamento e a violação dos princípios basilares da Caserna. Ou seja, esses princípios, previstos no art. 42, são o norte, o limite para o legislador infralegal ao definir um ilícito disciplinar militar.

Caso essa limitação não seja observada, possivelmente, haverá ilegalidade por não observância do previsto no art. 42. Exemplo: art. 10, item 97, do RDAer. Observe que essa conduta não afronta nenhum princípio basilar da Caserna. Essa previsão existe, apenas, no RDAer.

Ainda, com relação ao art. 42, §1º, do EM, existe a previsão de que a violação dos preceitos da ética militar é proporcional ao grau hierárquico, quer dizer, quanto maior o grau hierárquico daquele que desrespeitar a ética castrense, maior será a violação. É que o oficial é preparado, ao longo da sua carreira, para exercer o comando e, para isso, além das ordens, também, precisar dar bons exemplos.

Não é o "faça o que eu digo, mas, não faça o que eu faço", e, sim, a realidade de que "as palavras, o vento leva, mas os exemplos arrastam", ou seja, a subordinação voluntária só é conseguida com o exemplo pelas qualidades morais de quem comanda, o que, tornará natural a relação de mando e de obediência.

O art.42, § 2º, do EM determina que, no concurso de crime militar e de transgressão disciplinar (quando forem da mesma natureza) será aplicada somente a pena relativa ao crime. Mas, o que seria mesma natureza? São os que violam o mesmo bem jurídico tutelado.

Exemplos citados pelo Dr. Jorge César de Assis[2]: Anexo I, 4, 5 do RDE cc art.322 do CPM (condescendência criminosa); Anexo I, 98, 99 do RDE cc art.160 do CPM (desrespeito a superior); Anexo I, 110 do RDE cc art.102 do CPM (embriaguez em serviço), etc.

Será que é possível a aplicação da punição disciplinar e da pena criminal para o mesmo fato nas FA? E a independência das instâncias Administrativa e Penal (vedação da proteção deficiente)? Há quem questione se o art. 42, § 2º, do EM foi recepcionado pela CF/88.

Se, na esfera comum, vale a independência das instâncias, por que tem que ser diferente na esfera militar? O art.43 do EM ampara essa independência ao prever que o militar, a depender da conduta, poderá ser responsabilizado, concomitantemente, nas esferas administrativa (disciplinar ou funcional), penal e civil.

Isso é importante para se resguardar e reestabelecer a disciplina na tropa, visto que, o tempo de resposta do processo criminal é maior e não dá o retorno imediato que a disciplina precisa. Não tem sentido, por exemplo, aplicar uma punição disciplinar após 3 anos da prática da conduta, pois, o efeito pedagógico, exemplificativo já terá se perdido, além disso, há reflexos emocionais por parte de quem tem a sua conduta disciplinar averiguada, o que, gera angústia.

---

2. ASSIS, Jorge César de. Curso de Direito Disciplinar Militar – 5ª edição, Curitiba: Juruá, 2018, p. 232.

Há quem entenda que, em caso de **identidade** entre o **crime militar** e a **transgressão** (ambos de **mesma natureza**), deve-se aguardar o processo penal para, depois, apurar eventual falta administrativa residual (art.14, §5º, do RDE), o que é repetido nos regulamentos disciplinares das Polícias Militares e Corpos de Bombeiros Militares, de forma a respeitar o princípio do *non bis in idem* estampado na Súmula 19 do STF[3], pelo qual, servidor público, inclusive, o militar não pode sofrer dupla punição pela mesma falta administrativa em caso de identidade de sujeito, fato e de fundamento.

Particularmente, não concordo com a visão, acima apresentada, uma vez que, as esferas penal e disciplinar militares são diferentes e independentes e **não** interdependentes. Logo, não é porque instaurou-se um Inquérito Policial Militar (IPM) que não se pode apurar a conduta sob a ótica disciplinar (sempre, há reflexos que violam a disciplina). Do contrário, o Direito Disciplinar perde a eficácia, pois, a resposta à uma conduta violadora da disciplina tem que ser imediata (caráter educativo, exemplificativo) e o processo penal não é imediatista.

Dr. Jorge César de Assis entende que a incidência do Princípio do *Non Bis In Idem* no direito disciplinar deve ser restrita às hipóteses da Súm.19 do STF e do eventual concurso entre de crime militar e transgressão disciplinar de mesma natureza previsto no art.42, §2º, EM, o que, é repetido nos regulamentos das três Forças (art. 9º, RDM; art. 14, §4º, RDE e art. 9º, RDAer).

2. DOS REGULAMENTOS DISCIPLINARES

Pode-se conceituar os regulamentos disciplinares militares como o instrumento, do qual, dispõe o Comandante para manter ou reestabelecer a ordem, a disciplina, na Caserna, assim, preservando a hierarquia a fim de cumprir o que a Constituição Federal de 1988 (art. 142 cc art. 42, 144, V e § 5º) e a sociedade espera das Instituições Militares (FA e Forças Auxiliares).

O art. 5º, LXI, CF/88 prevê que: *"ninguém será preso senão em flagrante delito ou por ordem escrita e fundamentada de autoridade judiciária competente, salvo nos casos de transgressão militar ou crime propriamente militar, definidos em lei".* Há divergência de interpretação com relação à parte final desse dispositivo.

Para alguns, esse dispositivo constitucional exige, para a edição de regulamento disciplinar, a observância do princípio da reserva legal absoluta ou princípio da legalidade estrita (lei formal resultante do processo legislativo do art. 59, CF); para outros, apenas, a observância do princípio da reserva legal relativa ou princípio da legalidade ampla (regulamento disciplinar por meio de Decretos, o que, com relação às FA, é autorizado pelo art. 47, EM).

---

3. Súmula 19 do STF: "É inadmissível segunda punição de servidor público, baseada no mesmo processo em que se fundou a primeira".

Há, ainda, quem compreende o termo "definidos em lei" como se ele fizesse alusão apenas aos crimes propriamente militares, o que, apesar de ter sido assim interpretado pelos Ministros do STF, Min. Marco Aurélio e Min. Ellen Gracie, no voto da ADI 3340, não é o correto, visto que o constituinte não deixou a expressão "definidos" (no plural) por acaso, mas com o objetivo de fazer uma concordância (em gênero e número) com as palavras transgressão militar e crime propriamente militar.

Na prática, atualmente, há, com relação às FA e algumas Forças Auxiliares, o princípio da legalidade ampla (regulamento disciplinar por meio de Decretos). O cerne de toda a discussão acerca da constitucionalidade ou não do atual RDE (Dec. 4.346/2002) é esse dispositivo constitucional e o art. 47 do EM.

Será que os atuais regulamentos disciplinares das FA (Decretos) estão de acordo com a CF/88? Esse questionamento surgiu, porque o RDM (Decreto 88.545/83), o anterior do EB (Decreto 90.608/84) e o RDAer (Decreto 76.322/75) foram editados sob a vigência da Constituição de 1969. E, o atual RDE, Decreto 4.346/2002 foi editado sob a égide da CF/88 e, ainda assim, mesmo diante da previsão do art. 5º LXI, CF/88, através de um decreto.

Vale lembrar que, segundo o princípio da recepção de normas pela CF, toda ordem normativa proveniente de regimes constitucionais anteriores é recebida pela constituição em vigor, desde que, seja, com ela, compatível materialmente. É o que ocorreu com o antigo RDE, Decreto 90.608/84: foi recepcionado pela CF, com força de Lei, nos termos do art. 5º, LXI.

Houve uma ADI (3340) contra o RDE (Dec. 4.346/2002), em 2004, proposta pelo PGR, mas não conhecida pelo STF (P.I não detalhou quais dispositivos do decreto seriam inconstitucionais)[4]. Poder-se-ia concluir que: o RDM, RDAer e qualquer

---

4. Ação Direta de Inconstitucionalidade contra o Decreto nº 4.346/2002 e seu Anexo I, que estabelecem o Regulamento Disciplinar do Exército Brasileiro e versam sobre as transgressões disciplinares. 2. Alegada violação ao art. 5º, LXI, da Constituição Federal. 3. Voto vencido (Rel. Min. Marco Aurélio): a expressão ("definidos em lei") contida no art. 5º, LXI, refere-se propriamente a crimes militares. 4. A Lei nº 6.880/1980 que dispõe sobre o Estatuto dos Militares, no seu art. 47, delegou ao Chefe do Poder Executivo a competência para regulamentar transgressões militares. Lei recepcionada pela Constituição Federal de 1988. Improcedência da presente ação.

... cabe ao requerente demonstrar, no mérito, cada um dos casos de violação. Incabível a análise tão-somente do vício formal alegado a partir da formulação vaga contida na ADI. 6. Ausência de exatidão na formulação da ADI quanto às disposições e normas violadoras deste regime de reserva legal estrita. 7. Dada a ausência de indicação pelo decreto e, sobretudo, pelo Anexo, penalidade específica para as transgressões (a serem graduadas, no caso concreto) não é possível cotejar eventuais vícios de constitucionalidade com relação a cada uma de suas disposições. Ainda que as infrações estivessem enunciadas na lei,

regulamento da PM/Bombeiro editados por Decreto, antes da CR/88, foram, por ela, recepcionados estando, portanto, vigentes com status de Lei Ordinária.

Grande parte da doutrina prega a inconstitucionalidade dos regulamentos disciplinares (posteriores à CF/88) que não estejam fixados por Lei. Usando como exemplo o antigo RDPMGO (Decreto 4.717/96), o Decreto 1.011/93 que alterou o RDM, PAULO TADEU RODRIGUES ROSA assinala que essas alterações não poderiam ter ocorrido por Decreto, afinal, se os regulamentos existentes à época da CR/88 foram recepcionados como Lei Ordinária, não poderiam ser alterados/revogados por Decretos, sendo, então, inconstitucional a alteração.

Nas palavras de Jorge Cesar de Assis: "se os valores básicos das Forças Armadas estão protegidos constitucionalmente, nos parece exagerado taxar-se de inconstitucional um regulamento disciplinar que seja expedido por decreto e, apenas, por isso... ao se declarar a inconstitucionalidade do RDE, inevitavelmente, estará se desarmando a Força que poderá ficar submetida a um lapso temporal indeterminado sem qualquer tipo de controle sobre seus integrantes e, com isso, a inexorável derrocada da disciplina e da hierarquia".

Fato é que, não se vê, por parte dos que alegam a inconstitucionalidade do RDE, o apontamento de outra alternativa para resguardar a disciplina e manter a hierarquia durante o lapso temporal, por exemplo, fixado para o Congresso legislar face à uma possível declaração de inconstitucionalidade com efeito *ex nunc*.

Como já afirmado, o art. 47 do EM é a fonte originária dos regulamentos disciplinares das FA. Alguns sustentam que ele não teria sido recepcionado pela CF. Esse apontamento passou a ser feito quando as arguições de inconstitucionalidade, principalmente do RDE, não surtiram o efeito desejado. Atualmente, esse dispositivo é alvo de recurso extraordinário ao qual foi reconhecida a repercussão geral[5].

Todavia, Jorge César de Assis alerta que, se o art. 47 do EM foi recepcionado pela CF, não seria adequado falar em recepção dos decretos (regulamentos disciplinares) anteriores à CF, na forma de Lei Ordinária, pois foi o art. 47 do Estatuto que foi recepcionado e ele é a fonte geradora daqueles Decretos. E ele que autoriza a edição de regulamentos disciplinares por decreto presidencial.

Conclusão: o RDE é constitucional e quem defende a sua inconstitucionalidade não apresenta argumentos para não "desamparar" o Exército Brasileiro (EB), já que é através do regulamento disciplinar que se mantém a **base da Força Armada**: a **hierarquia** e a **disciplina**.

---

estas deveriam ser devidamente atacadas na inicial. 8. Não conhecimento da ADI na forma do artigo 3º da Lei no 9.868/1999. 9. Ação Direta de Inconstitucionalidade não-conhecida.

5. http://www.stf.jus.br/portal/jurisprudenciaRepercussao/verPronunciamento.asp?pro--nunciamento=4764090.

Além disso, trata-se de um regulamento que melhor se comunica com a CR/88, inclusive, sendo o **único**, em relação às três Forças, que, prevê, expressamente, a obrigatoriedade de serem assegurados o contraditório e a ampla defesa (art. 35, §§ 1º, 2º e Anexo IV), na apuração da transgressão disciplinar, com a finalidade de, na prática, cumprir determinação constitucional. O RDM e o RDAer se utilizam de normas internas para assegurar esses princípios constitucionais: DGPM 315 (capítulo 2) e, com relação à Aeronáutica, no dia 02 de agosto de 2021, passou a vigorar a ICA 111-6 que trata da regulamentação da sistemática de apuração de transgressão disciplinar e da aplicação da punição disciplinar. No caso da DGPM 315, merece um estudo mais aprofundado para se afirmar se, de fato, é garantido, por ela, esses princípios mencionados.

Também, é o único regulamento das três Forças, no qual o Presidente da República não possui competência disciplinar. Além disso, foi criada a punição de impedimento disciplinar (art. 26) que não fica registrado nas alterações do punido e foi excluída a prisão em separado (art. 22, item 4 do RDE revogado) que se assemelhava aos procedimentos adotados em presídios comuns; e, como a maioria das OMs não possuíam instalações adequadas, essa punição acabava sendo utilizada, apenas, com a finalidade de colocar a praça no mau comportamento.

Será que só pode existir punição disciplinar se houver previsão no regulamento disciplinar? Não necessariamente, pois existe a chamada "cláusula de reserva discricionária" da autoridade militar, assim denominada por Jorge César de Assis[6], que é a possibilidade de se classificar como transgressão **todas** as **omissões** ao **dever militar**, ainda que não especificadas expressamente nos Regulamentos Disciplinares Militares, desde que não sejam classificadas como crime militar.

Ou seja, não há correspondência absoluta entre a transgressão definida na Lei e a ação concreta do militar. Onde está presente a tal cláusula de reserva discricionária da autoridade militar? Por exemplo, no parágrafo único do art. 7º do RDM e no parágrafo único do art. 10 do RDAer.

Isso significa que a transgressão não existe só no Regulamento Disciplinar Militar, mas pode estar na violação de outras leis e princípios fundamentais para a hierarquia e disciplina. Essa cláusula de reserva discricionária da autoridade militar não está presente no atual RDE, possivelmente, a fim de evitar questionamentos judiciais.

6. ASSIS, Jorge César de. Curso de Direito Disciplinar Militar – 5ª edição, Curitiba: Juruá, 2018, p. 217.

3. CLASSIFICAÇÃO DAS TRANSGRESSÕES DISCIPLINARES

Já foi definido o que é transgressão/contravenção disciplinar. Mas, como elas são classificadas quanto à natureza da punição? Nas FA, no RDM (art. 8º), no RDE (art. 21) e no RDAer (art. 11), as contravenções/transgressões disciplinares são classificadas em:

Classificação: art. 8º	Classificação: art. 21	Classificação: art. 11
-Graves	-Leve: 37, 1, a	-Graves: 37, 1, c
-Leves	-Média: 37, 1, b	-Médias: 37, 1, b
	-Grave: 37, 1, c	-Leves: 37, 1, a

Observe que o RDM classifica a intensidade da contravenção disciplinar apenas em grave e leve. Todavia, a maioria dos regulamentos disciplinares militares (inclusive das Forças Auxiliares) faz a classificação em leve, média e grave e deixa essa classificação da intensidade da transgressão para a autoridade que é competente para aplicar a punição.

Contudo, em alguns regulamentos das Forças Auxiliares, há critérios objetivos na classificação das transgressões, por exemplo, no RDPMSP (LC 893/01), no art. 13, existe a previsão de que as transgressões são classificadas em G, M, L e, no parágrafo único, são listadas todas as hipóteses já as enquadrando como L, M ou G.

Assim, nesses casos, não há discricionariedade na classificação da transgressão por parte de quem vai aplicar a punição. No mesmo sentido, o Regulamento Disciplinar da Polícia Militar de Alagoas (Decreto 37.042/96) arts. 30, 31 e 32; o Regulamento Disciplinar da Brigada Militar do Rio Grande do Sul (Dec.43.245/04) no Anexo I; o Código de Ética e Disciplina da PMMG (Lei 14.310/2002) nos arts. 13, 14 e 15.

Dessa maneira, diferentemente dos Regulamentos Disciplinares das FA, em alguns das Forças Auxiliares que, de forma expressa e taxativa, classifica a falta disciplinar quanto à gravidade, não deixará margem de discricionariedade para a autoridade que for aplicar a punição. A autoridade não poderá modificá-la sob pena de nulidade.

Ainda, segundo os regulamentos das FA, são obrigatoriamente classificadas como grave: a transgressão de natureza desonrosa, ofensiva à dignidade militar, que afete a honra pessoal, o pundonor militar, o decoro da classe, de indisciplina de voo, de negligência/imprudência na manutenção de aeronave/viatura, etc. (art.12, parágrafo único, RDAer; art. 22, RDE).

4. DISTINÇÃO QUANTO AOS CRIMES MILITARES

A diferença entre crime militar e transgressão disciplinar é a intensidade da violação das obrigações ou dos deveres militares (art. 42 do EM). Sendo certo que uma ofensa mais grave à hierarquia e à disciplina será crime militar. Observe que ambos possuem idêntico fundamento que é a violação dos princípios basilares das Instituições Militares.

Via de regra, o instrumento garantidor desses princípios, hierarquia e disciplina, é o Regulamento Disciplinar Militar de cada Força. E, por exceção, o CPM que cuida das ofensas mais graves. A semelhança entre crime militar e transgressão disciplinar é a violação do mesmo bem jurídico tutelado. Por isso, pode-se afirmar que a diferença entre eles é de grau, e não de natureza.

E é isso que fundamenta a possibilidade de desclassificação de um crime militar para uma transgressão disciplinar, por exemplo, como prescrito no CPM, nos arts. 209, § 6º cc art. 240, § 1º, 250 e 254, parágrafo único. Além disso, deve ser lembrada a discricionariedade da esfera disciplinar se comparada à esfera criminal, uma vez que, nessa, vige a inexistência de pena sem prévia cominação legal, já, naquela, não existe vinculação à definição prévia da lei sobre a transgressão disciplinar e a devida sanção.

Como afirmado, não existe uma distinção (entre crime militar e transgressão disciplinar) de natureza, mas de grau, de intensidade de violação dos mesmos bens jurídicos tutelados (princípios mais caros para a vida na caserna). Em suma, não existe uma distinção ontológica entre eles. Adotou-se o mesmo critério utilizado para diferenciar o crime comum da contravenção penal (quanto maior a lesão ao bem jurídico tutelado, maior a sanção, reprovação).

Entretanto, como já mencionei, não se deve esquecer da independência das esferas criminal e disciplinar militares, visto que, possuem finalidades diferentes (apesar de ambas tutelarem a hierarquia e a disciplina). A finalidade da punição disciplinar é educar o faltoso e reestabelecer a ordem, a disciplina, assim, mantendo a hierarquia a fim de cumprir a missão proposta, constitucionalmente, no art.142 da CF.

E a natureza da punição disciplinar é de ato administrativo. As punições disciplinares são aplicadas através do ato disciplinar (nota de punição) que é um ato administrativo. São, portanto, esferas independentes, que possuem pontos de convergência, mas, isso não significa que a esfera disciplinar seja subsidiária e dependente da esfera criminal militar. Portanto, deve-se tomar cuidado com previsões regulamentares que dão essa ideia de subsidiariedade da esfera disciplinar militar prevendo que se aguarde o término do processo criminal para apurar a falta disciplinar.

5. PRESCRIÇÃO DAS TRANSGRESSÕES DISCIPLINARES

A prescrição administrativa, segundo Maria Sylvia[7] pode ser abordada em três diferentes sentidos: como perda do prazo para recorrer de decisão administrativa;

7. DI PIETRO, Maria Sylvia Zanella. Direito administrativo. 32ª ed. São Paulo: Atlas, 2019, p. 1645.

como perda do prazo para que a Administração reveja os seus próprios atos e como perda do prazo para aplicação de punições administrativas.

Os Regulamentos Disciplinares das FA são silentes quanto à prescrição ou decadência. Há autores que afirmam que a lacuna deve ser preenchida com a Lei 8.112/90, mas correndo o risco de não haver correspondência nas punições exatamente por se tratar de regimes jurídicos totalmente diferentes.

Em contrapartida, Jorge Luiz Nogueira de Abreu[8] faz uma interessante ressalva: "se, no âmbito do Direito Penal Militar – no qual a ofensa ao dever militar é mais intensa –, há perda do direito de punir pelo decurso do tempo, art. 125, CPM, parece-nos inexistir razão para que, na esfera disciplinar, a transgressão ou contravenção disciplinar, cuja ofensa ao dever militar é menos intensa, seja imprescritível".

Continua o autor, alertando que o servidor público ou particular não pode ficar perpetuamente sujeito à sanção administrativa pelo fato de não existir lei fixando o prazo prescricional. Além disso, a imprescritibilidade da transgressão disciplinar poderia ocasionar a não aplicação do art. 322 do CPM (condescendência criminosa).

Para esse autor, o prazo prescricional para aplicação das punições disciplinares nas FA, seria o de seis anos previsto na Lei do Conselho de Justificação – Lei 5.836/72 (art. 13, II cc art. 18) e no Decreto do Conselho de Disciplina – Decreto 71.500/72, (art. 13, II cc art. 17).

Esse prazo prescricional de seis anos deve ser contado da data na qual os atos foram praticados, mesmo que só se tornem públicos depois. Ou seja, por esse entendimento do autor, não se deve aplicar, nem por analogia, o art.142, § 1º, da L. 8.112/90, segundo o qual o prazo prescricional tem início da data em que o fato se tornou público, conhecido.

Por outro lado, não se pode deixar de lembrar que a disciplina, quando violada, exige uma resposta imediata, quer dizer, assim que a falta disciplinar for cometida, a punição deve ser aplicada, nos termos do Regulamento e da CF/88. Afinal, a sanção disciplinar visa reestabelecer a ordem, a disciplina. Logo, não tem sentido aplicar a punição disciplinar dois ou três anos depois da falta praticada. Além disso, pelas características do efeito punitivo (educativo e exemplificativo) para a tropa.

Dessa maneira, utilizar-se do prazo prescricional de seis anos da Lei do CJ ou do Decreto do CD não seria adequado por ser um prazo longo para uma infração disciplinar ordinária. Com relação à possibilidade de interrupção do prazo prescricional para os processos administrativos disciplinares militares, nos regulamentos disciplinares das FA, essa possibilidade não existe, então, não se pode fazer uma *analogia in malam partem*.

---

8. DE ABREU, Jorge Luiz Nogueira. Manual de Direito Disciplinar Militar. 22ª ed. Curitiba: Juruá, 2015, p. 319.

6. DA PUNIÇÃO DAS INFRAÇÕES DISCIPLINARES

A aplicação da punição disciplinar é ato vinculado, porque o superior tem sempre o dever de recompor a disciplina, manter a ordem na Caserna. Logo, resguardada a incidência de alguma causa de justificação e após regular processo administrativo (a depender da natureza da infração), **sempre que for verificada a prática de transgressão disciplinar, a autoridade competente não pode escolher se vai punir ou não, pois se trata de poder-dever.**

Do contrário, o próprio superior poderá incorrer em infração disciplinar (art. 7º, n. 27, RDM; Anexo I, n. 5, RDE; art. 10, n. 78 do RDAer), em crime militar de condescendência criminosa (art. 322, CPM).

Apesar da discricionariedade alargada prevista nos Regulamentos Disciplinares das FA, essa não deve ser confundida com abuso de poder, com arbitrariedade ou indulgência. Deve a autoridade competente ser imparcial ao escolher a punição a ser aplicada e ao quantificá-la, o que deve ser razoável e proporcional à falta cometida e, para isso, deve elaborar uma boa motivação e fundamentação na sua decisão. Somente agindo assim que estará o Comandante educando o faltoso e dando exemplo e segurança para a tropa e, consequentemente, prevenindo novas faltas.

Antes de punir, deve-se analisar se a finalidade da punição disciplinar militar será atingida. Os próprios regulamentos disciplinares das FA trazem a finalidade da aplicação da punição disciplinar – art. 6º RDAer (Decreto 76.322/75) e art. 23 RDE (Decreto 4.346/02):

> *Art. 6º A punição só se torna necessária quando dela advém benefício para o punido, pela sua reeducação, ou para a Organização Militar a que pertence, pelo fortalecimento da disciplina e da justiça.*
>
> *Art. 23. A punição disciplinar objetiva a preservação da disciplina e deve ter em vista o benefício educativo ao punido e à coletividade a que ele pertence.*

A punição disciplinar tem um caráter retributivo (concedida a quem merece), educativo e exemplificativo e não deve ser usada para se vingar ou demonstrar poder. Tem como objetivo reeducar o faltoso e dar exemplo para a tropa a fim de fortalecer a disciplina para que se possa cumprir o objetivo maior das FA, que é a sua missão constitucional – art. 142, final (defesa da Pátria, garantia dos poderes constitucionais e garantia da lei e da ordem).

Dr. Jorge César de Assis[9] traz o rito de aplicação da punição disciplinar, no qual se deve levar em consideração a natureza da infração cometida e respeitar, em qualquer caso, os princípios constitucionais da ampla defesa e do contraditório. Para isso, as punições disciplinares devem ser classificadas em dois grandes grupos:

---

9. ASSIS, Jorge César de. Curso de Direito Disciplinar Militar – 5ª edição, Curitiba: Juruá, 2018, p. 148 a 152.

1) PENALIDADES ORDINÁRIAS/REEDUCATIVAS: aquelas que fazem parte da rotina da vida na caserna e que não exigem, para a sua aplicação, a instauração de processo regular, sendo suficiente que o rito aplicado garanta o contraditório e a ampla defesa. São elas: advertência; repreensão; detenção; prisão; proibição do uso de uniforme.

   Seria o caso, por exemplo, do militar que se apresentou "barbudo" ou com a farda fora do padrão. No momento da sua defesa, ele pode refutar a acusação alegando, por exemplo, uma causa de justificação (passou a noite em atividade operacional). A justificação será ou não aceita. Todavia, se apresentar alguma testemunha, o Comandante deverá ouvi-la.

   Há, dessa forma, uma averiguação sumária/procedimento disciplinar sumário com o objetivo de manter a ordem, a normalidade do serviço público militar e a disciplina na caserna. Exatamente pelo fato das FA (art. 142, final, CF) e as Forças Auxiliares (art. 42, CF cc art. 144, V, CF) exercerem um papel tão importante, no País, que a apuração das transgressões disciplinares ordinárias, rotineiras, a maioria de natureza leve/média, deve ocorrer de forma célere, sumária e sem a necessidade de um processo disciplinar, o que, deve ocorrer para as faltas mais graves, com previsão legal e com rito específico.

2) PENALIDADES EXTRAORDINÁRIAS/EXCLUSÓRIAS: extraordinárias, porque não é o comum (e não deve ser), foge ao usual. É a interrupção da relação de trabalho do militar. São elas: licenciamento a bem da disciplina; exclusão a bem da disciplina; demissão; expulsão; reforma. Têm como consequência a perda da função, perda patrimonial.

   Em regra, deve ser precedida de processo administrativo que oportunize a ampla defesa e o contraditório. Trata-se de um processo formal, com previsão legal, rito específico em que o não cumprimento gerará a sua nulidade na maioria dos casos. As transgressões que geram essas sanções são aquelas que ofendem o pundonor militar, a honra pessoal e o decoro da classe (art. 6º cc art. 22 do RDE). São ofensas graves à instituição militar.

   Ou seja, é a reincidência de conduta irregular ou o procedimento incorreto no desempenho da função, cuja prática possa suscitar à Administração Militar a verificação da capacidade do militar de continuar ou não na ativa/inatividade.

   É, portanto, Tribunal de Honra que verifica o que os efeitos do ato praticado, pelo militar, trouxeram para a Instituição. Não é, portanto, a verificação de crime, que é objeto do processo penal e pode caminhar, de forma paralela, pois são esferas independentes. Exemplo: Conselho de Disciplina, Conselho de Justificação.

6.1. Tipos de sanção disciplinar

Quais são os tipos de sanções disciplinares previstas nos regulamentos das três Forças? São apresentados, no quadro abaixo, as previsões do RDM, RDE e RDAer:

Tipos de penas disciplinares: art. 14:	Tipos de punições disciplinares: art. 24:	Tipos de punições disciplinares: arts. 15, 16:
1. Repreensão. 2. Prisão: - Simples ou - Rigorosa; 3. Dispensa das funções. 4. Exclusão a bem da disciplina. 5. Impedimento. 6. Licenciamento a bem da disciplina. 7. Serviço extraordinário.	1. Advertência. 2. Impedimento disciplinar. 3. Repreensão. 4. Detenção disciplinar. 5. Prisão disciplinar. 6. Licenciamento a bem da disciplina. 7. Exclusão a bem da disciplina.	1. Repreensão. 2. Detenção. 3. Prisão: - Fazendo serviço/comum; - Sem fazer serviço; - Em separado. 4. Licenciamento a bem da disciplina. 5. Exclusão a bem da disciplina. 6. Proibição do uso de uniforme. 7. Desligamento do curso.

Lembrando, ainda, que existe a pena de demissão de oficial que é decorrente dos processos administrativos ou de condenação por crime militar. Essa demissão é consequência da perda do posto e da patente no Tribunal competente (art.142, §3º, VI, CF/88).

Qual o limite às sanções disciplinares? Onde está previsto esse limite? As sanções disciplinares de impedimento, detenção ou prisão têm um prazo máximo de 30 dias imposto pelo Estatuto dos Militares (art. 47, §1º) e, ainda existe, no art. 24, parágrafo único do RDE, para a punição de impedimento disciplinar, o limite de 10 dias.

Não se pode deixar de mencionar que, independentemente, do tipo de sanção disciplinar imposta, com exceção da admoestação verbal, advertência que não constará nas alterações do punido (art. 25, § 2º, RDE), os princípios constitucionais do contraditório e da ampla defesa (art. 5º, LV, CF) devem ser respeitados e garantidos na apuração da suposta transgressão disciplinar.

Na apuração da transgressão disciplinar, a materialização desse princípio consiste na observância do rito adequado nessa apuração; a ciência de sua existência ao suposto transgressor; a oportunidade para contestar a acusação, produzindo as provas que entender necessárias (admitidas em Direito); o acompanhamento dos atos da instrução e a utilização dos recursos cabíveis, mas tudo isso dentro do que a Lei/Regulamento relativo a cada processo (estando em consonância com a CF/88) prever.

Pois se trata de esfera administrativa, e não penal. Dessa maneira, esses princípios, na apuração da falta disciplinar, devem ser exercidos num prazo pequeno, por exemplo, de 3 dias conforme o Anexo IV do RDE. Prazo esse que só será prorrogado justificadamente a critério da autoridade.

Ainda no que se refere à garantia desse tão importante princípio Constitucional, há de ser questionada se a participação do advogado, na apuração da falta disciplinar, é obrigatória. A resposta está na correta interpretação da Súmula Vinculante nº 5:

> *Súmula Vinculante nº 5: A falta de defesa técnica por advogado no processo administrativo disciplinar não ofende a Constituição.*

Correta interpretação, pois o fato da falta de defesa técnica não ofender a CF/88 não dá direito ao Comandante de decidir se o subordinado pode ou não contratar um advogado, visto que essa é uma decisão do suposto transgressor. Portanto, se o militar desejar ser assistido, a administração militar não poderá se opor, sob pena de violar o direito do advogado (art. 7º, XV do EAOAB). Ao impedir o advogado de atuar, a autoridade militar poderá cometer abuso de autoridade e, assim, originar indenização por danos morais pela prática de ato ilícito[10].

Como já mencionado, dos regulamentos das FA, apenas, o RDE prevê, expressamente, no art. 35, §§1º e 2º e Anexo IV, o contraditório e a ampla defesa. O RDM e o RDAer se utilizam de normas internas para assegurar esse princípio constitucional: DGPM 315 (cap. 2) e ICA 111-6 (item n. 4.1), respectivamente. No caso da DGPM 315, merece um estudo mais aprofundado para se afirmar se, de fato, é garantido por ela os referidos princípios. Com relação à Aeronáutica, no dia 02 de agosto de 2021, passou a vigorar a ICA 111-6 que trata da regulamentação da sistemática de apuração de transgressão disciplinar e da aplicação da punição disciplinar.

Importante, ainda, falar da prisão cautelar do militar transgressor. É constitucional a detenção prévia (prisão cautelar) do militar transgressor? É um tema polêmico, diante da nova ordem constitucional, a possibilidade do militar transgressor ser preso/detido em nome da autoridade competente e ficar aguardando a solução da comunicação da falta endereçada ao seu Comandante, à disposição de quem foi recolhido. Previsão: arts. 41, §ún., do RDM; art.12 cc art.35, § 3º, RDE; e art. 34, n. 4 e 5 cc 46, parte final, do RDAer.

É incompatível com a CF/88 (art. 136, § 3º, IV) esse item n. 5 do art. 34, RDAer, uma vez que, se não pode incomunicabilidade no estado de defesa, imagina numa transgressão disciplinar. Essa prisão é cautelar, pois não depende do julgamento da transgressão cometida para ser efetuada.

Essa prisão (detenção) cautelar exige alguns requisitos: ocorrência de transgressão disciplinar de natureza grave; necessidade de preservação da disciplina

---

10. https://www.conjur.com.br/2017-jun-25/advogados-impedidos-acompanhar-clientes-receberao-24-mil.

e do decoro da instituição militar; exigência de pronta intervenção; dever de ofício da autoridade militar de maior antiguidade, que presenciar ou tiver tomado conhecimento do fato, de tomar providências enérgicas e imediatas. Essa restrição da liberdade do transgressor é anterior à solução da comunicação da falta cometida, pois é feita em nome da autoridade competente.

Muitos são contrários a essa prisão disciplinar cautelar, entretanto, ela encontra apoio na CF/88, no art. 5º LXI, que excepciona da exigência da situação de flagrância e da ordem escrita e fundamentada de autoridade judiciária competente, os casos de transgressão disciplinar ou crime propriamente militar. Além disso, essa se insere dentro do poder disciplinar e do dever de ofício da autoridade militar, que presencia ou toma conhecimento da infração disciplinar de natureza grave, de intervir prontamente e de forma enérgica a fim de resguardar valores também protegidos pela CF (disciplina e hierarquia).

Para a aplicação de qualquer sanção disciplinar, em regra, o único meio possível é o processo disciplinar, no qual devem ser assegurados o contraditório e a ampla defesa. Contudo, essas garantias admitem exceções quando o fato exige a ação imediata da autoridade: nas detenções cautelares de indiciados investigados por crimes militares próprios e nas detenções prévias (prisões cautelares) por transgressões disciplinares graves, nas quais se demonstra imprescindível a manutenção do transgressor nas dependências do quartel até uma avaliação pessoal e preliminar do seu Comandante.

Observe que, nessa detenção cautelar de ordem disciplinar, não há o que se falar em contraditório, pois não há procedimento administrativo em curso, mas pode-se avaliar a legalidade da constrição nos termos do art. 5º, XXXV, CF/88.

As Polícias Militares e os Corpos de Bombeiros Militares que, nos termos do art. 144, § 6º, CF, são forças auxiliares e reservas do Exército guardam semelhança com o RDE na previsão das punições disciplinares com algumas modificações próprias. Por exemplo, no Código de Ética e Disciplina da PMMG, art. 31, pelo qual a punição disciplinar de suspensão gera a interrupção temporária do exercício do cargo, encargo ou função, ocasionando a não remuneração, ou seja, o militar suspenso perde todas as vantagens e direitos oriundos do cargo, encargo ou função.

Ainda no que concerne aos tipos de sanções disciplinares, não se pode deixar de mencionar a vedação à pena disciplinar de restrição ou privação de liberdade dos Policiais e Bombeiros militares, empreendida pela Lei 13.967/19. Há quem afirme que foi o maior tratamento de cidadania para os PMs e CBMs garantindo direitos já assegurados na CF/88; ao contrário, há quem ressalte a diferença entre civis e militares, assim, a justificar um tratamento mais rigoroso para esses, o que é amparado pela CF/88 (art. 5º, LXI).

Alguns afirmam tratar-se de Lei inconstitucional por vício de iniciativa (inconstitucionalidade formal), pois o art. 22, XXI, CF não autoriza a União a legislar sobre direitos e deveres dos militares estaduais que, com base no art.142, § 3º, X cc art. 42, § 1º, só pode ser feito por meio de Lei estadual específica. Direitos e deveres dos militares são a base dos Regulamentos Disciplinares Militares.

O problema não é somente a extinção da prisão disciplinar, mas a forma como fora suprimida (Lei federal ao invés de Lei estadual específica). Não poderia uma Lei federal impor à Lei estadual limites que a CF/88 não impôs. Houve violação da autonomia do ente federado. A Lei 13.967/19 alterou o art. 18, VII do Decreto-lei 667/69 para impor um Código de Ética e Disciplina que não poderá conter medida privativa/restritiva de liberdade.

Em decorrência dessa extinção, surgiram problemas na prática da vida disciplinar dos militares estaduais, pois algumas corporações continuaram aplicando as penas restritivas e privativas de liberdade (suspendendo a execução). Porém, mantendo os efeitos daquilo que não mais existe e que, em tese, não poderia surtir efeitos. Além disso, essa lei deu tratamento desigual entre militares estaduais e das FA.

Vale observar que o governador em exercício do Estado do Rio de Janeiro, Cláudio Castro, ajuizou, no Supremo Tribunal Federal (STF), uma Ação Direta de Inconstitucionalidade (ADI 6595), com pedido de liminar, contra dispositivo da Lei Federal 13.967/19. Foi o primeiro Estado a agir nesse sentido.[11]

Como resultado disso, o STF, por unanimidade, julgou procedente o pedido formulado na referida ADI para declarar a inconstitucionalidade formal e material da Lei Federal 13.967/2019, nos termos do voto do Relator[12].

6.2. Da esfera de ação e competência para punir

A competência disciplinar é o poder-dever de apurar a transgressão e de aplicar a punição atribuído a determinadas autoridades militares em razão dos cargos que elas ocupam (art. 10, RDE; art. 41, RDAer). Tal competência decorre do cargo ocupado, e não do grau hierárquico. Então, não é apenas por ser mais antigo que se é competente. Portanto, somente as autoridades delimitadas nos Regulamentos Disciplinares que possuem competência para aplicar punição disciplinar.

Pode haver delegação de competência disciplinar por meio de ato formal devidamente publicado em boletim interno da OM ou documento similar, mas somente se existir autorização expressa na Lei ou no Regulamento Disciplinar (art. 19, § 1º, RDM; art.11, § 1º, RDE; art.19, 2, segunda parte, e art. 29, RDAer).

Dentro da estrutura hierarquizada de cada Força, quanto mais elevado for o cargo ocupado pela autoridade militar, mais abrangente será a sua competência

11. http://www.stf.jus.br/portal/cms/verNoticiaDetalhe.asp?idConteudo=455492.

12. https://portal.stf.jus.br/processos/detalhe.asp?incidente=6051995.

disciplinar. Ainda, dentro dessa estrutura, existe o dever do superior hierárquico de controlar os atos praticados pelo subordinado perfazendo um controle de legalidade, de conveniência e de oportunidade.

Em decorrência disso, pode a autoridade superior cancelar (diante de ilegalidade), atenuar (em casos de injustiça ou de excesso: art. 38, RDM; art. 46, parágrafo único, RDE; art. 50, RDAer) e agravar (quando insuficiente, desde que de forma motivada) a punição disciplinar que foi imposta por seus subordinados. A motivação é característica intrínseca do ato administrativo e possibilita o efetivo exercício do contraditório e da ampla defesa e também o controle judicial.

Pode, ainda, a autoridade relevar o cumprimento da punição aplicada. Nos Regulamentos disciplinares das três Forças, a competência disciplinar está prescrita nos seguintes dispositivos do RDM, RDE e do RDAer:

Competência para aplicar punição: art. 19.	Competência para aplicar a punição: art. 10, art. 11, art. 13.	Competência para aplicar punição: art. 41 ao art.47.

OBS: nos Regulamentos, onde se lê Ministro ou Ministério, na verdade, é, respectivamente, Comandante e Comando, pois não existe mais Ministro/Ministério da Marinha, Exército e da Aeronáutica. Nos termos do art. 20 da LC 97/99, com a criação do Ministério da Defesa, os antigos Ministérios Militares foram alterados para Comandos.

Vale ressaltar que pode ocorrer o conhecimento simultâneo da transgressão, no qual duas autoridades de níveis hierárquicos diferentes, ambas com ação disciplinar sobre o transgressor, tomam conhecimento da transgressão. Nesse caso, será competente para aplicar a punição a autoridade mais antiga, que poderá delegar essa atribuição à autoridade mais moderna, (art. 20, RDM; art. 40, § 2º, RDE; art. 43, RDAer).

E o PTTC (prestador de tarefa por tempo certo)? Será que ele possui competência disciplinar? Esse tema foi objeto de um artigo intitulado "Verificação da existência de poder disciplinar eventualmente conferido aos militares da reserva remunerada prestadores de tarefas por tempo certo"[13]. O PTTC é militar da reserva remunerada empregado na administração militar, quer dizer, ele continua sendo da reserva.

Dessa maneira, não possui competência disciplinar, visto que essa competência, como já fora mencionado, é atribuída ao detentor de cargo, ou seja, ao militar da ativa. O art. 20 do EM é cristalino ao afirmar que cargo é atribuição de militar em serviço ativo (militar da ativa). Portanto, militar da reserva não possui cargo, mas função e, por consequência, não detém competência disciplinar.

13. Revista da Associação de Magistrados das Justiças Militares Estaduais - AMAJME – Ano XXIV – nº 141 – maio/junho de 2020: p.8 a 12.

6.3. Do julgamento

A maioria dos regulamentos disciplinares militares concede discricionariedade à autoridade militar competente para classificar a transgressão e escolher a penalidade a ser aplicada (P. ex: art. 21, parágrafo único, RDE):

> Art. 21. *A transgressão da disciplina deve ser classificada, desde que não haja causa de justificação, em leve, média e grave, segundo os critérios dos arts. 16, 17, 19 e 20.*
>
> *Parágrafo* **único**. *A competência para classificar a transgressão é da autoridade a qual couber sua aplicação*. (grifo da autora).

Todavia, alguns critérios devem ser seguidos ao se fazer a subsunção da conduta violadora dos Princípios norteadores da vida militar à previsão do regulamento disciplinar (art. 16, RDE; art. 8º, RDM; art. 12, RDAer), ou seja, no momento do julgamento e da classificação da transgressão, a autoridade militar deverá analisar:

> Art. 16. *O julgamento da transgressão deve ser precedido de análise que considere:*
>
> *I - a pessoa do transgressor;*
>
> *II - as causas que a determinaram;*
>
> *III - a natureza dos fatos ou atos que a envolveram; e*
>
> *IV - as consequências que dela possam advir.*
>
> Art. 8º *As contravenções disciplinares são classificadas em graves e leves - conforme o dano - grave ou leve - que causarem à disciplina ou ao serviço, em virtude da sua natureza intrínseca, ou das consequências que delas advierem, ou puderem advir, pelas circunstâncias em que forem cometidas.*
>
> Art. 12. *A classificação das transgressões disciplinares, será feita tendo em vista a pessoa do transgressor e o fato este apreciado em conjunto com as circunstâncias que o condicionaram.*

Pode-se afirmar que foi adotado um critério trifásico para a fixação da punição disciplinar, mas diverso do CP e do CPM, visto que os regulamentos disciplinares militares não preveem causas de aumento e de diminuição de pena.

O comandante, no momento de aplicar a punição, deve percorrer algumas fases:

1ª) Classificar a transgressão disciplinar em grave/leve (art. 8º, RDM) ou em grave, média ou leve (art. 21, RDE; art. 11, RDAer);

2º) Estabelecer o tipo de sanção disciplinar e o seu *quantum*, em caso de punição restritiva de liberdade, perfazendo, assim, uma individualização da pena disciplinar. Para isso, deve levar em conta regras prescritas nos regulamentos (art. 27, RDM; art. 37, RDE; art. 35 e 37, RDAer;);

3º) Estabelecida a sanção base, o comandante verificará a interferência das circunstâncias agravantes e atenuantes a fim de determinar a punição final respeitando os limites mínimos e máximos previstos nos regulamentos (art.14, RDM; art. 37, I, a, b, c e Anexo III, RDE; art. 37, I, a, b, c e quadro de punições máximas do RDAer).

Vale observar que o art. 174 do CPM elenca como crime militar o excesso na aplicação da punição disciplinar. Logo, na fixação da sanção disciplinar base, deve-se fundamentar (fundamentação de fato e de direito) cada escolha que foi realizada em cada uma das três fases percorridas para fixar a punição final a fim de que, assim, o suposto transgressor possa entender os motivos da escolha da punição e seu *quantum*. Isso também serve para possibilitar o controle judicial da atuação do administrador no que se refere à razoabilidade e proporcionalidade da punição escolhida.

Os princípios da razoabilidade e da proporcionalidade são princípios que devem ser observados e obedecidos pela autoridade na aplicação da sanção disciplinar. São considerados por muitos como sinônimos. Mas, na verdade, são interligados: a punição aplicada será razoável se, de fato, ela tiver sido proporcional à falta cometida.

Note que, assim que a autoridade classificar a transgressão, a discricionariedade já está quase terminada, pois a penalidade cabível obedecerá a limites previamente estabelecidos, ou seja, a discricionariedade é relativa (p. ex: art. 37 do RDAer).

Ao conferir o art. 14 do RDM - que estabelece limites de punições levando-se em conta os destinatários dela -, o art. 24, RDE - que elenca espécies de punições -, e o seu parágrafo único - que traz limites às punições de detenção e prisão (30 dias) e impedimento (10 dias) -, fica claro, também, outros limites à discricionariedade da autoridade militar.

Nos termos da Súmula 19 do STF, "é inadmissível segunda punição de servidor público, baseada no mesmo processo em que se fundou a primeira". Essa súmula visa coibir a aplicação de duas punições com relação a uma mesma infração disciplinar, ou seja, o *bis in idem*. Essa previsão está disposta no RDM (art. 17) e no RDE (art. 14, § 7º). No RDAer (art. 37, 5), curiosamente, há, como exceção, a possibilidade de dupla punição por uma mesma transgressão. Há quem entenda que isso vai de encontro à CF/88 e à Súmula 19 do STF.

Contudo, não será *bis in idem* e o mesmo fato pode ser levado em conta (numa avaliação global de conduta) num processo administrativo de licenciamento ou exclusão a bem da disciplina de forma a ser somado às transgressões anteriores que confirmem a incapacidade do militar para a função militar que exerce.

Da mesma maneira, caso o militar tenha sido preso ou detido disciplinarmente, de forma cautelar, e, posteriormente, excluído *ex officio* da corporação, não será caracterizado *bis in idem*, uma vez que a prisão cautelar, pela sua natureza, não é uma antecipação de punição disciplinar.

Há de se mencionar que o cumprimento da punição disciplinar pode ser relevado, ou seja, suspenso (art. 38, RDM; arts. 41, 45 e 55, parágrafo único, RDE; art. 51, RDAer). Observe que é suspenso apenas o cumprimento da punição, mas não os seus efeitos. Isso quer dizer que a punição relevada surte todos os efeitos como se tivesse sido cumprida totalmente e, não se confunde com a anulação da punição (art. 38 e 46, RDM; art. 41 e 42, RDE; art. 48 e 49, RDAer).

Pode, ainda, ocorrer o cancelamento da punição disciplinar de fato cumprida ou relevada e tem por objetivo "apagar" os registros e anotações do militar referentes à punição cancelada. O cancelamento gera efeitos *ex nunc* e, por isso, difere da anulação que possui efeitos *ex tunc*, ou seja, retroativos à data do fato que deu origem à reprimenda. Previsão, nos regulamentos das FA (RDM, RDE e RDAer), do cancelamento:

Cancelamento: art. 39: - ex officio ou - Solicitação do interessado;	Cancelamento: art. 58 - Solicitação do interessado: art. 59; exceto Comandantes de estabelecimentos de ensino: art. 59, § 5º;	Cancelamento: art. 52: - ex officio ou - Solicitação do interessado: § 2º;
- Condições cumulativas: alíneas do art. 39;	- Condições cumulativas: incisos do art.59, salvo quando efetuado pelo Comandante do EB: art. 61.	- Condições cumulativas: art. 52
- Efeitos ex nunc:, art. 39, § 4º;	-Efeitos *ex nunc*:,art.59, § 4º.	
- Competência: art. 39, § 2º, e não pode ser delegada.	-Competência:,art.59, § 2º cc,art. 42, § 2º , e não pode ser delegada: § 9º. → Silente sobre o Presidente da República. - Impedimento: cancelamento automático após 2 anos: § 7º. - Advertência verbal: cancelamento automático após 1 ano: § 8º. - Não pode ser delegada a competência para cancelar punição: § 9º. OBS: Contagem (início) do prazo para o cancelamento da repreensão: art. 63, I (não art. 59, IV, b)	- Competência: art.52, § 1º.

6.4. Dos recursos

Os recursos que podem ser manejados na esfera disciplinar militar das FA são: recurso propriamente dito, assim, denominado no RDM (art. 46), o pedido de reconsideração e o recurso disciplinar, nos termos do RDE (art. 52, parágrafo único), a representação prevista, apenas, no RDAer (art. 62) e, ainda, o recurso da solução da representação (art. 62, parágrafo único, RDAer).

O pedido de reconsideração pode ocorrer quando o militar entende que ele próprio ou seu subordinado foi prejudicado, ofendido ou injustiçado. Assim, solicita à autoridade que praticou o ato, o reexame da sua decisão e a reconsideração desse ato. Já a representação, prevista apenas no RDAer, pode ser interposta pelo militar ou por autoridade que julgue seu subordinado vítima de injustiça ou prejudicado em seus direitos por ato de autoridade superior.

O pedido de reconsideração é interposto mediante requerimento. A representação, normalmente, é interposta mediante ofício. A legitimidade recursal, na esfera disciplinar castrense, geralmente, é concorrente ou extraordinária (postula-se, em nome próprio, direito alheio). Isso ocorre no RDE e no RDAer. Todavia, no RDM, a legitimidade é ordinária.

Os pressupostos recursais são os mesmos de qualquer espécie recursal: decisão (de natureza militar) passível de ser reformada; sucumbência, ou seja, o prejuízo proveniente da decisão na esfera disciplinar militar, por exemplo, aplicação de sanção disciplinar, licenciamento ou exclusão a bem da disciplina, etc.

Ainda, a tempestividade que é a observância do prazo estipulado no regulamento; a legitimidade, ordinária ou extraordinária (concorrente) e o amparo recursal que é a previsão do recurso no regulamento disciplinar militar. Cícero Robson Coimbra Neves, citado por Jorge César de Assis[14], dividiu os pressupostos recursais em objetivos e subjetivos:

- Objetivos: cabimento, adequação, tempestividade, regularidade e a inexistência de fatos impeditivos.
- Subjetivos: interesse jurídico e a legitimidade.

Com relação ao efeito dos recursos, os regulamentos disciplinares das FA e a maioria dos regulamentos das Forças Auxiliares possuem apenas, o efeito devolutivo, ou seja, assim que a autoridade competente para decidir o recurso o faz, a punição será automaticamente aplicada. Até porque a punição disciplinar é um ato administrativo, portanto, possui atributos que lhe são característicos: presunção de legitimidade, imperatividade e autoexecutoriedade.

14. ASSIS, Jorge César de. Curso de Direito Disciplinar Militar – 5ª edição, Curitiba: Juruá, 2018, p. 163.

Lembrando que, aqui, o objetivo maior é resguardar a hierarquia e a disciplina. Dessa maneira, a aplicação da punição objetiva assegurar o regular funcionamento das FA e Auxiliares visando a sua eficiência. Logo, é necessário que o cumprimento das punições aplicadas aos faltosos seja imediato, sob pena de inviabilizar o funcionamento dessas Forças e impedir que um Comandante exerça o seu comando.

Exatamente por isso que é necessária essa característica do efeito, apenas, devolutivo do recurso. Observe a previsão do art. 47 do RDE. E, o efeito suspensivo das punições disciplinares militares, ao invés de ser uma forma de assegurar o direito do transgressor, pode abrandar o exercício da disciplina e do comando das organizações militares, nas quais, existe esse efeito suspensivo.

Por fim, há de ser questionado se, ainda, é necessário esgotar a instância recursal administrativa para ingresso no judiciário conforme era previsto no art. 51, § 3º, do Estatuto dos Militares que foi revogado pela L.13.954/19. Segundo esse dispositivo, o acesso ao Judiciário, pelo militar que se julgava prejudicado, era condicionado ao esgotamento de todos os recursos administrativos e da comunicação, antecipada, ao superior, ao qual, é subordinado.

Mas, e o princípio da inafastabilidade da jurisdição do art. 5º, XXXV, CF/88? O acesso à Justiça deve ser amplo e não condicionado ou restringido por legislação infraconstitucional. Essa determinação de aviso prévio ao superior hierárquico, sem dúvida, poderia inibir o militar de recorrer à Justiça por medo de sofrer perseguições, vingança institucional no seu ambiente de trabalho. Assim, finalmente, ocorreu de forma a cumprir mandamento constitucional, a revogação empreendida pela L.13.954/19.

6.5. Do *habeas corpus* em transgressões disciplinares

Previsto no art. 5º, LXVIII, CF/88, tem como requisitos a ocorrência real de violência ou coação ou a ameaça iminente de sofrê-las. O sujeito passivo dessa violência/coação/ameaça deve ser uma pessoa determinada (alguém). Essas devem estar dirigidas à liberdade de locomoção (art. 5º, XV cc LXI, CF/88). Vale ressaltar que, mesmo sem flagrante ou ordem judicial, em se tratando de transgressão disciplinar e crime propriamente militar, pode haver prisão.

A CF/88, no art.142, § 2º, ao prever o não cabimento de HC, em regra, nas punições disciplinares militares objetivou amparar o cumprimento das ordens dadas, sob pena de inviabilizar o sistema, de interromper a prestação do serviço público militar. Não se trata de qualquer serviço público: as FA possuem destinação constitucional e suas atividades não podem ser interrompidas de forma alguma.

Inclusive, até o Direito Penal Militar ampara essa estrutura: a obediência hierárquica é causa de exclusão da culpabilidade não sendo a ordem manifestamente criminosa, havendo relação de subordinação entre o autor da ordem e quem vai cumpri-la e que esteja na esfera de atribuições do subordinado. E, há, ainda, a previsão do crime de recusa de obediência (art. 38, b c/c art.163, CPM).

Quanto ao cabimento do HC, em sede de punições disciplinares militares, Jorge César de Assis[15] cita três correntes distintas: a corrente rígida, extremada que não admite o HC em nenhuma hipótese. Para ela, a hierarquia e a disciplina devem ser protegidas e, por isso, não devem ser analisadas pelo Judiciário.

Nas palavras de José Afonso da Silva: *"onde há hierarquia, ..., há, corretamente, uma relação de sujeição objetiva, que se traduz na disciplina... A disciplina é, assim, um corolário de toda a organização hierárquica. Essa relação fundamenta a aplicação de penalidades que ficam imunes ao HC nos termos do art.142, § 2º, CF"*.

Para a corrente mitigada: ao mesmo tempo em que entende impossível o HC nas punições disciplinares, afirma-se que essa vedação é dirigida apenas ao mérito do ato disciplinar (que é de natureza administrativa), não estando, portanto, vedado o exame quanto à legalidade da punição a ser aplicada. Pode-se afirmar que o HC seria cabível nas punições disciplinares quando: a) a sanção for determinada por autoridade incompetente; b) em desconformidade com a Lei; e c) ultrapassando os limites da Lei.

Por fim, a corrente liberal permite o HC em transgressões disciplinares com o objetivo de analisar não só os aspectos legais do ato disciplinar, mas também o próprio mérito desse ato administrativo militar. Vale observar que os Tribunais, conduzidos pelo STF, têm se filiado à segunda corrente.

Não se pode deixar de comentar os reflexos que podem ocorrer na Caserna quando uma liminar, em sede de HC, é deferida com relação à transgressão disciplinar: quando um subordinado contesta ato do seu superior, o efeito gerado na tropa pode abalar o comando, principalmente, se esse não puder fazer uso dos instrumentos dos quais dispõe (os regulamentos disciplinares) para manter a Disciplina e a eficácia da tropa.

E, se essa não é mantida, o próprio Comandante pode responder disciplinarmente e criminalmente: art. 198, CPM (omissão de eficiência da Força). Por isso, os Magistrados devem ter muita moderação ao conceder **liminar** em pedido de **HC** em **transgressão disciplinar**, pois a demora no julgamento definitivo do pedido do HC pode durar mais de ano e, enquanto isso, o Comandante ficará de "mãos atadas".

A despeito da vedação constitucional de se conceder esse remédio, pode, sim, o Magistrado expedir a liminar, todavia, apenas, se a ilegalidade for gritante,

---

15. ASSIS, Jorge César de. Curso de Direito Disciplinar Militar – 5ª edição, Curitiba: Juruá, 2018, p. 201 a 203.

por exemplo, no caso de punição disciplinar aplicada por autoridade incompetente por não ter o transgressor sob sua subordinação.

Não se pode esquecer que os regulamentos disciplinares possuem um roteiro com relação aos recursos disciplinares cabíveis. Logo, até que sejam esgotados, salvo incontestável ilegalidade, não se deve conceder liminar em HC, sob pena de supressão de instância administrativa. Esse é o entendimento de Jorge Cesar de Assis.

Ainda, levando-se em conta o rito dos regulamentos disciplinares, o suposto transgressor só poderia alegar estar recebendo ameaça iminente de sofrer violência ou coação em sua liberdade de locomoção quando já findou a apuração da falta, essa não fora justificada e o Comandante materializou, de forma expressa, sua decisão de punir esse subordinado. Essa decisão expressa ocorre através de nota a ser publicada em boletim da OM.

Dessa forma, o paciente poderá impetrar HC preventivo na iminência da prisão disciplinar, ou seja, entre a publicação da decisão do Comandante e a consumação da restrição da liberdade. Não é adequada a alegação da iminência de violência/coação à liberdade, durante a apuração da transgressão disciplinar, pois não se sabe e não se pode adivinhar qual será a punição a ser aplicada e se será aplicada. Afinal, a suposta falta disciplinar ainda está sendo apurada.

E, ainda, levando-se em conta os tipos de punições disciplinares previstos nos Regulamentos Disciplinares, por exemplo, no art. 24, RDE, deve ser observado que a advertência e a repreensão são punições verbais; o impedimento impossibilita que o militar saia da área circunscrita à OM. Portanto, é pena restritiva de liberdade, e não privativa; a detenção ocorrerá no espaço do seu alojamento; somente a prisão disciplinar é que terá, de fato, maior restrição, já que, tem local específico.

Se, no julgamento da transgressão, deve-se levar em conta as regras do art. 16, RDE, ponderando as causas de justificação (art. 18); as atenuantes (art. 19) e as agravantes (art. 20) respeitado o parágrafo único do art.18 (não haverá punição disciplinar quando for reconhecida qualquer causa de justificação), é custoso encontrar uma ameaça iminente de coação ou de violência a fundamentar uma liminar em sede de HC nas transgressões disciplinares militares, já que a apuração da transgressão ainda não está terminada e o suposto transgressor poderá ter a sua conduta justificada ou, ainda, receber uma punição verbal.

Caso o magistrado se depare com um HC no qual o paciente alega que, **durante** a **apuração** da transgressão **não** estão sendo **observados** os **princípios** do **contraditório**, da **ampla defesa**, do **devido processo legal** (que são direitos líquidos e certos dos acusados em geral) deve **denegar** a ordem, pois é hipótese de **mandado de segurança**, e **não HC**. Esses dois remédios não se substituem.

Portanto, existe um **impedimento constitucional** quanto ao **cabimento** de **HC** em **transgressões** disciplinares ("impossibilidade jurídica do pedido"), previsto no art.142, § 2º cc art. 5º, LXI, CF). Essa proibição não é absoluta. O princípio da inafastabilidade da jurisdição autoriza o Judiciário a fiscalizar alguns requisitos próprios do ato administrativo disciplinar (competência, legalidade e as formalidades da medida privativa de liberdade).

O juiz não deve adentrar no mérito desse ato administrativo disciplinar militar que é uma prerrogativa do Comandante. Não pode, o juiz, "sentar na cadeira do Comandante". O magistrado deve restringir-se a analisar, no ato administrativo disciplinar militar, se a autoridade que o praticou é competente, se havia previsão legal para a punição aplicada e se foi oportunizado o exercício do direito de defesa.

Com relação à competência para analisar o HC, vale observar que, com relação às FA, essa é da Justiça Federal comum, uma vez que, a Justiça Militar da União, ainda não possui competência (cível) disciplinar, mas, apenas, criminal. Com a EC 45/04, que alterou o art. 125 e seus parágrafos, foi incluída a competência da Justiça Militar Estadual (JME), em especial, do Juiz de Direito, para julgar ações judiciais contra atos disciplinares militares. Há a PEC 358/05 que visa alterar a competência da JMU a fim de incluir, nela, o controle jurisdicional das punições disciplinares militares.

Como o ponto pode ser cobrado em prova (questões elaboradas pela autora)

1- Com relação às Instituições Militares (Forças Armadas e Forças Auxiliares), assinale a alternativa incorreta:

a) São órgãos públicos, portanto, sem personalidade jurídica;

b) Não são sujeitos de direitos e de obrigações;

c) Não possuem capacidade postulatória (de estar em juízo);

d) Seus integrantes podem exercer atividades de consultoria e de assessoramento jurídico.

2- Nos Regulamentos Disciplinares Militares das FA, o prazo prescricional é de:

a) 5 anos;

b) 6 anos:

c) não existe previsão;

d) Há, apenas, previsão de decadência.

3- Com relação a aplicação da punição disciplinar:

a) É necessária para reestabelecer a disciplina, independentemente, de ter benefício educativo para o punido;

b) Não é levado em conta se existirá benefício para a Organização Militar do punido;

c) Tem caráter retributivo e educativo;

d) Não objetiva o cumprimento da destinação constitucional das Instituições Militares.

4- São penalidades extraordinárias ou exclusórias:

a) Exclusão a bem da disciplina;

b) Proibição do uso de uniforme;

c) Detenção;

d) Repreensão.

5- O desligamento do curso é um tipo de punição disciplinar prevista, apenas, no:

a) Regulamento Disciplinar do Exército;

b) Regulamento Disciplinar da Marinha;

c) Regulamento Disciplinar da Aeronáutica;

d) Não existe esse tipo de punição disciplinar.

6- Sobre a classificação da intensidade (leve, média ou grave) da transgressão ou contravenção disciplinar:

a) É, assim, nos três regulamentos das três Forças Armadas;

b) No Regulamento Disciplinar da Marinha, essa é classificada, apenas, em grave e leve;

c) No Regulamento Disciplinar do Exército, essa é classificada, apenas, em leve e média;

d) No Regulamento Disciplinar da Aeronáutica, essa é classificada, apenas, em leve e grave.

7- Com relação ao previsto, nos Regulamentos Disciplinares Militares sobre manifestação pública sobre assunto político é correto afirmar que:

a) Nenhum militar pode manifestar-se publicamente sobre assunto político;

b) Há previsão em Regulamento Disciplinar sobre essa possibilidade, desde que, autorizado;

c) Somente o militar da reserva pode;

d) O Comandante poderá escolher se pune ou não o militar nesse caso;

8- São penalidades ordinárias ou reeducativas, exceto:

a) Proibição do uso de uniforme;

b) Detenção;

c) Repreensão;

d) Licenciamento a bem da disciplina.

9- Com relação à legitimidade recursal nos regulamentos disciplinares militares das FA:

a) No RDM, art. 46, a legitimidade recursal é, apenas, ordinária, ou seja, só militar punido pode recorrer do ato disciplinar;

b) Nos três regulamentos, a legitimidade é ordinária;

c) Nos três regulamentos, a legitimidade é extraordinária;

d) No RDAer, a legitimidade é ordinária.

10- São, obrigatoriamente, classificadas como graves, as trangressões:

a) Ofensivas à dignidade militar;

b) Que afetem o decoro da classe e o pundonor militar;

c) De negligência ou imprudência na manutenção de aeronaves;

d) Todas as anteriores.

Gabarito: 1- D, 2- C, 3- C, 4- A, 5- C, 6- B, 7- B, 8- D, 9- A, 10- D.

Capítulo X

Conselho de Justificação (Lei nº 5.836/72)

ADRIANO COUTO

Referência legislativa: Lei nº 5.836/72

1. NATUREZA JURÍDICA

O Supremo Tribunal Federal tem assentado de forma pacífica que a Lei nº 5.836/72 se encontra em conformidade com a atual Constituição Federal, firmando a jurisprudência de que o processo oriundo do Conselho de Justificação trata-se de "**procedimento essencialmente administrativo**".

Neste sentido, a Corte Constitucional Brasileira tem decidido que mesmo emanados de órgão do Poder Judiciário, a natureza das **decisões proferidas em sede de Conselho de Justificação tem caráter materialmente administrativo,** sendo incabível a interposição do recurso extraordinário, porque o rito da Lei nº 5.836/72 não se confunde com o conceito de causa.

Consolidando sua jurisprudência pacífica sobre o tema, dada a natureza administrativa das decisões proferidas em Conselho de Justificação, o Supremo Tribunal Federal tem declarado a impossibilidade de se interpor recurso extraordinário em face da Lei nº 5.836/72, mas, entende ser cabível a interposição dos embargos de nulidade, infringentes do julgado e de declaração, haja vista a aplicação subsidiária do Código de Processo Penal Militar.

Mesmo entendimento se encontra presente na jurisprudência consolidada no Superior Tribunal Militar[1] e Superior Tribunal de Justiça[2], que fixaram ser inviável

1. STM - Pet 7000020-49.2018.7.00.0000.
2. AgInt no AREsp 1563004 / SP.

a interposição de recurso extraordinário e recurso especial em face de decisão proferida em Conselho de Justificação, dada sua natureza administrativa.

> **▸ Posição do STF**
>
> EMENTA: AGRAVO REGIMENTAL NO RECURSO EXTRAORDINÁRIO COM AGRAVO. PROCESSUAL PENAL. **NATUREZA ADMINISTRATIVA DA DECISÃO DO CONSELHO DE JUSTIFICAÇÃO. INCABÍVEL A INTERPOSIÇÃO DE RECURSO EXTRAORDINÁRIO.** AGRAVO REGIMENTAL AO QUAL SE NEGA PROVIMENTO. (ARE 889205 AgR, Relator(a): CÁRMEN LÚCIA, Segunda Turma, julgado em 18/08/2015, ACÓRDÃO ELETRÔNICO DJe-169 DIVULG 27-08-2015 PUBLIC 28-08-2015) (grifos nossos).

Corroborando o argumento dos Tribunais Superiores e Suprema Corte de natureza administrativa do Conselho de Justificação, necessário se faz destacar que a Constituição Federal de 1988 e a Lei de Organização Judiciária Militar da União (Lei nº 8.457/92) não previram como competência originária do Superior Tribunal Militar o processo oriundo do Conselho de Justificação.

Desta forma, por não se tratar de processo judicial, mas, sim, processo administrativo especial, o art. 14 da Lei nº 5.836/72 deu **competência ao Superior Tribunal Militar para julgar "em instância única, os processos oriundos de Conselho de Justificação, a ele remetidos por Ministro Militar"**.

Com o devido respeito ao entendimento dos Tribunais Superiores e Suprema Corte, este autor defende que as decisões proferidas pelo Superior Tribunal Militar no Conselho de Justificação possuem natureza jurídica judicial, pois os oficiais militares só perdem o posto e a patente se forem indignos do oficialato ou com ele incompatíveis por decisão do Tribunal Competente em tempos de paz.

Logo, esse processo de perda do posto e da patente não tem natureza jurídica administrativa, mas, sim, natureza jurídica judicial, dando margem à interposição dos recursos extraordinário e especial[3], dado o caráter de definitividade das decisões proferidas pelo Superior Tribunal Militar, fazendo coisa julgada material, e, posteriormente, impossibilitando a desconstituição desta mesma decisão por meio de ação ordinária.

2. FINALIDADE

Segundo João Batista da Silva Fagundes, o Conselho de Justificação é um instituto tipicamente militar e essencialmente de natureza moral[4], **é também**

3. Recurso Extraordinário 186.116-9-ES.

4. Segundo João Batista da Silva Fagundes, "O Conselho de Justificação é um instituto tipicamente militar e essencialmente de natureza moral, regulado em lei especial e destinado

intitulado tribunal de honra[5], desta forma, é um processo administrativo especial, regulado pela Lei nº 5.836/72, destinado a julgar a incapacidade do oficial das Forças Armadas (Marinha, Exército e Aeronáutica), militar de carreira, para permanecer na ativa ou na situação de inatividade na qual se encontre (reserva remunerada ou reformado), criando-lhe ao mesmo tempo condições para se justificar, sendo assegurado no curso do processo o devido processo legal, o contraditório e a ampla defesa (art. 1º da Lei nº 5.836/72).

Não há que cogitar dupla punição o fato do oficial militar ser sancionado por ter cometido um ilícito administrativo disciplinar militar e a responder como justificante perante o Conselho de Justificação, porquanto o presente processo administrativo especial não se destina a julgar transgressões disciplinares ou crimes, mas, sim, avaliar, do ponto de vista ético e moral, a capacidade do oficial de permanecer na respectiva Força Armada.

Havendo previsão expressa na legislação quanto à possibilidade de aplicação de sanção disciplinar aos militares reformados[6], deve ser afastada a incidência da Súmula nº 56 do Supremo Tribunal Federal. Portanto, o Conselho de Justificação também pode ser aplicado ao oficial da reserva remunerada ou reformado, presumivelmente incapaz de permanecer na situação em que se encontra.

▸ Posição do STM

A análise exegética dos dispositivos da Lei nº 5.836/72 revela a intenção do legislador no sentido de que a Administração Militar terá o prazo de seis anos para **determinar a instauração de Conselho de Justificação, contados da data em que emergirem, contra o Oficial de carreira da ativa, da reserva remunerada ou reformado, fatos desabonadores que o tornem presumivelmente incapaz de permanecer na situação em que se encontra dentro da respectiva Força, sob pena de ver fluir o** lapso prescricional. (Superior Tribunal Militar. Conselho de Justificação nº 0000003-84.2008.7.00.0000) (grifos nossos).

---

a analisar fatos que dizem respeito à conduta do oficial, sempre que, a respeito dela houver uma acusação concreta que, uma vez comprovada, seja capaz de gerar incompatibilidade para o exercício de sua função militar." – publicado na Revista de Informação Legislativa, p.119 -130, outubro a dezembro de 1974.

5. Discurso do Deputado Prudente de Moraes Filho, "Anais do Congresso Nacional", Diário Oficial, de 22 de setembro de 1921.

6. REsp 1121791/RJ 2009/0021707-5.

3. EXCEÇÕES APLICADAS PELO SUPERIOR TRIBUNAL MILITAR AOS OFICIAIS DA RESERVA NÃO REMUNERADA

O Superior Tribunal Militar, no Conselho de Justificação nº 196/DF 2005.01.000196-5 decidiu que "**conquanto a Lei não preveja a situação da instauração do Conselho de Justificação para o Oficial da reserva não remunerada, uma vez já remetido ao STM o Processo, não existe impedimento para que seja julgado, pois nem a Constituição Federal, nem o RISTM, e nem a própria Lei, limitam o alcance do feito na instância judicial**[7]" (grifos nossos).

O entendimento adotado pelo Superior Tribunal Militar é a de que o Oficial da **reserva não remunerada** mantém a patente, e em caso de convocação terá os deveres e direitos inerentes ao posto, por esse motivo, mesmo sem previsão legal, pode ser submetido ao Conselho de Justificação.

Assim o Conselho de Justificação tem por finalidade julgar, através de processo especial, a capacidade do oficial, militar de carreira, para permanecer nas fileiras das Forças Armadas, concedendo ao Oficial Justificante o contraditório e ampla defesa, ou seja, no processo administrativo especial perante seus pares apura-se a incapacidade para permanecer na ativa ou na situação de inatividade em que se encontra, não se julgando em definitivo a perda do posto e da patente, eis que a competência para julgamento é do Superior Tribunal Militar que, ao decidir, analisará todos os elementos coligidos nos autos, por meio de Ação Inominada, nos termos do artigo 142, §3º, inciso VI, da Constituição Federal de 1988 e artigo 169, inciso I, do RISTM/20 (Regimento Interno do Superior Tribunal Militar - 2020).

4. SUJEITOS DO CONSELHO DE JUSTIFICAÇÃO

Estão sujeitos ao Conselho de Justificação, o militar na ativa de carreira, da reserva remunerada e o reformado.

Excepcionalmente, mesmo sem previsão legal, o Superior Tribunal Militar tem aplicado a tese de que não há impedimento legal para aquele militar da reserva não remunerada seja submetido ao processo administrativo especial do Conselho de Justificação.

Conforme previsão no Estatuto dos Militares (Lei nº 6.880/80), os militares de carreira são aqueles da ativa que, no desempenho voluntário e permanente do serviço militar, tenham vitaliciedade, assegurada ou presumida, ou estabilidade adquirida (art. 3º, § 2º, do EM).

São considerados da reserva remunerada, os inativos que perceberem remuneração da União, porém sujeitos, ainda, à prestação de serviço na ativa, mediante convocação ou mobilização.

---

7. Superior Tribunal Militar. Conselho de Justificação nº 2005.01.000196-7.

São considerados reformados, os inativos que estejam dispensados, definitivamente, da prestação de serviço na ativa, mas que continuam a perceber remuneração da União.

5. MOTIVOS QUE DETERMINAM A INSTAURAÇÃO OU O ARQUIVAMENTO DO CONSELHO DE JUSTIFICAÇÃO

É submetido a Conselho de Justificação, a pedido ou "*ex officio*", o oficial das forças armadas, **acusado oficialmente ou por qualquer meio lícito de comunicação social de ter**[8]**: a) procedido incorretamente no desempenho do cargo, b) tido conduta irregular, c) praticado ato que afete a honra pessoal, o pundonor militar ou o decoro da classe** (art. 2º, I, da Lei nº 5.836/72).

Todo cidadão, após ingressar em uma das Forças Armadas mediante incorporação, matrícula ou nomeação, prestará compromisso de honra, no qual afirmará a sua aceitação consciente das obrigações e dos deveres militares e manifestará a sua firme disposição de bem cumpri-lo (art. 32 da Lei nº 6.880/80).

Assim, os deveres militares emanam de um conjunto de vínculos racionais, bem como morais, que ligam o militar à Pátria e ao seu serviço, e compreendem, essencialmente: a dedicação e a fidelidade à Pátria, cuja honra, integridade e instituições devem ser defendidas mesmo com o sacrifício da própria vida; o culto aos Símbolos Nacionais; a probidade e a lealdade em todas as circunstâncias; a disciplina e o respeito à hierarquia; o rigoroso cumprimento das obrigações e das ordens; e a obrigação de tratar o subordinado dignamente e com urbanidade (art. 31 da Lei nº 6.880/80).

Nesta toada, ferindo alguns desses deveres previstos no Estatuto dos Militares terá o oficial procedido incorretamente no desempenho do cargo, tendo em vista que ao longo da carreira, os oficiais são forjados e educados para o exercício do Comando, Chefia e Direção.

A conduta irregular se configura quando o oficial pratica transgressão disciplinar militar de natureza grave, por ter inobservado leis, normas e regulamentos,

---

8. O Comando da Aeronáutica, através de sua Diretoria de Administração do Pessoal, através da Portaria DIRAP nº 698/DIR, de 14 de fevereiro de 2008, aprovou a reedição do Folheto do Comando da Aeronáutica (FCA 30-3), "Interpretando a Legislação de Pessoal", nesse sentido, conforme o item 5.59, do referido folheto, para a configuração de meio lícito de comunicação social, "A lei exige que a acusação seja concreta, assinada ou publicada em órgão idôneo, partida de origem perfeitamente identificável, que possa ser chamada, quando necessário, para contestar aquilo que alega em documento próprio, não podendo se enquadrar na hipótese uma carta anônima, um panfleto de origem não identificada, uma acusação verbal que possa ser destruída pela mesma palavra de quem formulou a acusação".

contrariando princípios insculpidos pela Instituição Militar e comprometendo seu bom nome e imagem junto à sociedade.

Por ser um termo demasiadamente aberto, entendemos que o libelo acusatório deve trazer com minúcias qual lei, norma ou regulamento foi violado pelo oficial justificante.

As violações aos sentimentos do dever, do pundonor militar e do decoro da classe que compõem o que se denomina de ética militar, que impõe a cada um dos integrantes das Forças Armadas, conduta moral e profissional irrepreensíveis, (art. 28 da Lei nº 6.880/80) também são suficientes para submeter o oficial militar ao crivo do Conselho de Justificação.

Bom histórico profissional não justifica a prática de atos e fatos demeritórios que afetam a honra pessoal, o pundonor militar e o decoro da classe, violando gravemente princípios da ética militar. Tais valores devem ser guardados pelo oficial das Forças Armadas, tanto em serviço como fora dele, na vida pública e na vida particular, de maneira que a falta de integridade e de zelo pelos valores morais que pautam a vida castrense repercutem na esfera jurídica do militar, pois os princípios consubstanciados no art. 28 da Lei nº 6.880/1980 exigem conduta moral irrepreensível e obediência aos preceitos da ética militar, em todas as circunstâncias[9].

O regulamento disciplinar do Exército, Decreto nº 4.346/02, em seu art. 6º, definiu os conceitos de honra pessoal, pundonor militar e decoro da classe, conforme se depreende abaixo:

- **Honra pessoal**: sentimento de dignidade própria, como o apreço e o respeito de que é objeto ou se torna merecedor o militar, perante seus superiores, pares e subordinados;
- **Pundonor militar:** dever do militar pautar a sua conduta como a de um profissional correto. Exige dele, em qualquer ocasião, alto padrão de comportamento ético que refletirá no seu desempenho perante a Instituição a que serve e no grau de respeito que lhe é devido; e
- **Decoro da classe:** valor moral e social da Instituição. Ele representa o conceito social dos militares que a compõem e não subsiste sem esse.

Posição do STM

CONSELHO DE JUSTIFICAÇÃO. OFENSA AO PUNDONOR MILITAR. INDIGNIDADE PARA O OFICIALATO. Oficial do Exército preso em flagrante pela Polícia Federal

9. Superior Tribunal Militar. CONSELHO DE JUSTIFICAÇÃO nº 7000350-75.2020.7.00.0000. Relator(a): Ministro(a) LÚCIO MÁRIO DE BARROS GÓES. Data de Julgamento: 31/08/2021, Data de Publicação: 23/09/2021.

após adquirir droga de traficante. **Comportamento ofensivo à honra, ao pundonor militar e ao decoro da classe, devidamente comprovado.** Conselho de Justificação conhecido, sendo o Justificante declarado indigno do oficialato, com a perda de seu posto e patente. Decisão unânime. Superior Tribunal Militar. Conselho de Justificação nº 2003.01.000191-4 (grifos nossos).

Também será submetido a Conselho de Justificação, a pedido ou "ex officio", o oficial das forças armadas considerado não habilitado para o acesso, em caráter provisório, no momento em que venha a ser objeto de apreciação para ingresso em Quadro de Acesso ou Lista de Escolha (art. 2º, II, da Lei); o afastado do cargo, na forma do Estatuto dos Militares por se tornar incompatível com o mesmo ou demonstrar incapacidade no exercício de funções militares a ele inerentes, salvo se o afastamento é decorrência de fatos que motivem sua submissão a processo (art. 2º, III, da Lei); o condenado por crime de natureza dolosa, não previsto na legislação especial concernente a segurança do Estado, em Tribunal civil ou militar, a pena restrita de liberdade individual até 2 (dois) anos, tão logo transite em julgado a sentença (art. 2º, IV, da Lei); ou pertencente a partido político ou associação, suspensos ou dissolvidos por força de disposição legal ou decisão judicial, ou que exerçam atividades prejudiciais ou perigosas à segurança nacional (art. 2º, V, da Lei).

Através da Escola de Formação de Oficiais ou do Quadro Auxiliar de Oficiais o oficial inicia sua carreira nas Forças Armadas. Desta forma, nos termos da Lei nº 13.954/19, que alterou a Lei nº 6.880/80, os oficiais passam a pertencer a determinados círculos, tais como: Oficiais Subalternos, Oficiais Intermediários, Oficiais Superiores e Oficiais Generais.

Assim, o oficial se inscreve para ser promovido e poder ter acesso a um novo círculo, ocorre que se o oficial for considerado não habilitado para o acesso, em caráter provisório, a juízo do Almirantado, do Alto Comando ou da Comissão de Promoções, por presumivelmente, ser incapaz de atender a quaisquer dos requisitos estabelecidos no conceito profissional e conceito moral, será submetido a Conselho de Justificação "ex officio", conforme previsão na Lei nº 5.821/72[10], com redação dada pela Lei nº 13.954/19.

A inobservância dos deveres e a violação das obrigações militares importam em responsabilidade funcional ao oficial pode acarretar seu afastamento do cargo, e consequentemente, a submissão ao Conselho de Justificação.

10. Art. 35. O oficial não poderá constar de qualquer Quadro de Acesso e Lista de Escolha quando: b) for considerado não habilitado para o acesso, em caráter provisório, a juízo do Almirantado, do Alto Comando ou da Comissão de Promoções, por, presumivelmente, ser incapaz de atender a quaisquer dos requisitos estabelecidos nas alíneas "b" e "c" do caput do art. 15 desta Lei; (Redação dada pela Lei nº 13.954, de 2019).

São autoridades competentes para determinar o imediato afastamento do cargo ou o impedimento do exercício da função, o Presidente da República, os titulares das respectivas pastas militares, o Chefe do Estado Maior das Forças Armadas e os Comandantes, Chefes e os Diretores, na conformidade da legislação ou regulamentação específica de cada Força Armada, (art. 44 da Lei nº 6.880/80).

> **▸ Posição do STM**[11]
>
> EMENTA. CONSELHO DE JUSTIFICAÇÃO. **Libelo Acusatório imputando a Oficial Capelão conduta infringente aos incisos I, alíneas "a" e "b", e III,** do art. 2º, da Lei nº 5.836/72. Preliminar de exceção de incompetência. Improcedência. Não cuida o Conselho de Justificação julgar, eclesiasticamente, o Justificante, posto que isso foi feito pela autoridade católica competente, com base no Código de Direito Canônico. Ao Conselho de Justificação e ao STM cabem, sim, julgar a conduta do Oficial Capelão, de acordo com as prescrições contidas nas Leis nºs 6.923/81, 5.836/72 e 6.880/72. No mérito, restaram comprovadas as imputações contidas nos itens 3.1, 3.2, 3.3, 3.6 e 3.8, do Libelo Acusatório. **Diante da procedência das imputações formuladas, considera-se o Justificante culpado de procedimento incorreto no exercício do cargo e de estar incompatível com o exercício das funções de capelão militar, por ter sido suspenso de ordens e incapaz, portanto, de permanecer na ativa.** Reformado, ex vi do art. 16, inciso II, § 1º, da Lei nº 5.836/72. Decisão unânime (grifos nossos).

Entendemos que a sentença deveria ser reparada, no que tange à determinação da reforma do Oficial justificante, por contrariar frontalmente o parágrafo único, do art. 14 da Lei nº 6.923/81, que versa sobre a demissão do Capelão Militar, assim dispondo o dispositivo legal, "Na hipótese de privação definitiva a que se refere este artigo, ou da privação temporária ultrapassar dois anos, consecutivos ou não, será o Capelão Militar demitido ex officio, ingressando na reserva não remunerada, no mesmo posto que possuía na ativa."

Conforme já assentado pelo Superior Tribunal Militar[12], o Oficial Capelão Militar não poderá arguir *bis in idem* caso haja nomeação de Conselho de Justificação que se fundamente em privação temporária do exercício do sacerdócio e nomeação de Conselho de Justificação que se fundamente em privação definitiva do sacerdócio.

Continuando com o entendimento, importante destacar que, no caso de condenação, com o trânsito em julgado da sentença penal condenatória restritiva de

11. Superior Tribunal Militar. Conselho de Justificação nº 2001.01.000187-6.
12. Superior Tribunal Militar. Conselho de Justificação nº 0000043-56.2014.7.00.0000.

liberdade individual até dois anos, tendo o oficial sido condenado por natureza dolosa, a autoridade militar submete *ex officio* o oficial a Conselho de Justificação, não se podendo arguir em dupla punição pela mesma falta, tendo em vista que as esferas (administrativa e criminal) são independentes.

Nota-se que **as condenações a pena restritivas de direitos, a pena de multa e a condenação por crime de natureza culposa a pena restritiva de liberdade até dois anos não tem o condão de submeter o oficial a Conselho de Justificação.** Neste último caso a submissão do oficial a Conselho de Justificação dependerá da discricionariedade da autoridade militar competente.

Não devemos confundir que pela prática de ações delituosas, a Constituição Federal de 1988, no art. 142, § 3º, incisos VI e VII, estabelece a pena acessória de perda de posto e patente a oficiais das Forças Armadas julgados indignos do oficialato por condenação, na justiça comum ou militar, **a pena privativa de liberdade superior a dois anos**, cabendo ao Ministério Público Militar representar ao Superior Tribunal Militar pela declaração de indignidade para o oficialato, requerendo à perda do posto e da patente do oficial declarado indigno.

▸ Posição do STM

Rejeita-se preliminar defensiva de nulidade da Portaria de instauração do Conselho de Justificação[13], por ausência de motivação e cerceamento de defesa, quando o ato deflagrador estiver alicerçado em condenação do justificante à pena até 2 (dois) anos de reclusão, transitada em julgado, a teor do art. 2º, inciso IV, da Lei nº 5.836, de 5 de dezembro de 1972, e forem respeitados os princípios da ampla defesa e do contraditório, consubstanciados nas ações do justificante de recebimento do Libelo Acusatório, acompanhamento da inquirição de testemunhas, interrogatório e apresentação de razões escritas ao Conselho de Justificação, em conformidade com os trâmites previstos na Lei nº 5.836/72 (grifos nossos).

É considerado, entre outros, para os efeitos da Lei nº 5.836/72, pertencente a partido ou associação a que se refere o art. 2º, V, o oficial das Forças Armadas que, ostensiva ou clandestinamente: a) estiver inscrito como seu membro; b) prestar serviços ou angariar valores em seu benefício; c) realizar propaganda de suas doutrinas; ou d) colaborar, por qualquer forma, mas sempre de modo inequívoco ou doloso, em suas atividades (art. 2º, parágrafo único, da Lei).

Nos dias atuais, difícil imaginar um partido político ou associação que exerçam atividades prejudiciais ou perigosas à segurança nacional, sendo suspensos ou dissolvidos por força de disposição legal ou decisão judicial.

---

13. Superior Tribunal Militar. Conselho de Justificação nº 7000519-96.2019.7.00.0000.

Por tais razões, o inciso V, do art. 142, da Constituição Federal de 1988, veda a filiação de militar em serviço ativo a partidos políticos, assim, a fim de não ser submetido a Conselho de Justificação, o oficial em serviço ativo antes de se candidatar ao pleito eleitoral deve requerer o seu afastamento da Instituição Militar a qual pertença.

Conforme precisa lição de Paulo Tadeu Rodrigues Rosa[14], "a realização de propaganda ideológica partidária buscando novos adeptos é motivo mais do que suficiente para a convocação do Conselho, pois a defesa da pátria e dos ideais nacionais não deve permitir que outras doutrinas a eles se sobreponham".

6. AFASTAMENTO DAS FUNÇÕES E JUÍZO DE ADMISSIBILIDADE DO CONSELHO DE JUSTIFICAÇÃO

O oficial da ativa das Forças Armadas, ao ser submetido a Conselho de Justificação, é afastado do exercício de suas funções, automaticamente (ato vinculado), nos casos dos itens IV e V, do artigo 2º; e a critério (ato discricionário) do respectivo Ministro[15], no caso do item I, do artigo 2º (art. 3º da Lei).

Mister se faz olvidar o juízo de admissibilidade feito pelas autoridades com competência para instaurar o processo, que podem julgar improcedente a acusação e indeferir a nomeação do Conselho de Justificação, com base nos antecedentes do oficial a ser julgado e na natureza ou falta de consistência dos fatos arguidos, (art. 4º, § 1º, da Lei nº 5.836/72).

Ocorrendo o indeferimento do pedido de nomeação do Conselho de Justificação, devidamente fundamentado pela autoridade competente, deverá o

---

14. Rosa, Paulo Tadeu Rodrigues, Direito Administrativo Militar, Teoria e Prática, revista, atualizada e ampliada, 4ª ed, Lumen Juris, 2011, p.146.

15. Ressalta-se que a Lei Complementar 97, de 9 de junho de 1999, criou o Ministério da Defesa, extinguindo os ministérios militares e o Estado-Maior das Forças Armadas (substituído pelo Estado-Maior da Defesa). Os cargos de Comandante da Marinha, do Exército e da Aeronáutica são privativos de oficiais-generais do último posto da respectiva Força. Sendo assegurada aos Comandantes da Marinha, do Exército e da Aeronáutica precedência hierárquica sobre os demais oficiais-generais das três Forças Armadas. Se o oficial-general indicado para o cargo de Comandante da sua respectiva Força estiver na ativa, será transferido para a reserva remunerada, quando empossado no cargo. Sendo asseguradas aos Comandantes da Marinha, do Exército e da Aeronáutica todas as prerrogativas, direitos e deveres do Serviço Ativo, inclusive com a contagem de tempo de serviço, enquanto estiverem em exercício. Desta forma, as referências legais a Ministérios ou a Ministro de Estado da Marinha, do Exército e da Aeronáutica passam a ser entendidas como a Comando ou a Comandante dessas Forças, respectivamente, desde que não colidam com atribuições do Ministério ou Ministro de Estado da Defesa.

indeferimento ser publicado oficialmente e transcrito nos assentamentos do oficial, se este é da ativa, (art. 4º, § 2º, da Lei nº 5.836/72).

7. COMPOSIÇÃO E CASOS DE IMPEDIMENTO NO CONSELHO DE JUSTIFICAÇÃO

O Conselho de Justificação é composto de 3 (três) oficiais, da ativa, da Força Armada do justificante, de posto superior ao seu (art. 5º da Lei nº 5.836/72). Nesse sentido, é causa de nulidade a composição do colegiado formado por oficiais mais modernos que o justificante.

O membro mais antigo do Conselho de Justificação, no mínimo um oficial superior da ativa, é o presidente, o que lhe segue em antiguidade é o interrogante e relator, e o mais moderno, o escrivão (art. 5º, § 1º).

O presidente do Conselho de Justificação conduz os trabalhos, fazendo a entrega da portaria de instauração e de toda documentação juntada ao escrivão, o interrogante relator fica encarregado da qualificação e interrogatório do acusado e inquirição das testemunhas e o escrivão além de fazer a leitura da portaria de instauração, também reduz todos os atos procedimentais do Conselho de Justificação a termo.

O impedimento dos oficiais pode ser declarado de ofício ou a pedido do oficial justificante, para efeitos disciplinares, a omissão do dever de comunicar o próprio impedimento constitui falta grave, haja vista que o deferimento do pedido da arguição de impedimento acarreta nulidade do Conselho de Justificação, causando transtornos administrativos às autoridades competentes para nomeação do Conselho de Justificação.

Por estas razões, a fim de se evitar a nulidade do Conselho de Justificação, não podem fazer parte do Conselho de Justificação: o oficial que formulou a acusação; os oficiais que tenham entre si, com o acusador ou com o acusado, parentesco consanguíneo ou afim, na linha reta ou até quarto grau de consanguinidade colateral ou de natureza civil e os oficiais subalternos (art. 5º, § 2º).

Sendo o justificante oficial do último posto de cada força, não há nenhum impedimento para que seja nomeado para fazer parte do Colegiado, oficial mais antigo, seja da ativa ou da inatividade, mais antigos que o justificante.

Na hipótese do justificante ser oficial da reserva remunerada ou reformado, um dos membros do Conselho de Justificação pode ser da reserva remunerada, não havendo nenhum impedimento que o presidente do Conselho de Justificação seja este oficial da reserva remunerada (art. 5º, § 4º).

Ressaltamos que sempre haverá impedimento à nomeação de oficial reformado para compor colegiado no Conselho de Justificação.

8. FUNCIONAMENTO DO CONSELHO DE JUSTIFICAÇÃO

Todos os atos do Conselho de Justificação sempre funcionam na presença de todos os três membros (totalidade), em local onde a autoridade nomeante julgue melhor indicado para à apuração do fato (art. 6º da Lei).

Poderá o justificante ou a sua defesa constituída requerer a nulidade do ato procedimental do Conselho de Justificação em que funcione a maioria dos membros (dois), por violação expressa ao art. 6º da Lei nº 5.836/72.

Reunido o Conselho de Justificação, convocado previamente por seu presidente, em local, dia e hora designados com antecedência presente o justificante, o presidente manda proceder à leitura e a situação dos documentos que constituíram o ato de nomeação do Conselho (art. 7º, *caput*, 1ª parte, da Lei). Desta forma, a intimação observará a antecedência mínima de três dias úteis quanto à data do comparecimento do justificante, aplicando de forma subsidiária o § 2º do art. 26 da Lei nº 9.784/99.

Em que pese o *caput* do art. 7º da lei regente do Conselho de Justificação aduzir que após a leitura e a situação dos documentos que constituíram o ato de nomeação do Conselho, o presidente ordena a qualificação do interrogatório do justificante, tal ofício não se aplica mais na prática, tendo em vista que no julgamento da Ação Penal nº 470[16], DJe de 02/05/2011, o Ministro Celso de Mello,

---

16. E M E N T A: "HABEAS CORPUS" - NECESSIDADE DE RESPEITO, PELO PODER PÚBLICO, ÀS PRERROGATIVAS JURÍDICAS QUE COMPÕEM O PRÓPRIO ESTATUTO CONSTITUCIONAL DO DIREITO DE DEFESA - A GARANTIA CONSTITUCIONAL DO "DUE PROCESS OF LAW" COMO EXPRESSIVA LIMITAÇÃO À ATIVIDADE PERSECUTÓRIA DO ESTADO (INVESTIGAÇÃO PENAL E PROCESSO PENAL) - O CONTEÚDO MATERIAL DA CLÁUSULA DE GARANTIA DO "DUE PROCESS" - INTERROGATÓRIO JUDICIAL - NATUREZA JURÍDICA - MEIO DE DEFESA DO ACUSADO - POSSIBILIDADE DE QUALQUER DOS LITISCONSORTES PENAIS PASSIVOS FORMULAR REPERGUNTAS AOS DEMAIS CO-RÉUS, NOTADAMENTE SE AS DEFESAS DE TAIS ACUSADOS SE MOSTRAREM COLIDENTES - PRERROGATIVA JURÍDICA CUJA LEGITIMAÇÃO DECORRE DO POSTULADO CONSTITUCIONAL DA AMPLA DEFESA - PRECEDENTE DO SUPREMO TRIBUNAL FEDERAL (PLENO) - MAGISTÉRIO DA DOUTRINA - PEDIDO DEFERIDO. A ESSENCIALIDADE DO POSTULADO DO DEVIDO PROCESSO LEGAL, QUE SE QUALIFICA COMO REQUISITO LEGITIMADOR DA PRÓPRIA "PERSECUTIO CRIMINIS". - O exame da cláusula referente ao "due process of law" permite nela identificar alguns elementos essenciais à sua configuração como expressiva garantia de ordem constitucional, destacando-se, dentre eles, por sua inquestionável importância, as seguintes prerrogativas: (a) direito ao processo (garantia de acesso ao Poder Judiciário); (b) direito à citação e ao conhecimento prévio do teor da acusação; (c) direito a um julgamento público e célere, sem dilações indevidas; (d) direito ao contraditório e à plenitude de defesa (direito à autodefesa e à defesa técnica); (e) direito de não ser processado e julgado com base em leis "ex post facto"; (f) direito à igualdade entre as partes; (g) direito de não ser processado com fundamento em provas revestidas de ilicitude; (h) direito ao benefício da gratuidade; (i) direito à observância

apontou que o interrogatório é um ato de defesa, tendo lugar na última fase da instrução probatória.

Merece trazer à baila que **a Súmula nº 15, do STM**, trazia a seguinte redação, "A alteração do art. 400 do CPP, trazida pela Lei nº 11.719, de 20 de junho de 2008, que passou a considerar o interrogatório como último ato da instrução criminal, não se aplica à Justiça Militar da União." (BJM Nº 01, de 04.01.13, DJe Nº 070, de 18.04.13; republicada no DJe Nº 149, de 02.09.14). Contudo, essa súmula **encontra-se cancelada, conforme publicação no DJe Nº 88, de 17.05.2016.**

Assim, como ato processual de defesa, é direito do justificante em ser interrogado após as oitivas de todas as testemunhas arroladas no Conselho de Justificação, não sendo razoável que se antecipe importante ato de defesa, sem que o justificante tenha tido contado com todas as provas produzidas para a sua acusação, desta forma, somente nesse momento o justificante terá condições de estruturar de forma muito mais adequada a sua defesa.

---

do princípio do juiz natural; (j) direito ao silêncio (privilégio contra a auto-incriminação); (l) direito à prova; e (m) direito de presença e de "participação ativa" nos atos de interrogatório judicial dos demais litisconsortes penais passivos, quando existentes. - O direito do réu à observância, pelo Estado, da garantia pertinente ao "due process of law", além de traduzir expressão concreta do direito de defesa, também encontra suporte legitimador em convenções internacionais que proclamam a essencialidade dessa franquia processual, que compõe o próprio estatuto constitucional do direito de defesa, enquanto complexo de princípios e de normas que amparam qualquer acusado em sede de persecução criminal, mesmo que se trate de réu estrangeiro, sem domicílio em território brasileiro, aqui processado por suposta prática de delitos a ele atribuídos. O INTERROGATÓRIO JUDICIAL COMO MEIO DE DEFESA DO RÉU. - Em sede de persecução penal, o interrogatório judicial - notadamente após o advento da Lei nº 10.792/2003 - qualifica-se como ato de defesa do réu, que, além de não ser obrigado a responder a qualquer indagação feita pelo magistrado processante, também não pode sofrer qualquer restrição em sua esfera jurídica em virtude do exercício, sempre legítimo, dessa especial prerrogativa. Doutrina. Precedentes. POSSIBILIDADE JURÍDICA DE UM DOS LITISCONSORTES PENAIS PASSIVOS, INVOCANDO A GARANTIA DO "DUE PROCESS OF LAW", VER ASSEGURADO O SEU DIREITO DE FORMULAR REPERGUNTAS AOS CO-RÉUS, QUANDO DO RESPECTIVO INTERROGATÓRIO JUDICIAL. - Assiste, a cada um dos litisconsortes penais passivos, o direito - fundado em cláusulas constitucionais (CF, art. 5º, incisos LIV e LV) - de formular reperguntas aos demais co-réus, que, no entanto, não estão obrigados a respondê-las, em face da prerrogativa contra a auto-incriminação, de que também são titulares. O desrespeito a essa franquia individual do réu, resultante da arbitrária recusa em lhe permitir a formulação de reperguntas, qualifica-se como causa geradora de nulidade processual absoluta, por implicar grave transgressão ao estatuto constitucional do direito de defesa. Doutrina. Precedente do STF. (HC 94601, Relator(a): CELSO DE MELLO, Segunda Turma, julgado em 04/08/2009, DJe-171 DIVULG 10-09-2009 PUBLIC 11-09-2009 EMENT VOL-02373-02 PP-00240 RTJ VOL-00211-01 PP-00379).

8.1. Da revelia do processo

O justificante inativo, reserva remunerada ou reformado, que não comparece perante o Conselho de Justificação não pode arguir nulidade do processo a que deu causa ou que a tenha concorrido, conforme previsão expressa no art. 501 do CPPM, aplicado de forma subsidiária.

Não sendo o justificante inativo localizado deverá o colegiado formado publicar a intimação em órgão de divulgação na área de domicílio do mesmo. Não atendendo a publicação, o processo correrá a revelia, não podendo o justificante da reserva remunerada ou reformado arguir nulidade a que deu causa (art. 7º, parágrafo único, da Lei).

Nesta fase do processo administrativo especial não há a obrigatoriedade legal de que seja nomeado defensor *ad hoc*, ao oficial processado à revelia.

8.2. Princípio da oficialidade e princípio da verdade real (ou material)

Di Pietro[17] ensina que o "princípio da oficialidade autoriza a Administração a requerer diligências, investigar fatos de que toma conhecimento no curso do processo, solicitar pareceres, laudos, informações, rever os próprios atos e praticar tudo o que for necessário à consecução do interesse público".

Conceituando o princípio da verdade material, temos a definição por Hely Lopes Meireles[18], explicando que "o princípio da verdade material, também denominado da liberdade na prova, autoriza a Administração a valer-se de qualquer prova lícita de que a autoridade processante ou julgadora tenha conhecimento, desde que a faça trasladar para o processo".

Assim, de ofício, a autoridade processante deve produzir provas para o conhecimento dos fatos, não se quedando inerte no processo, sendo lícito aos membros do Conselho de Justificação reperguntar ao justificante e às testemunhas sobre o objeto da acusação e propor diligências para o esclarecimento dos fatos. No Conselho de Justificação, não há impedimento de realização antecipada das diligências ou outras medidas visando o fim a que se destinam.

Caso o colegiado formado no Conselho de Justificação deixe de propor as diligências imprescindíveis para o esclarecimento dos fatos, tendo o justificante comprovado o prejuízo para a sua defesa, poderá a autoridade militar nomeante avocar e anular a portaria do Conselho de Justificação.

---

17. Di Pietro, Maria Silva Zanella, Direito Administrativo, 32ª ed, Ed. Forense, 2019, p.1425.

18. Meirelles, Hely Lopes; Azevedo, atualização de Eurico de Andrade; Aleixo, Délcio Balestero; Burle Filho, José Emmanuel. Direito administrativo brasileiro. 37 ed. São Paulo: Malheiros Editores, 2011.

Caso a autoridade militar nomeante opte pela anulação do Conselho de Justificação em curso, por falta de diligências consideradas relevantes para a solução do processo, nada impede que esta mesma autoridade militar, com competência legal estabelecida na Lei nº 5.836/72 c/c o art. 19 da Lei Complementar nº 97/1999[19], instaure e nomeie novo Conselho de Justificação. Importa dizer que tal avaliação e iniciativa se inserem no âmbito do poder discricionário da autoridade militar nomeante.

8.3. Contraditório e ampla defesa

Ao justificante é assegurado o devido processo legal, o contraditório e a ampla defesa, tendo ele após o interrogatório, prazo de 5 (cinco) dias para oferecer suas razões por escrito, devendo o Conselho de Justificação fornecer-lhe o libelo acusatório, onde se contenham com minúcias o relato dos fatos e a descrição dos atos que lhe são imputados (art. 9º da Lei).

Conforme já mencionado, o interrogatório é ato de defesa, nesse sentido, o justificante é interrogado após a oitiva das testemunhas arroladas, todavia, a entrega do libelo acusatório deve acontecer na primeira reunião do colegiado formado com o justificante, a fim de que o mesmo saiba das acusações que recaem em seu desfavor.

Após a entrega do libelo acusatório ao justificante, abre-se a contagem de prazo de cinco dias para a entrega da defesa prévia, excluindo-se o dia do recebimento e iniciando a contagem no primeiro dia útil subsequente, podendo o oficial justificante fazer sua própria autodefesa ou fazer-se assistir por advogado legalmente constituído.

Em regra, os prazos são contínuos, não se interrompendo por férias, finais de semana, recesso ou feriado, nos termos do art. 56 do RISTM (art. 3º, alínea "a", do CPPM, c/c o art. 798 do CPP comum), não se aplicando nos processos que tramitam na Justiça Militar da União, a forma de contagem dos prazos processuais prevista no caput do art. 219, do CPC/15.

Estando o oficial justificante assistido por advogado, o colegiado formado no Conselho de Justificação deve respeitar todas as prerrogativas inerentes à atividade profissional do advogado, tais como: exercer com liberdade a profissão, inviolabilidade dos instrumentos de trabalho, comunicação pessoal e reservada com seu cliente (mesmo que sem procuração), nas hipóteses em que estes se acharem detidos, presos ou recolhidos, ainda que considerados incomunicáveis, presença de representante da OAB, caso seja preso em flagrante por

19. Lei Complementar nº 97/99, dispõe sobre as normas gerais para a organização, o preparo e o emprego das Forças Armadas.

motivo ligado ao exercício da advocacia, ingresso livre em qualquer edifício ou recinto onde deva praticar ato ou colher prova ou informação útil ao exercício da atividade profissional, uso da palavra para esclarecer qualquer equívoco ou dúvida surgida em relação a fatos, documentos ou afirmações que influam no julgamento, reclamação por escrito ou verbalmente contra a inobservância de lei, regulamento ou regimento, examine de autos de processos findos ou em andamento, assegurada a obtenção de cópias, com possibilidade de tomar apontamentos, exame de autos de flagrante ou investigações de qualquer natureza, findos ou em andamento, ainda que conclusos à autoridade, podendo copiar peças e tomar apontamentos, vistas de processos administrativos de qualquer natureza, podendo inclusive retirá-los pelos prazos legais, retirada de processos findos, mesmo sem procuração, pelo prazo de dez dias, uso de símbolos privativos da profissão de advogado, recusa em depor como testemunha em processo no qual atuou, assistência a seus clientes investigados durante a apuração de infrações, sob pena de nulidade do respectivo interrogatório ou depoimento, apresentação de razões e quesitos, (art. 7º da Lei nº 8.906/94).

O justificante deve estar presente a todas as sessões do Conselho de Justificação, exceto à sessão secreta de deliberação do relatório (art. 9º, § 1º).

A "sessão secreta" possui cunho meramente opinativo, com o intuito de subsidiar a decisão do Comandante de cada Força, desta forma, a "sessão secreta" foi recepcionada pela Constituição Federal de 1988, assim, não há de se falar em prejuízo e cerceamento ao direito de defesa, haja vista que a restrição não suprime as garantias do justificante, pelo contrário, tendo em vista a delicada apuração de eventual conduta irregular, a restrição da sua publicidade busca resguardar o direito de privacidade do Oficial justificante perante os demais subordinados.

O que se denominou, impropriamente, "sessão secreta", refere-se tão somente aos trabalhos de estudo e confecção do relatório final a ser realizado pelo colegiado, para formalizar e homologar o Conselho de Justificação, sem elaboração de nenhum ato decisório.

Em sua defesa, pode o justificante requerer a produção, perante o Conselho de Justificação, de todas as provas permitidas no Código de Processo Penal Militar (art. 9º, § 2º), a fim de demonstrar a não veracidade sobre o fato ocorrido no mundo real e sua justificação.

A prova pode ser testemunhal, documental ou pericial (material), Renato Brasileiro de Lima[20] afirma que testemunhal é a prova que consiste na manifestação pessoal oral, documental é o papel escrito que traz em si a declaração de

20. De Lima, Renato Brasileiro, Código de Processo Penal Comentado, 5 ed, Editora Juspodivm, 2020, p.537.

existência (ou não) de um ato ou de um fato e material é a prova que resulta da verificação existencial de determinado fato, que demonstra sua materialização, tal como ocorre com o corpo de delito, instrumentos do crime, etc.

As provas a serem realizadas mediante Carta Precatória são efetuadas por intermédio da autoridade militar ou, na falta desta, da autoridade judiciária local, (art. 9º, § 3º)

O Conselho de Justificação pode inquirir o acusador ou receber, por escrito, seus esclarecimentos, ouvindo, posteriormente, a respeito, o justificante (art. 10).

No entanto, o acusador no Conselho de Justificação atua como testemunha. Nesta toada, mesmo que o presidente do Colegiado entenda não ser necessária sua inquirição, tão pouco o recebimento de sua declaração por escrito, certo é que em respeito aos princípios do contraditório, ampla defesa e devido processo legal, o justificante pode requerer do acusador sua inquirição ou o recebimento por escrito dos quesitos a serem formulados, questionando no todo, ou em parte, a acusação em seu desfavor.

8.4. Prazos para a conclusão dos trabalhos do Colegiado formado

O colegiado formado para o Conselho de Justificação dispõe de um prazo de 30 (trinta) dias, a contar da data de sua nomeação, para a conclusão de seus trabalhos, inclusive remessa do relatório (art. 11, *caput*, da Lei), podendo a autoridade nomeante, por motivos excepcionais, prorrogar até 20 (vinte) dias o prazo de conclusão dos trabalhos (art. 11, parágrafo único, da Lei).

Sendo observados em sua plenitude os princípios do contraditório e da ampla defesa, a superação dos prazos previstos para o colegiado concluir os trabalhos do Conselho de Justificação não gera nulidade do processo, mormente se tratar de processo complexo e demorado, no qual não resta demonstrado prejuízo à defesa.

8.5. Da deliberação do colegiado formado para o Conselho de Justificação

Realizadas todas as diligências, o Conselho de Justificação passa a deliberar, em sessão secreta, sobre o relatório a ser redigido, não ocorrendo nenhuma irregularidade ou prejuízo à defesa (art. 12 da Lei).

O relatório, elaborado pelo escrivão e assinado por todos os membros do Conselho de Justificação, deve julgar se o justificante é, ou não, culpado da acusação que lhe foi feita, ou no caso de item II, do artigo 2º está ou não, sem habilitação para o acesso, em caráter definitivo ou no caso do item IV, do artigo 2º, levados em consideração os preceitos de aplicação da pena previstos no Código Penal Militar, está, ou não, incapaz de permanecer na ativa ou na situação em que se encontra na inatividade (art. 12, § 1º).

Importante se faz destacar que a deliberação do Conselho de Justificação não tem condão de julgar o justificante indigno para com o oficialato, mas, tão somente, deliberar sobre a culpabilidade ou não da acusação, se em caráter definitivo o justificante está ou não inabilitado para o quadro de acesso ou lista de escolha ou se o justificante é capaz ou não em permanecer na ativa ou na situação em que se encontre na inatividade.

O Colegiado formado no Conselho de Justificação busca apreciar a conduta do justificante sob o ponto de vista ético e moral, constituindo cerceamento ao direito de defesa o fato do colegiado formado no Conselho de Justificação examinar em seu relatório acusações que não constem no libelo acusatório, mesmo que de forma indireta.

Ocorrendo tal situação, terá o colegiado formado cerceado o exercício de uma defesa plena do justificante, devendo a defesa constituída arguir sua nulidade perante o tribunal competente.

A deliberação do Conselho de Justificação é tomada por maioria de votos de seus membros, havendo voto vencido é facultada sua justificação por escrito. Elaborado o relatório, com um termo de encerramento, o Conselho de Justificação remete o processo ao Comandante da Força respectivo, através da autoridade nomeante, se for o caso (art. 12, § 2º a § 4º).

A lei regente do Conselho de Justificação não prevê obrigatoriedade de que a autoridade nomeante elabore solução do processo antes da remessa do Conselho de Justificação ao Comandante de Força, não havendo qualquer empecilho para que o colegiado formado no Conselho de Justificação produza relatório de encerramento e encaminhe o processo diretamente. Todavia, na praxe da caserna, os autos inicialmente são remetidos à autoridade nomeante, que produz uma solução e posteriormente encaminha o Conselho de Justificação ao Comandante da Força.

Mesmo com a omissão legal, entendemos que do parecer opinativo do colegiado formado para o Conselho de Justificação cabe o recurso de reconsideração de ato, em conformidade com o art. 51, da Lei nº 6.880/80[21].

8.6. Do despacho do Comandante da Força

Recebidos os autos do processo do Conselho de Justificação, o Comandante da Força, dentro do prazo de 20 (vinte) dias, aceitando ou não seu julgamento e, neste último caso, justificando os motivos de seu despacho, determina: o

21. Art. 51. O militar que se julgar prejudicado ou ofendido por qualquer ato administrativo ou disciplinar de superior hierárquico poderá recorrer ou interpor pedido de reconsideração, queixa ou representação, segundo regulamentação específica de cada Força Armada.

arquivamento do processo, caso considere procedente a justificação; a aplicação de pena disciplinar se considera contravenção ou transgressão disciplinar a razão pela qual o oficial foi julgado culpado; na forma do Estatuto dos Militares, e conforme o caso, a transferência do acusado para a reserva remunerada ou os atos necessários a sua efetivação pelo Presidente da República, se o oficial foi considerado não habilitado para o acesso em caráter definitivo; a remessa do processo ao auditor competente, se considera crime a razão pela qual o oficial foi considerado culpado (art. 13, incisos I a IV, da Lei).

Não há de se falar em nulidade o retardamento da remessa dos autos do Conselho de Justificação pelo Comandante da Força ao Superior Tribunal Militar, pois tal retardamento constitui mera irregularidade, não viciando o Conselho de Justificação e não influenciando na apuração da verdade substancial, assim, não ocasiona nenhum prejuízo a ampla defesa do justificante, sendo conhecido o brocardo "sem prejuízo não há nulidade", encontrado no art. 499 do CPPM.

Conforme as provas contidas no Conselho de Justificação, de forma discricionária, justificando os motivos de seu despacho, pode o Comandante da Força arquivar o processo, aplicar sanção disciplinar, transferir para a reserva remunerada ou remeter o processo ao Juiz Federal da Justiça Militar da União, caso considere crime a razão pela qual o justificante foi considerado culpado.

O ordenamento jurídico brasileiro consagrou a independência entre as instâncias administrativa, cível e criminal, desta forma, um mesmo fato jurídico pode ter reflexos penais, administrativos e civis. Equivale a dizer que os fatos que deram suporte a um determinado processo criminal podem, por sua natureza e circunstância, servir de embasamento a um Conselho de Justificação, sem que isso represente um "bis in idem".

No caso descrito no item II, do art. 2º, da Lei nº 5.836/72, mesmo com a omissão legal, nos parece ser cabível o recurso de reconsideração de ato do despacho do Comandante da Força, em conformidade com o art. 51, da Lei nº 6.880/80.

8.7. Da remessa ao Superior Tribunal Militar

O Comandante da Força remeterá o processo do Conselho de Justificação se a razão pela qual o oficial foi julgado culpado está previsto nos itens I, III e V do artigo 2º; ou se, pelo crime cometido prevista nos itens IV do artigo 2º o oficial foi julgado incapaz de permanecer na ativa ou na inatividade (art. 12, inciso V, alíneas *a)* e *b)* da Lei).

Desta forma, analisando o Conselho de Justificação e concordando que o oficial justificante procedeu incorretamente no desempenho do cargo, teve conduta irregular, praticou ato que afetasse a honra pessoal, o pundonor militar, o decoro da classe, ou que o afastamento do cargo se deu por ter se tornado incompatível com o mesmo, ou que foi condenado por crime de natureza dolosa a pena restritiva de liberdade individual com trânsito em julgado da sentença, que seja pertencente à partido político ou associação, dissolvida por força de disposição legal ou judicial ou que exerça atividade prejudicial ou perigosa à segurança nacional, o Comandante da Força, de forma vinculada, remete os autos do Conselho de Justificação ao Superior Tribunal Militar.

A remessa dos autos ao Superior Tribunal Militar diretamente pelo Comandante da Força está prevista no art. 13, inciso V, da citada Lei, não se vislumbrando qualquer ilegalidade na ausência de representação pela Advocacia Geral da União.

Destaque importante, que no Conselho de Justificação, o mérito do processo administrativo que lhe dá origem não é mais passível de discussão, pois os militares lidam com valores sublimes: a vida, o patrimônio, a ordem pública e a própria soberania estatal. Todos esses preceitos exigem retidão inequívoca comportamental, inclusive na sua vida particular. A seu turno, os Oficiais, notadamente os de carreira, devem observar com ainda mais rigor esses mandamentos éticos, uma vez que representam modelos paradigmáticos a serem seguidos por seus subordinados. Quando o dano à ética revela-se não só pela gravidade das condutas perpetradas pelo Justificante, mas também pelas suas consequências diretas e significativas ao posto de Oficial das Forças Armadas, a não declaração de indignidade do Justificante cria perigoso precedente de permissividade, tendente a constituir e legitimar péssimo exemplo para a tropa, de efeitos deletérios[22].

Por outro lado, sendo da ativa o oficial justificante, o despacho do Comandante da Força que julgou procedente a justificação publicará oficialmente a decisão e transcreverá para os assentamentos do oficial.

8.8. Competência do Superior Tribunal Militar

Compete ao Superior Tribunal Militar julgar, em instância única[23], os processos oriundos de Conselhos de Justificação, a ele remetidos pelo Comandante da Força (art. 14 da Lei).

O Superior Tribunal Militar é competente para julgar os feitos oriundos dos Conselhos de Justificação, conforme prevê o art. 6º, inciso II, "f", da Lei 8.457, de 04 de setembro de 1992, que organiza a Justiça Militar da União, assim como o capítulo X, do RISTM (Regimento Interno do Superior Tribunal Militar).

No Superior Tribunal Militar, distribuído o processo, é o mesmo relatado por um dos Ministros que, antes, deve abrir prazo de 5 (cinco) dias para a defesa se manifestar por escrito sobre a decisão do Conselho de Justificação (art. 15 da Lei).

---

22. Superior Tribunal Militar. CONSELHO DE JUSTIFICAÇÃO nº 7000219-66.2021.7.00.0000. Relator(a): Ministro(a) LEONARDO PUNTEL. Data de Julgamento: 02/02/2022, Data de Publicação: 11/04/2022.
23. STF - RECURSO ORD. EM MANDADO DE SEGURANÇA 34.509 MATO GROSSO DO SUL.

Após a remessa do processo pelo Comandante da Força, o Conselho de Justificação é recebido, autuado e distribuído a um Ministro do Superior Tribunal Militar que atuará como relator, abrindo vista ao oficial justificante para se manifestar por escrito sobre os fatos que lhe são imputados no prazo de cinco dias.

Transcorrido o prazo de cinco dias, quedando-se inerte o justificante, o Ministro Relator solicitará a designação de Defensor Público abrindo prazo de dez dias para que represente o oficial justificante.

Decorrido o prazo para a manifestação do Defensor Público, atuando como fiscal da lei o Procurador-Geral da Justiça Militar será ouvido, posteriormente o Ministro revisor terá vista dos autos e, após isso, Ministro relator os disponibilizará para julgamento.

No julgamento, faculta-se à Defesa usar da palavra por vinte minutos, assegurado ao representante do Ministério Público Militar igual prazo para sustentar o respectivo parecer. Dado o regramento específico da Lei nº 5.836/72, não há previsão de oitiva do justificante perante o egrégio Superior Tribunal Militar. Concluída esta fase é o processo submetido a julgamento.

Discutida a matéria, será proferida a decisão de sobrestamento ou não do Conselho de Justificação.

8.9. Sobrestamento do Conselho de Justificação

Havendo ação penal, comum ou militar, pendente de julgamento, se as irregularidades forem de mesma natureza, o Conselho de Justificação será sobrestado até o trânsito em julgado da decisão no foro criminal, no qual a imputação atribuída ao oficial justificante corresponda inteiramente aos itens do libelo no Conselho de Justificação.

Sobrevindo falta residual, se o objeto de apreciação no foro criminal corresponder parte dos itens do libelo no Conselho de Justificação, o Plenário poderá, preliminarmente, decidir pelo sobrestamento ou pelo julgamento do justificante pelos fatos não pendentes de apreciação judicial.

8.10. Decisão do Superior Tribunal Militar

O Superior Tribunal Militar, caso julgue provado que o oficial é culpado de ato ou fato previsto nos itens I, III e V, do artigo 2º ou que, pelo crime cometido, previsto no item IV, do artigo 2º, é incapaz de permanecer na ativa ou na inatividade, deve, conforme o caso, declará-lo indigno do oficialato ou com ele incompatível, determinando a perda de seu posto e patente; ou determinar sua reforma. (art. 16, I e II, da Lei).

Nos termos do artigo 142, § 3º, inciso VI, da Constituição Federal de 1988, motivando a decisão para determinar a perda ou não do posto e da patente do oficial, da análise do processo do Conselho de Justificação, os Ministros do Superior Tribunal Militar deverão apreciar todos os itens do libelo acusatório.

Assim, a reforma do oficial é efetuada no posto que possui na ativa, com proventos proporcionais ao tempo de serviço.

A reforma do oficial ou sua demissão "*ex officio*" em decorrência da perda de posto e patente, conforme o caso, é efetuado pelo Comandante da Força ou encaminhada ao Presidente da República, tão logo seja publicado o acórdão do Superior Tribunal Militar, sendo cabível a interposição dos embargos de nulidade, infringentes do julgado e de declaração, haja vista a aplicação subsidiária do Código de Processo Penal Militar.

8.11. Aplicação subsidiária do Código de Processo Penal Militar

Em face da natureza administrativa do Conselho de Justificação, em caso de omissão legal, subsidiariamente será aplicada as normas do Código de Processo Penal Militar[24].

9. PRESCRIÇÃO

9.1. Prescrição da pretensão punitiva em face de ato de natureza administrativa

A prescrição é questão de ordem pública, assim o instituto da prescrição objetiva consolidar a estabilidade e a harmonia das relações entre o justificante e a instituição militar. Sendo o "jus puniendi" por lapso temporal razoável assegurado a instituição militar, do mesmo modo ao justificante é assegurado o direito de não mais ser punido, após o decurso desse mesmo prazo.

Desta forma, o art. 18 da Lei nº 5.836/72 estabelece prazo prescricional de seis anos para os casos submetidos ao Conselho de Justificação, restringindo-se a atos administrativos, não trazendo qualquer hipótese de interrupção ou suspensão dos prazos.

Chancelada pelo Supremo Tribunal Federal, a jurisprudência pacífica dos tribunais tem assentado que por se tratar de processo administrativo especial, a prescrição a que se refere à Lei nº 5.836/72 não tem a mesma natureza e efeitos da prescrição penal, devendo ser analisada à luz do direito civil e processual civil.

Os tribunais superiores têm firmado sua jurisprudência no sentido de que a prescrição referida no art. 18 da Lei nº 5.836/72, deve ser verificada entre a data dos fatos e a instauração do Conselho de Justificação e não para a conclusão do processo administrativo especial.

---

24. Superior Tribunal Militar. Conselho de Justificação nº 0000023-31.2015.7.00.0000.

Todavia, aplicando tratamento isonômico entre militares e servidores civis, o Superior Tribunal Militar[25], em decisões isoladas, tem decidido que o prazo prescricional começa a contar da data em que o fato se tornou conhecido, (art. 142, §1º, da Lei nº 8.112/90), e não da data em que foram praticados.

9.2. Prescrição da pretensão punitiva nos casos também previstos no Código Penal Militar

Caso a instauração do Conselho de Justificação seja fundamentada no trânsito em julgado da condenação criminal, na forma do art. 2º, inciso IV, da Lei nº 5.836/72, o lapso prescricional, estabelecido no parágrafo único, do art. 18 da referida Lei, reporta-se à regência do Código Penal Militar, determinando a observância do "quantum" da pena em concreto fixada.

Neste contexto, o referencial para a contagem do prazo prescricional passa a ser a data do acórdão que publicou o trânsito em julgado da sentença penal condenatória até a data da instauração do Conselho de Justificação.

Por derradeiro, deve-se observar que a lei regente do Conselho de Justificação aplica duas regras distintas para aferição da prescrição da pretensão punitiva, uma restrita a atos de natureza administrativa, outra pelo trânsito em julgado da condenação criminal.

10. COMO O ASSUNTO FOI COBRADO EM PROVA

1- (2013/STM/Juiz-Auditor Substituto da Justiça Militar da União): Em relação ao Conselho de Justificação, assinale a opção correta.

a) O funcionamento e a deliberação desse conselho poderão ocorrer com a presença e voto da maioria de seus membros.

b) Compete ao ministro da Defesa a instauração desse conselho.

c) Julgada procedente a justificação, com a ratificação da autoridade competente, o processo será arquivado.

d) A competência para conhecer, processar e julgar a justificação, após a colheita dos elementos informativos pela autoridade militar, em qualquer caso, é do STM, por representação do MP atuante nessa corte, independentemente do trânsito em julgado do processo originário.

e) É vedado à autoridade competente para a nomeação desse conselho indeferir pedido de instauração do conselho com lastro nos antecedentes do oficial a ser julgado e pela natureza da infração imputada, sob pena de ser acusada de usurpação da competência do órgão julgador.

25. Superior Tribunal Militar. Conselho de Justificação nº 0000185-26.2015.7.00.0000.

2- (2013/MPM/11º Concurso para Promotor de Justiça Militar): Em relação ao Conselho de Justificação, instituído pela Lei nº 5.836/72, assinale a afirmativa correta:

a) Conselho de justificação se destina a julgar, através de procedimento especial, da incapacidade do oficial das Forças Armadas – militar de carreira – para permanecer na ativa, não sendo aplicável ao oficial da reserva remunerada ou reformado.

b) Oficial das Forças Armadas será submetido a Conselho de Justificação na hipótese de ser condenado por crime de natureza dolosa, não previsto na legislação especial concernente a segurança do Estado, em Tribunal civil ou militar, a pena restritiva de liberdade individual até 2 (dois) anos, tão logo transite em julgado a sentença.

c) É da competência do Superior Tribunal Militar julgar, em grau de recurso, a decisão proferida pelo Comandante da Força que declarou o militar indigno para o oficialato e determinou a perda de seu posto e patente.

d) A nomeação do Conselho de Justificação é da competência do Comandante da Organização Militar a que pertencer o oficial a ser julgado.

3- (2005/MPM/10º Concurso para Promotor de Justiça Militar): Fica sujeito a processo para declaração de indignidade para o oficialato ou de incompatibilidade com o mesmo o oficial das Forças Armadas que:

a) For condenado por tribunal militar à pena privativa de liberdade por dois anos.

b) Houver adquirido dupla nacionalidade, ainda que mantendo a nacionalidade brasileira.

c) For considerado culpado em julgamento por Conselho de Justificação, nos casos previstos na legislação específica.

d) For considerado extraviado

Gabarito: 1- C; 2- B; 3- C.

Capítulo XI

Conselho de Disciplina

ADRIANO COUTO

Referência legislativa: Decreto nº 71.500/72

1. CONCEITO, SUJEITOS E FINALIDADE DO CONSELHO DE DISCIPLINA

O Conselho de Disciplina é um processo administrativo especial, regulado pelo Decreto nº 71.500/72, que assegura ao militar acusado o contraditório e a ampla defesa, destinado a julgar a incapacidade do Guarda-Marinha, do Aspirante-a-Oficial e das demais praças das Forças Armadas com estabilidade assegurada, para permanecerem na ativa, criando-lhes, ao mesmo tempo, condições para se defenderem.

Havendo previsão expressa na legislação quanto à possibilidade de aplicação de sanção disciplinar aos militares reformados[1], deve ser afastada a incidência da Súmula nº 56[2], do Supremo Tribunal Federal, assim, o Conselho de Disciplina pode ser aplicado ao Guarda-Marinha, ao Aspirante-a-Oficial e às demais praças das Forças Armadas, reformados ou na reserva remunerada, presumivelmente incapaz de permanecer na situação de inatividade em que se encontra.

O Conselho de Disciplina tem por finalidade apurar a conduta ético-disciplinar do Guarda-Marinha, do Aspirante-a-Oficial e das demais praças das Forças Armadas com estabilidade assegurada da ativa ou da inatividade (reserva remunerada ou reformado), com a finalidade de subsidiar decisão final da autoridade nomeante nos casos de: arquivamento; aplicação de sanção disciplinar, caso considere contravenção ou transgressão disciplinar; remessa do processo ao auditor competente, caso considere crime a razão pela qual a praça foi julgada culpada, bem como subsidiar decisão do Comandante da Força, no que tange à permanência ou não do militar acusado nas fileiras da Instituição Militar.

---

1. REsp 1121791/RJ, Rel. Ministra LAURITA VAZ, QUINTA TURMA, julgado em 04/10/2011.
2. Súmula 56 do STF: *"Militar reformado não está sujeito à pena disciplinar"*.

▸ **Posição do TRF/1ª Região**[3]

ADMINISTRATIVO - MILITAR EXCLUÍDO DO SERVIÇO ATIVO DO EXÉRCITO APÓS SER SUBMETIDO A CONSELHO DE DISCIPLINA REGULAR - LEGITIMIDADE. Cabendo ao Ministério Militar competente acatar ou não as conclusões do Conselho de Disciplina e a este cientificar o acusado das acusações que lhe são feitas, produzida ampla defesa no processo respectivo, lídima a decisão daquela autoridade, que, julgando o militar não qualificado para continuar no serviço ativo, determina sua exclusão das fileiras do Exército (grifos nossos).

2. MOTIVOS QUE DETERMINAM A INSTAURAÇÃO DO CONSELHO DE DISCIPLINA

A praça especial ou com estabilidade assegurada é submetida a Conselho de Disciplina, *"ex officio"*, quando acusada oficialmente ou por qualquer meio lícito de comunicação social de ter: a) procedido incorretamente no desempenho do cargo; b) tido conduta irregular; ou c) praticado ato que afete a honra pessoal, o pundonor militar ou decoro da classe (art. 7º, I, do Decreto).

Na mesma hipótese de submissão incorre a praça especial ou com estabilidade assegurada afastada do cargo, na forma do Estatuto dos Militares, por se tornar incompatível com o mesmo ou demonstrar incapacidade no exercício de funções militares a ele inerentes, salvo se o afastamento é decorrência de fatos que motivem sua submissão a processo (art. 7º, II); condenada por crime de natureza dolosa, não previsto na legislação especial concernente à segurança do Estado, em tribunal civil ou militar, a pena restritiva de liberdade individual até 2 (dois) anos, tão logo transite em julgado a sentença (art. 7º, III); ou pertencente a partido político ou associação, suspensos ou dissolvidos por força de disposição legal ou decisão judicial, ou que exerçam atividades prejudiciais ou perigosas à segurança nacional (art. 7º, IV).

3. DO AFASTAMENTO DAS FUNÇÕES

Haverá o afastamento das funções quando a praça da ativa das Forças Armadas for submetida a Conselho de Disciplina (art. 3º do Decreto).

4. COMPETÊNCIA PARA INSTAURAÇÃO DO CONSELHO DE DISCIPLINA

Por deliberação própria ou por ordem superior, é de competência a nomeação do Conselho de Disciplina: do Oficial-General, em função de comando, direção ou chefia mais próxima, na linha de subordinação direta, ao Guarda-Marinha,

3. Apelação Cível nº 0029787-85.1995.4.01.0000.

Aspirante-a-Oficial, Suboficial ou Subtenente, da ativa, a ser julgado; do Comandante de Distrito Naval, Região Militar ou Zona Aérea a que estiver vinculada a praça da reserva remunerada ou reformado, a ser julgada ou do Comandante, Diretor, Chefe ou autoridade com atribuições disciplinares equivalentes, no caso das demais praças com estabilidade assegurada (art. 4º do Decreto).

> **▸ Posição do TRF/1ª Região[4]**
>
> Nos termos do art. 4º do Decreto n. 71.500/72, é competente para nomear o Conselho de Disciplina qualquer Comandante, Diretor, Chefe ou autoridade com atribuições disciplinares equivalentes, ainda que o acusado não esteja em linha direta de subordinação com a autoridade nomeante, pois tal restrição aplica-se apenas quando o militar da ativa a ser julgado for Guarda-Marinha, Aspirante-a-Oficial, Suboficial ou Subtenente, o que não é o caso dos autos.

5. COMPOSIÇÃO DO COLEGIADO

O Conselho de Disciplina é composto de 3 (três) oficiais da Força Armada da praça a ser julgada (art. 5º, *caput*, do Decreto). O membro mais antigo do Conselho de Disciplina, no mínimo um oficial intermediário, será o presidente, o que lhe segue em antiguidade é o interrogante e relator, e o mais moderno é o escrivão (art. 5º, § 1º).

Não há de se cogitar nulidade quando a composição do Colegiado se der por oficiais militares de unidade diversa a do militar submetido ao crivo do processo administrativo especial do Conselho de Disciplina.

5.1. Impedimento dos membros do Colegiado

Estão impedidos de fazer parte do Conselho de Disciplina: a) o oficial que formulou a acusação; b) os oficiais que tenham entre si, com o acusador ou com o acusado, parentesco consanguíneo ou afim, na linha reta ou até quarto grau de consanguinidade colateral ou de natureza civil; e c) os oficiais que tenham particular interesse na decisão do Conselho de Disciplina (art. 5º, § 2º).

Tendo em vista que o impedimento é causa de nulidade do processo administrativo especial, o oficial que não se declarar impedido poderá incorrer em transgressão disciplinar de natureza grave, por causar transtornos administrativos à autoridade nomeadora.

---

4. Apelação Cível nº 0001600-26.2002.4.01.3200.

6. FUNCIONAMENTO DO CONSELHO DE DISCIPLINA

O Conselho de Disciplina sempre funcionará na presença dos três membros do colegiado (totalidade do membrosdos membros), sendo causa de nulidade o funcionamento na presença de apenas dois membros (maioria dos membros).

O Conselho de Disciplina funcionará em local, onde a autoridade nomeante julgar melhor indicado para apuração do fato (art. 6º do Decreto).

Em local, dia e hora designados com antecedência pelo presidente do Conselho de Disciplina, presente o acusado, o presidente manda proceder à leitura e a autuação dos documentos que constituíram o ato de nomeação do Conselho (art. 7º).

Esclarecemos que a Súmula 15 do STM[5] encontra-se cancelada, nesse sentido, como ato processual de defesa, é direito do acusado em ser interrogado após as oitivas de todas as testemunhas arroladas no Conselho de Disciplina.

6.1. Revelia

Não sendo localizado ou deixando de atender a intimação por escrito para comparecer perante o Conselho de Disciplina, quando o acusado é praça da reserva remunerada ou reformada, a intimação é publicada em órgão de divulgação na área de domicílio do acusado, correndo o processo administrativo especial à revelia, nos casos em que o militar acusado não atenda publicação (art. 7º, parágrafo único).

6.2. Contraditório e ampla defesa

Nos termos da Súmula Vinculante nº 05, do STF, "a falta de defesa técnica por advogado no processo administrativo disciplinar não ofende a Constituição".

Entretanto, caso o colegiado formado recuse pedido do militar acusado em ser assistido por advogado por ele indicado no curso do processo administrativo especial, haverá o cerceamento ao direito de defesa.

Havendo habilitação de advogado nos autos, todos os direitos e prerrogativas do profissional constituído devem ser respeitados pelos membros do colegiado formado no Conselho de Disciplina, sob pena de serem responsabilizados na via administrativa, criminal e cível[6] em caso de violação.

---

5. Súmula 15 do STM (CANCELADA): *"A alteração do art. 400 do CPP, trazida pela Lei nº 11.719, de 20 de junho de 2008, que passou a considerar o interrogatório como último ato da instrução criminal, não se aplica à Justiça Militar da União"*.

6. Processo nº 0119755-97.2017.4.02.5151/02 – 8ª Turma Recursal, Seção Judiciária do Rio de Janeiro.

Na busca pela verdade real, é lícito aos membros do Conselho de Disciplina reperguntar ao militar acusado e às testemunhas sobre o objeto da acusação e propor diligências para o esclarecimento dos fatos (art. 8º).

Caso o colegiado formado no Conselho de Disciplina deixe de propor as diligências imprescindíveis para o esclarecimento dos fatos, tendo o militar acusado comprovado o prejuízo para a sua defesa, poderá a autoridade militar nomeante avocar e anular a portaria do Conselho de Disciplina.

Após o interrogatório, o militar acusado tem o prazo de 5 (cinco) dias para oferecer suas razões por escrito, sendo-lhe assegurada a ampla defesa, podendo o acusado requerer a produção de todas as provas permitidas no Código de Processo Penal Militar (art. 9º, *caput*, e § 2º).

São efetuadas por intermédio da autoridade militar ou, na falta desta, da autoridade judiciária local, as provas a serem realizadas mediante a Carta Precatória (art. 9º, § 3º).

O militar acusado deve estar presente em todos os atos procedimentais do processo administrativo especial, exceto à sessão secreta de deliberação do relatório. (art. 9º, § 1º), **exceto à sessão de deliberação do relatório.**

6.2.1. *Da orientação de defesa exercida por oficial da caserna*

No Conselho de Disciplina, não há impedimento legal para que o militar acusado constitua advogado legalmente habilitado para fazer sua defesa, na ausência deste, pode o acusado indicar oficial militar para orientar sua defesa.

Sendo revel, a autoridade nomeante designará oficial militar para acompanhar o processo e realizar a defesa do militar acusado.

A doutrina também conceitua o orientador de defesa como curador especial ou defensor *ad hoc*.

6.3. Inquirição do acusador

O colegiado formado para o Conselho de Disciplina pode inquirir o acusador ou receber, por escrito, seus esclarecimentos, todavia, se a defesa do militar acusado requerer ouvindo, posteriormente, a respeito, o acusado (art. 10 do Decreto).

No entanto, imperioso se faz ressaltar que o acusador no Conselho de Disciplina atua como testemunha. Nesse sentido, mesmo que o presidente do colegiado entenda não ser necessária sua inquirição, tão pouco o recebimento de sua declaração por escrito, certo é que em respeito aos princípios do contraditório, ampla defesa e devido processo legal, o militar acusado pode requerer do acusador sua inquirição ou o recebimento por escrito dos quesitos a serem formulados, questionando no todo, ou em parte, a acusação em seu desfavor.

6.4. Prazos para conclusão

Para a conclusão dos trabalhos e remessa do relatório, o colegiado formado para o Conselho de Disciplina dispõe de um prazo de 30 (trinta) dias, a contar da data de sua nomeação (art. 11, *caput*). No entanto, por motivos excepcionais, a autoridade nomeante pode prorrogar até 20 (vinte) dias o prazo de conclusão dos trabalhos (art. 11, parágrafo único), sem que haja qualquer prejuízo para a defesa, desde que observados em sua plenitude os princípios do contraditório e da ampla defesa.

6.5. Relatório produzido pelo Colegiado formado

Realizadas todas as diligências, o colegiado formado para o Conselho de Disciplina passa a deliberar, em sessão secreta, sobre o relatório a ser redigido (art. 12).

A jurisprudência pacífica dos Tribunais Superiores é no sentido de que a "sessão secreta" possui cunho meramente opinativo, tendo sido recepcionada pela Constituição Federal de 1988. **O que se denominou, impropriamente, "sessão secreta", refere-se tão somente aos trabalhos de estudo e confecção do relatório final a ser realizado pelo colegiado, sem elaboração de nenhum ato decisório**, por tais razões, não há cerceamento ao direito de defesa a ausência do militar acusado na sessão secreta de deliberação.

6.6. Parecer opinativo do Conselho de Disciplina

O relatório, elaborado pelo escrivão e assinado por todos os membros do Conselho de Disciplina, deve decidir se a praça: é, ou não, culpada da acusação que lhe foi feita; ou no caso do item III, do artigo 2º, está ou não, incapaz de permanecer na ativa ou na situação em que se encontra na inatividade (art. 12, § 1º).

A decisão do colegiado formado para o Conselho de Disciplina é tomada por maioria de votos de seus membros. Havendo voto vencido, é facultada sua justificação, por escrito (art. 12, §§ 2º e 3º).

Elaborado o relatório meramente opinativo, com um termo de encerramento, o colegiado formado para o Conselho de Disciplina remete o processo administrativo especial à autoridade nomeante para as medidas administrativas que julgar cabíveis (art. 12, § 4º).

6.7. Remessa e decisão da autoridade nomeante

Recebidos os autos do processo administrativo especial do Conselho de Disciplina, a autoridade nomeante, dentro do prazo de 20 (vinte) dias, aceitando, ou não, seu julgamento e, neste último caso, justificando os motivos de seu despacho, determina: o arquivamento do processo, caso não julgue a praça culpada ou incapaz de permanecer na ativa ou na inatividade; a aplicação de pena disciplinar, caso considere contravenção ou transgressão disciplinar a razão pela qual a praça foi julgada culpada; a remessa do processo ao auditor competente, caso considere crime a razão pela qual a praça foi julgada culpada; ou a remessa do processo ao Comandante da Força respectivo ou autoridade a quem tenha sido delegada competência para efetivar reforma ou exclusão a bem da disciplina (art. 13 do Decreto).

Nesse último caso, a autoridade nomeante, ao remeter o processo administrativo especial do Conselho de Disciplina para o Comandante da Força ou autoridade com competência para efetivar a reforma ou exclusão do militar acusado a bem da disciplina, deverá indicar se a razão pela qual a praça foi julgada culpada está prevista nos itens I, II ou IV, do artigo 2º; ou se, pelo crime cometido, previsto no item III do artigo 2º, a praça foi julgada incapaz de permanecer na ativa ou na inatividade (art. 13, IV, alíneas *a)* e *b)*, do Decreto).

Sendo a praça militar da ativa, o despacho que determinar o arquivamento do processo administrativo especial do Conselho de Disciplina deverá ser publicado e transcrito nos assentamentos do militar acusado (art. 13, § 1º).

A reforma da praça é efetuada no grau hierárquico que possui na ativa, com proventos proporcionais ao tempo de serviço (art. 13, § 2º).

6.8. Dos recursos

O militar acusado que se julgar prejudicado ou ofendido da decisão colegiado formado no Conselho de Disciplina ou da solução posterior da autoridade nomeante poderá interpor recurso, ou, no caso de revelia, poderá interpor recurso o oficial que acompanhou o processo administrativo especial (art. 14).

O prazo para interposição de recurso é de 10 (dez) dias, contados da data na qual o acusado ou no caso de revelia, o oficial que acompanhou o processo administrativo especial, tomou ciência da decisão do Conselho de Disciplina ou da publicação da solução da autoridade nomeante (art. 14, parágrafo único).

6.9. Decisão do Comandante da Força

Cabe ao Comandante da Força respectivo, em última instância, no prazo de 20 (vinte) dias, contados da data do recebimento do processo, julgar os recursos que forem interpostos nos processos oriundos dos Conselhos de Disciplina (art. 16).

Os recursos administrativos possuem prioridade sobre os demais feitos administrativos, entretanto, não há prejuízo o retardamento do julgamento dos recursos, pois tal retardamento constitui mera irregularidade, não viciando o Conselho de Disciplina e não influenciando na apuração da verdade substancial, assim, não ocasiona nenhum prejuízo a ampla defesa do militar acusado, sendo conhecido o brocardo "sem prejuízo não há nulidade", encontrado no art. 499 do CPPM.

6.10. Aplicação subsidiária do Código de Processo Penal Militar

No Conselho de Disciplina, aplicam-se, subsidiariamente, as normas do Código de Processo Penal Militar.

7. DA PRESCRIÇÃO

A prescrição é questão de ordem pública, assim o instituto da prescrição objetiva consolidar a estabilidade e a harmonia das relações entre o militar acusado e a instituição militar, podendo ser arguida por qualquer das partes e a qualquer tempo.

7.1. Prescrição da pretensão punitiva em face de ato de natureza administrativa

O art. 17 do Decreto nº 71.500/72 estabelece prazo prescricional de seis anos para os casos restritos a atos administrativos, não trazendo qualquer hipótese de interrupção ou suspensão dos prazos.

7.2. Prescrição da pretensão punitiva nos casos também previstos no Código Penal Militar

Sendo o Conselho de Disciplina instaurado pelo trânsito em julgado da condenação criminal, o lapso prescricional, estabelecido no parágrafo único, do art. 17 do Decreto nº 71.500/72, reporta-se à regência do Código Penal Militar ou Código Penal Comum, determinando a observância do "quantum" da pena em concreto fixada.

Neste contexto, o referencial para a contagem do prazo prescricional passa a ser a data do acórdão que publicou o trânsito em julgado da sentença penal condenatória até a data da instauração do Conselho de Disciplina.

> **▸ Posição do TRF/2ª Região**[7]
>
> Ementa: ADMINISTRATIVO. MILITAR EXCLUÍDO A BEM DA DISCIPLINA. REINTEGRAÇÃO AS FILEIRAS DO EXÉRCITO BRASILEIRO. PRESCRIÇÃO. DANOS MATERIAS E MORAIS. 1. Trata-se de pedido de nulidade do ato administrativo de exclusão do serviço ativo militar, retirada dos assentamentos de

---

7. Apelação Cível nº 0030614-62.2013.4.02.5101.

qualquer anotação da exclusão; pagamento de toda e qualquer remuneração que tenha deixado o autor de receber entre a data da sua exclusão e o da sua efetiva reintegração e inclusão na folha de pagamento do pessoal ativo do Exército; reintegração ao serviço ativo militar, com todos os direitos inerentes a sua graduação, inclusive promoções que tenha sido preterido e danos morais. 2. Autor condenado pela prática do crime de extorsão mediante sequestro em 28 de novembro de 2007, havendo o trânsito em julgado em 2009. 3. Sustenta o apelante que a Administração Militar teria 6 anos para instaurar o Conselho de Disciplina a contar do conhecimento por parte do Exército do ato delituoso, que se deu em 2007; sendo tal data o marco inicial para a contagem do prazo prescricional previsto no art. 17 do Decreto nº 71.500/72: **4. Deve ser dado ao art. 17 do Decreto nº 71.500/72 uma interpretação conforme a Constituição no sentido de que nos casos de condenação deverá ser iniciado o cômputo do prazo prescricional a partir do trânsito em julgado, em razão da garantia da presunção de inocência, art. 5º, LVII da CRFB.** 5. Não foi constatada a existência de qualquer ato ilícito por parte da Administração Militar que enseje a condenação da União Federal em qualquer um dos pedidos feitos na petição inicial. 6. Apelação conhecida e desprovida. (grifos nossos)

8. DAS INSTRUÇÕES COMPLEMENTARES DE CADA FORÇA ARMADA

Os Comandantes de Força, atendendo às peculiaridades de cada Força Armada, poderá baixar instruções complementares necessárias à execução do Decreto nº 71.500/72.

9. CONSIDERAÇÕES FINAIS

Conforme previsão expressa no art. 127 da Lei nº 6.880/80 (Estatuto dos Militares), "a exclusão da praça a bem da disciplina acarreta a perda de seu grau hierárquico e não a isenta das indenizações dos prejuízos causados à Fazenda Nacional ou a terceiros, nem das pensões decorrentes de sentença judicial". No mais, "a praça excluída a bem da disciplina receberá o certificado de isenção do serviço militar previsto na legislação que trata do serviço militar, sem direito a qualquer remuneração ou indenização" (art. 127, parágrafo único).

10. COMO O PONTO JÁ FOI COBRADO EM PROVA

1- (2013/STM/Juiz-Auditor Substituto da Justiça Militar da União): No que concerne ao Conselho de Disciplina Militar, assinale a opção correta:

a) A submissão do militar a esse conselho por condenação, por crime de natureza dolosa ou por crime militar, a pena restritiva de liberdade individual superior a dois anos, após o trânsito em julgado da sentença, depende de representação do MPM.

b) O praça da ativa submetido ao conselho disciplinar não poderá ser afastado de suas funções antes do trânsito em julgado da decisão, de modo a evitar prejuízos à continuidade das atividades militares.

c) A notificação do militar acerca da instauração desse conselho deverá ser pessoal, com instrumento firmado por todos os conselheiros, vedadas, de forma expressa, a comunicação por edital e a tramitação do processo à revelia.

d) A prescrição das condutas descritas nas normas desse conselho disciplinar, independentemente de elas constituírem crime militar, é computada com base nos prazos estabelecidos no CPM.

e) Cabe a esse conselho julgar a incapacidade do guarda-marinha, do aspirante-a-oficial e das demais praças das Forças Armadas com estabilidade assegurada, reformados ou na reserva remunerada, para permanecerem na ativa ou na situação de inatividade em que se encontrem.

2- (2013/MPM/11º Concurso para Promotor de Justiça Militar): Assinale a alternativa correta em relação ao Conselho de Disciplina, instituído pelo Decreto nº 71.500/72:

a) O Conselho de Disciplina é destinado a julgar a incapacidade do Guarda-Marinha, do Aspirante a Oficial e das demais praças das Forças Armadas que ainda não possuam estabilidade assegurada, para permanecerem na ativa, criando-lhes, ao mesmo tempo, condições para se defenderem.

b) As praças das Forças Armadas, reformadas ou na reserva remunerada, presumivelmente incapazes de permanecerem na situação de inatividade, também poderão ser submetidas a Conselho de Disciplina.

c) A praça condenada definitivamente à pena superior a 2 (dois) anos de reclusão pela prática de crime militar de natureza dolosa, será submetida, *ex officio*, a Conselho de Disciplina para fins de exclusão do serviço ativo das Forças Armadas.

d) O Conselho de Disciplina é composto por 3 (três) militares da Força Armada da praça a ser julgada, devendo seus membros ser de graduação superior à da praça submetida a Conselho.

Gabarito: 1- E; 2- B

Referências Bibliográficas

BRASIL, Constituição da República Federativa do Brasil – CRFB, 05 de outubro de 1988, art. 201. Disponível em: ‹http://www.planalto.gov.br/ccivil_03/constituicao/constituicao-compilado.htm› Acesso em: 20 Mar 2021.

BRASIL, Decreto 3765 de 04 de maio de 1960, art. 6º. Revogado pela MP 2215-10 de 2001.

BRASIL, Lei 13.954 de 16 de dezembro de 2019, parágrafo 1º. Artigo 8º.. Disponível em: ‹http://www.planalto.gov.br/ccivil_03/_ato2019-2022/2019/lei/L13954.htm› Acesso em: 20 Fev 2021.

BRASIL, Lei 4375 de 17 de agosto de 1964, inciso II parágrafo 3º. art. 27. Disponível em: ‹http://www.planalto.gov.br/ccivil_03/leis/l4375.htm› Acesso em: 20 Mar 2021.

BRASIL, Lei 6880 de 09 de dezembro de 1980, art. 67 parágrafo 1º, alínea "a". Disponível em: ‹http://www.planalto.gov.br/ccivil_03/LEIS/L6880.htm› Acesso em: 20/02/2020.

BRASIL, Lei 8216 de 13 de agosto de 1991. Disponível em: ‹https://presrepublica.jusbrasil.com.br/legislacao/109325/lei-8216-91› Acesso em: 20 Fev 2021.

BRASIL, Lei 8237 de 30 de setembro de 1991. Disponível em: ‹http://www.planalto.gov.br/ccivil_03/LEIS/L8237.htm#art53› Acesso em: 20 Fev 2021.

BRASIL, Marinha do Brasil, Boletim de Ordens e Noticias n. 436 de 27 de maio de 2019. Disponível em: ‹https://www.marinha.mil.br/spsm/sites/www.marinha.mil.br.spsm/files/BONO_436_27052019.pdf› Acesso em: 16 JAN 2021.

BRASIL, Medida Provisória 2215-10 de 31 de agosto de 2001, art. 1º. e 3º. Disponível em: ‹http://www.planalto.gov.br/ccivil_03/mpv/2215-10.htm› Acesso em: 22 Mar 2021.

BRASIL, Portaria 1274/GC4 de 26 de julho de 2019. Disponível em ‹https://www.fab.mil.br/noticias/imprime/35316/REESTRUTURA%C3%87%C3%830%20DA%20CARREIRA%20-%20Aspectos%20da%20Lei%20n%C2%BA%2013.954/19› Acesso em 15 Nov 2020.

Brasil, Portaria 190 de 15 de maio de 2015. Disponível em: ‹https://bdex.eb.mil.br/jspui/bitstream/1/1359/1/be30-17.pdf› Acesso em 21 Fev 2021.

BRASIL, Portaria 768 de 5 de julho de 2017. Disponível em: ‹http://www.dcipas.eb.mil.br/images/Reserva/novo/Port768-CmtEx-05Jul17-Estabelece-a-equivalncia-ente-os-tipos-de-cursos-para-fins-do-Adc-Hab.pdf› Acesso em 21 Fev 2021.

BRASIL, Portaria n. 70 – EME de 21 de maio de 2012. Disponível em: ‹http://daprom.dgp.eb.mil.br/phocadownload/Lesgislacao/15.-CURSO-DE-HABILITAO-AO-QUADRO-AUXILIAR-DE-OFICIAIS.pdf› Acesso em: 02 Fev 2021.

BRASIL, Projeto de Lei 1645 de 2019. Disponível em: ‹https://www.camara.leg.br/propostas-legislativas/2194874› Acesso em: 19/12/2019.

Supremo Tribunal Federal – TRF - ADI 574 de 2002, Relator: Min. Ilmar Galvão, D.O. 11/03/1994. Disponível em: ‹http://redir.stf.jus.br/paginadorpub/paginador.jsp?docTP=AC&docID=266422› Acesso em: 21 Fev 2021.

Justiça Federal 2ª. Região, Procedimento do Juizado Especial Cível nº 5008243-72.2020.4.02.5101/RJ, Juíza Federal: Angelina de Siqueira Costa, 30/04/2020, 10ª. Juizado Especial Federal, JFRJ, 2020. Disponível em: ‹https://eproc.jfrj.jus.br/eproc/controlador.php?acao=processo_selecionar&acao_origem=processo_consultar&acao_retorno=processo_consultar&num_processo=50082437220204025101&hash=7d27d4e20758aa2448ab8cec6049b3b8› Acesso em: 20 Mar 2021.

Justiça Federal da 1ª. Região, Procedimento do Juizado Especial Cível n. 0038799-93.2018.4.01.3500/GO, Juiz Federal: Bruno Teixeira de Castro, 30/05/2019, 13ª. Vara Juizado Especial Federal, JFGO, 2019. Disponível em: ‹https://processual.trf1.jus.br/consultaProcessual/processo.php?secao=GO&proc=00387999320184013500&seq_proc=2› Acesso em: 20 Fev 2021.

Justiça Federal, Conselho de Justiça Federal, 2020. Disponível em: ‹https://www.cjf.jus.br/cjf/noticias/2020/11-novembro/e-possivel-a-conversao-em-pecunia-de-licenca-especial-nao-gozada-pelo-militar-e-nem-computada-em-dobro-para-fins-de-transferencia-para-a-inatividade-remunerada› Acesso 10 Abr 2021LEAL, Carlos Ivan Simonsen. A PEC da previdência e o sistema de proteção social militar. Fundação Getúlio Vargas – FGV, 2019, p. 5-9. Disponível em: ‹https://portal.fgv.br/sites/portal.fgv.br/files/as_forcas_armadas_e_a_pec_da_previdencia_2.pdf› Acesso em: 13/11/2019.

LEITÃO. Augusto. A Força Aérea vai acabar com o posto acima? JusBrasil, 2019. Disponível em: ‹https://augustoleitaoadvocacia.jusbrasil.com.br/artigos/690328856/a-forca-aerea-vai-acabar-com-o-posto-acima› Acesso em: 20 Abr 2021.

LEITÃO, Augusto. Licença especial fracionária ou proporcional deve ser indenizada, 2020. Disponível em: ‹http://www.augustoleitaoadvocacia.com.br/blogs/licenca-especial-fracionaria/› Acesso em: 20 ABR 2021.

Ministério da Defesa. Demonstrações Contábeis Consolidadas e Notas Explicativas 4º. Trimestre de 2019. Disponível em: ‹https://www.gov.br/defesa/pt-br/arquivos/lai/demonstracoes_contabeis/demonstracoesa_contabeisa_consolidadaa_notasa_explicativasa_MDa_2019.pdf› Acesso em: 03/04/2020.

Tribunal Federal da 1ª. Região, Recurso Cível: 0024324-98.2019.4.01.3500, Relator: Juiz Federal José Godinho Filho, 16/09/2020, 1ª. Turma Recursal, TRF 2ª. Região, 2020. Disponível: ‹https://processual.trf1.jus.br/consultaProcessual/processo.php?secao=GO&proc=00243249820194013500&seq_proc=2› Acesso em: 05 ABR 2021.

Tribunal Federal da 2ª. Região, Recurso Cível: 5002305-36.2020.4.02.5121/RJ, Relatora: Juíza Federal Daniella Rocha Santos Ferreira de Souza Motta, 16/09/2020, 8ª. Turma Recursal, TRF 2ª. Região, 2020. Disponível em: ‹https://eproc.jfrj.jus.br/eproc/controlador.php?acao=processo_selecionar&acao_origem=processo_consultar&acao_retorno=processo_consultar&num_processo=50023053620204025121&hash=3d24d34baa7b447427268c7bc1088f01› Acesso em: 20 Mar 2021.

Tribunal Federal da 2ª. Região, Recurso Cível: 5008243-72.2020.4.02.5101/RJ, Relator: Juiz Federal Boaventura João Andrade, 04/09/2020, 6ª. Turma Recursal, TRF 2ª. Região, 2020. Disponível em: ‹https://eproc.jfrj.jus.br/eproc/controlador.php?acao=processo_selecionar&acao_origem=processo_consultar&acao_retorno=processo_consultar&num_processo=50082437220204025101&hash=7d27d4e20758aa2448ab8cec6049b3b8› Acesso em: 29 Mar 2021.

WANDERLEY, Alessandra; LEITÃO, Augusto. Modificações no instituto da reforma por incapacidade definitiva e por invalidez, dos militares de carreira e temporários após o advento da lei 13.954/2019, Laboratório UERJ de Trabalho e Previdência - LABUTA, 2021. Disponível em: ‹https://uerjlabuta.com/2021/03/19/modificacoes-no-instituto-da-reforma-por-incapacidade-definitiva-e-por-invalidez-dos-militares-de-carreira-e-temporarios-apos-o-advento-da-lei-13-954-2019/› Acesso em: 01 ABR 2021.

ANOTAÇÕES

ANOTAÇÕES

ANOTAÇÕES

ANOTAÇÕES

ANOTAÇÕES

ANOTAÇÕES

ANOTAÇÕES

ANOTAÇÕES

ANOTAÇÕES

ANOTAÇÕES

EDITORA
JusPODIVM
www.editorajuspodivm.com.br

Impressão e Acabamento:
EXPRESSÃO & ARTE
EDITORA E GRÁFICA
www.graficaexpressaoearte.com.br